Emocionar escribiendo

Historia cultural, instituciones literarias, medios

Luciana Gentilli
Renata Londero (eds.)

Emocionar escribiendo

Teatralidad y géneros literarios en la España áurea

Luciana Gentilli
Renata Londero (eds.)

Iberoamericana · Vervuert · 2011

Este libro se publica gracias al apoyo económico del Ministero dell'Università
e della Ricerca italiano, financiador del proyecto de investigación "Teatralità e generi
letterari a confronto" (Universidad de Udine), incluido en el PRIN 2007-2009 nacional
"Critica testuale ispanica: il Siglo de Oro", coordinado por Giuseppe Mazzocchi
(Universidad de Pavia).

© Iberoamericana, Madrid 2011
Amor de Dios, 1 – E-28014 Madrid
Tel.: +34 91 429 35 22
Fax: +34 91 429 53 97
info@iberoamericanalibros.com
www.ibero-americana.net

© Vervuert, 2011
Elisabethenstr. 3-9 – D-60594 Frankfurt am Main
Tel.: +49 69 597 46 17
Fax: +49 69 597 87 43
info@iberoamericanalibros.com
www.ibero-americana.net

Iberoamericana Vervuert Publishing Corp., 2011
9040 Bay Hill Blvd. Orlando, FL 32819
Tel. (+1) 407 217 5584
Fax. (+1) 407 217 5059
info@iberoamericanalibros.com
www.ibero-americana.net

ISBN 978-84-8489-578-7 (Iberoamericana)
ISBN 978-3-86527-630-8 (Vervuert)

Depósito Legal: SE-1319-2011

Cubierta: Carlos del Castillo
Impreso en España por Publidisa
The paper on which this book is printed meets the requirements of ISO 9706

Índice

Presentación

Luciana Gentilli/Renata Londero

En su cardinal *El teatro y la teatralidad del Barroco* (1969), compendio de los numerosos ensayos que dedicó a la tendencia hacia la teatralidad y la teatralización de la vida en la *Weltanschauung* barroca, Emilio Orozco Díaz habla del «desbordamiento» de la emotividad y del afán escenográfico que caracteriza al arte de la época más impregnada de espectacularidad en toda la historia cultural europea e hispánica en particular. Tras las afirmaciones pioneras del gran crítico granadino han pasado muchos años y otros estudiosos –como, por ejemplo, Roger Chartier y Evangelina Rodríguez Cuadros– han seguido investigando en este terreno tan fértil, con enfoques diversos y originales. Sin embargo, el acierto interpretativo de Orozco Díaz aún permanece vigente, porque todo experto de las artes áureas (pintura, escultura, arquitectura, música y, por supuesto, literatura) no puede prescindir de los conceptos de *theatrum mundi* y *amplificatio adfectus* a la hora de analizarlas en profundidad, a través de sus recursos habituales y típicos: es decir, el poder perturbador de la imagen, que parece buscar el contacto con el espectador desde cuadros, estatuas, edificios y escenarios; el uso de mutaciones dinámicas y enfáticas; y el aprovechamiento de la palabra icónica, encaminada a mover y conmover.

Partiendo de estos cimientos teóricos, decidimos organizar el congreso internacional «Emozionare scrivendo: teatralità e generi letterari nella Spagna dei Secoli d'Oro» (Universidad de Udine, 27-28 de mayo de 2010), vinculado al proyecto de investigación 2007-2009 «Teatralità e generi letterari a confronto», y financiado por el Ministero dell'Università e della Ricerca italiano.[1] Sobre todo nos interesaba proponer un

---

[1] En realidad así se titulaba sólo el proyecto de la unidad de investigación de Udine (formada por nosotras y Sagrario del Río Zamudio), que se incluía en el PRIN 2007-2009 nacional, coordinado por Giuseppe Mazzocchi (Universidad de Pavia), y cuyo título era «Critica testuale ispanica: il Siglo de Oro».

encuentro de intercambio científico que escudriñara un aspecto de este amplio campo temático, menos explorado por la crítica, tal como es la expresión de la teatralidad barroca a nivel interdiscursivo, al hilo de los géneros literarios más difundidos en la España de los Siglos de Oro: en primer lugar, el teatro –«síntesis de todas las artes», según Orozco Díaz– en sus diferentes subgéneros (la comedia urbana y la palatina, la hagiográfica y la de magia); y luego la lírica, la épica, la narrativa y la oratoria sagrada. Por lo tanto, en el abigarrado abanico, aunque conceptualmente homogéneo, de los quince trabajos que se presentaron en Udine y que aquí se recogen,[2] una pequeña pero importante nómina de estudiosos españoles, franceses, holandeses e italianos de las letras hispánicas auriseculares dialogaron idealmente sobre el modo complejo y fructífero en el que la pletórica espectacularidad barroca invade los códigos temáticodiscursivos (sólo aparentemente rígidos, como se verá) de los géneros citados, llegando a veces a modificar o incluso a reconstruir sus propios fundamentos textuales, tanto en el contenido como en la forma.

De lo provechosa y fascinante que puede resultar esta clave de investigación es certero botón de muestra el amplio apartado dedicado al estudio de la teatralidad en la producción de Lope de Vega.

Marco Presotto, al ocuparse del éxito comercial del que gozó la novela corta lopesca entre las mujeres de su tiempo, subraya las numerosas afinidades existentes entre las «novelas comediescas» –definición que bien sintetiza la consonancia de temas y motivos con el teatro de corral– y las llamadas «comedias novelescas», tan paradigmáticas de la *Parte IX*, con la que en 1617 se inaugura la participación del dramaturgo en la edición de su teatro. Por su parte, ocupándose de *Los terceros de San Francisco*, único ejemplo de obra colaborada de Lope, escrita hacia 1628 junto a su amigo Pérez de Montalbán, Alessandro Cassol sondea con puntilloso esmero las razones del rechazo del dramaturgo hacia esta

---

[2] Todos los artículos que se publican en este libro se adhieren en cuanto a su argumento principal a las comunicaciones leídas en el congreso utinense. La única excepción en este sentido la constituye el trabajo de Alessandro Cassol, que ha sustituido la panorámica propuesta oralmente («La colaboración dramática en las cortes de los últimos Austrias») por el análisis de la comedia *Los terceros de San Francisco* (compuesta por Lope de Vega y Juan Pérez de Montalbán), que ha titulado: «"Pájaros nuevos" y además colaboradores. Lope frente a la escritura en colaboración».

forma de composición dramática, detectando una posible explicación en la ausencia de una *visión social* de la escritura para el teatro. A su vez, Marcella Trambaioli centra su atención en la intrínseca teatralidad de la obra poética del Fénix, ofreciendo un acertado análisis de los recursos y efectismos teatrales presentes tanto en los poemas épicos, en su determinación seria (*La hermosura de Angélica*, la *Dragontea*) y burlesca (*La Gatomaquia*), como en su poesía no dramática, llegando a demostrar cómo el autor supo aprovecharse de la práctica dramatúrgica para enriquecer las posibilidades de su pluma poética, a través de inéditas conjunciones intergenéricas. Otros interesantes trasvases, a caballo entre narrativa y teatro, y entre la literatura italiana y la española a lo largo de los siglos, se llevan a cabo en el artículo de María del Valle Ojeda Calvo, cuya atención se enfoca en una comedia urbana de Lope, *El ruiseñor de Sevilla* (1604-1608), inspirada en la *novella* V, 4 del *Decameron*. En su puntual recorrido por los temas y la estructura dramática de la pieza, la estudiosa pone de relieve cómo Lope reelabora su modelo, respetando «el motivo de la cita nocturna en el jardín» de los amantes, «junto con la metáfora» erótico-amorosa «del ruiseñor», pero realzando la naturaleza activa de la Lucinda lopesca y el objetivo conyugal de los protagonistas españoles con respecto al único deseo de goce sexual que impulsa a los enamorados boccaccianos.

Esta línea de estudio se completa con la aportación de Andrea Bresadola dedicada al poeta y prosista madrileño Francisco de Quintana, cuya dependencia artística de la obra lopeveguesca es patente sobre todo en *Experiencias de amor y fortuna* (1626), la primera de sus dos exitosas novelas bizantinas o de aventura. La interferencia entre géneros, que el Fénix había llevado a cabo en el *Peregrino* y en las *Novelas a Marcia Leonarda*, representa para Quintana un imprescindible punto de partida, al que se suma la influencia de un específico modelo teatral, la comedia de capa y espada, con su desenfrenado dinamismo, sus tramas laberínticas y sus personajes estereotipados, elementos que desembocarán en el progresivo distanciamiento de la novela de las coordenadas que presentaba al comienzo del siglo.

En torno al fiel amigo y discípulo de Lope, Juan Pérez de Montalbán, se desarrollan las atinadas reflexiones que, desde el campo de la lingüística, y precisamente de la pragmática y de uno de sus temas, la cortesía verbal, ofrece Sagrario del Río Zamudio. En concreto, la estudiosa se detiene sobre un género dramático de gran brillo espectacular, la comedia de santos, al examinar las referencias a vuelos milagrosos, cambios de vestuario e intervalos musicales señaladas en las acotaciones de *El divino portugués, San Antonio de Padua* (1623), pero sobre todo profundizando la pujanza teatral de su lenguaje, rico en figuras retóricas y deícticos.

A una distinta puesta en escena de la teatralidad remiten, en cambio, las contribuciones de Fausta Antonucci y Erik Coenen, ambas fundadas en el análisis de algunas obras primerizas de Calderón. Al centrarse en *Amor, honor y poder, Judas Macabeo* (ambas de 1623), *El sitio de Bredá* y *La gran Cenobia* (ambas de 1625), Antonucci pone al descubierto la significativa presencia de los caracteres definitorios del modelo trágico: altas temáticas (políticas, militares), la acumulación de situaciones horrendas y sobrecogedoras, y, sobre todo, la insistencia en el léxico del miedo y de la compasión. Sin embargo –como bien lo demuestra la estudiosa–, el dramaturgo, tras evocar en estas piezas la posibilidad de la tragedia, la frustra a favor de una solución menos heroica y más conciliadora, de manera que la tensión emotiva deja paulatinamente paso a la relajación de los sentimientos y al típico final feliz e integrador de la comedia. Diferente es el enfoque planteado por Coenen, cuyo objetivo es el de acercarnos al Calderón dramaturgo de palacio, en su papel de educador del rey Felipe IV. Ante la manifiesta necesidad de reconsiderar las exitosas tesis de Maravall sobre el servilismo propagandístico del teatro cortesano, el especialista pone de relieve las finalidades pedagógicas perseguidas por don Pedro, el cual con sus reflexiones sobre el tema de la privanza real o de las arbitrariedades del poder no duda en ofrecer al monarca un ajustado modelo de 'regimiento de príncipes'.

En la 'escuela' postcalderoniana y en las postrimerías del auge teatral barroco se sitúa Antonio de Zamora. Renata Londero examina los mecanismos de la puesta en escena a los que Zamora recurre en dos piezas suyas de gran dinamismo y entretenimiento. Son la comedia de figurón *El hechizado por fuerza* (1697) y la primera comedia de magia escenificada en España, *Duendes son alcahuetes* (con sus dos partes de 1709 y 1719): ambas se basan en la parodia de la superstición y en el trinomio calderoniano «amor-encanto-hermosura», caracterizándose por su fondo carnavalesco y el uso de recursos espectaculares, como mutaciones, disfraces, imágenes pictóricas e interludios musicales.

Dejando de lado por un momento la producción estrictamente dramática, y pasando a las relaciones entre epopeya y teatro, lengua italiana y española, el libro prosigue con las brillantes observaciones de Andrea Baldissera, que pretende «averiguar cómo y cuánto, de la teatralidad» de la *Gerusalemme liberata* «se mantiene en las traducciones poéticas del Siglo de Oro y en una clase especial de traducciones intersemióticas: las adaptaciones teatrales». Baldissera argumenta que el poema de Tasso, muy teatral de por sí en la acción y en el estilo, dio pie a varias versiones españolas siglodoristas (Juan Sedeño, Bartolomé Cairasco de Figueroa, Alonso de Revenga, Juan Antonio de Vera y Figueroa, Antonio Sarmiento de Mendoza), que se esforzaron por recobrar la teatralidad del original. Una esclarecedora ejemplificación extraída del duelo tassiano entre Tancredi y Clorinda y de sus traducciones citadas, se completa con el análisis final de dos adaptaciones teatrales barrocas de la *Gerusalemme* en España: *La conquista de Jerusalén*, atribuida a Cervantes por Stefano Arata, y la *Jerusalén restaurada* de Agustín Collado del Hierro.

La perspectiva interdisciplinar hace posible también que podamos observar ciertos aspectos decisivos a la hora de matizar las diferentes declinaciones de la teatralidad en los siglos áureos. Nos referimos en este caso a la orquestación de la *missio* apostólica *sub specie theatri*, objeto de las contribuciones de Luciana Gentilli y Bernadette Majorana. Fundándose en los tratados españoles destinados a la formación del perfecto misionero, Gentilli muestra cómo la transcodificación espectacular constituye la cifra del *officium* pastoral y de su eficacia operativa. El predominio del «mover» en el adoctrinamiento apostólico se relaciona, pues, con una cultura de la persuasión fundada en el convencer afectivamente y en una interacción simpatética con los creyentes. Por su parte, Majorana, al centrarse en la predicación de los misioneros italianos de la Compañía de Jesús en las zonas rurales católicas, analiza detalladamente el sistema de persuasión religiosa adoptado por un insigne miembro de la orden, Paolo Segneri *senior*. Gracias a su maestría en intercambiar *actio* verbal y gestual, y en integrar imágenes, cantos, rezos, acciones físicas (disciplina pública y mortificación corporal), el jesuita supo llevar el sermón mucho más allá de los confines verbales, remodelando el arte oratoria *sub specie* escénica.

Finalmente, los tres últimos trabajos dan constancia de cómo la teatralidad áurea sigue perviviendo en los siglos sucesivos, desde la época decimonónica hasta el nuevo milenio. Al campo de la bibliofilia y a

Francia se desplaza Dolores Thion Soriano-Mollá, que escoge el caso emblemático del banquero Auguste Rondel. De hecho, entre finales del siglo XIX y los primeros treinta años del XX, Rondel, apasionado estimador del teatro universal en su evolución histórica, recogió un notable caudal de ediciones *princeps*, sueltas, *partes de comedias*, traducciones al francés, relaciones de viajes y festejos reales, relacionado con las tablas siglodoristas españolas, y que además arroja luz sobre el proceso de teatralización de la vida en el Barroco europeo *tout court*.

Volviendo a España y pasando a los escenarios españoles actuales, Luciano García Lorenzo estudia los «signos de teatralidad y puesta en escena» evidentes en el fastuoso montaje de la comedia cervantina *La Gran Sultana*, realizado en 1991 con notable éxito por Adolfo Marsillach, histórico director de la Compañía Nacional de Teatro Clásico. A través de útiles ejemplos textuales, García Lorenzo subraya los logros de la adaptación de Marsillach, que, apoyándose en la labor del escenógrafo Carlos Citrynovski, realizó un espectáculo memorable por sus diálogos intensamente emotivos y por la riqueza exótica y sensual del decorado, del vestuario, de la iluminación, de la música y de los aromas.

Para concluir, Miguel Ángel Auladell Pérez se asoma al siglo XXI y a su protagonista informático, la red, tablado contemporáneo rebosante de efectos especiales, subrayando la enorme vigencia de Lope de Vega y de los estudios dedicados a su obra (por medio de sus diversos géneros) mientras ilustra con acierto las sorprendentes –y muy teatrales– herramientas interactivas que ofrece el portal Biblioteca de Autor Lope de Vega, incluido en la Biblioteca Virtual Miguel de Cervantes de la Universidad de Alicante. La abundancia de textos y recursos multimediales presentados en relación con el corpus lopesco es tanta que, en palabras de Auladell Pérez, el «mundo de Lope se hace *espejismo* virtual a través de las nuevas tecnologías», alcanzando más que nunca su plena pujanza espectacular.

Dulcis in fundo, un par de agradecimientos necesarios. Estas páginas no podrían estar en manos del discreto lector sin la importante ayuda financiera del Ministero dell'Università e della Ricerca italiano, ni sin la generosa intermediación de Luciano García Lorenzo, que, nada más finalizar el congreso de Udine, nos facilitó el que nos pusiéramos en contacto con Klaus Vervuert y, por consiguiente, la oportunidad de publicar con él. Nuestra gratitud también va a Simón Bernal, que con eficiencia y esmero ha cuidado todas las fases de edición del libro.

LAS COMEDIAS A MARCIA LEONARDA

Marco Presotto
Università «Ca' Foscari» di Venezia

1. PREMISA

La llamada sociología del libro[1] ofrece desde hace tiempo importantes instrumentos de comprensión de las formas de emocionar escribiendo en el Siglo de Oro español. Como es sabido, en los primeros decenios del siglo XVII asistimos al nacimiento y al éxito de un nuevo género literario, el teatro destinado a la lectura, ya que empiezan a publicarse de manera sistemática y abundante las famosas *partes de comedias*.[2] Se ha escrito mucho sobre las circunstancias del fenómeno y la manera en que evoluciona la dialéctica entre el dramaturgo y esta nueva realidad. Lo cierto es que, tratándose sustancialmente de un hecho comercial, por lo común no asistimos a una reelaboración artística para el nuevo receptor (que de espectador se convierte en lector con sus diferentes matices, como es el caso de la lectura en voz alta), sino que se realiza una recolección más o menos fiable de materiales variados que confluyen en la edición. Conocemos muchas declaraciones de la época sobre el problema

---

[1] Me refiero a la extensa bibliografía sobre la «Sociología de los textos» a partir de los estudios de McKenzie 1999 desarrollados con referencias al Siglo de Oro por Roger Chartier en varias publicaciones, cf. en particular 2001. Considérese también la directa relación con el concepto de doble historicidad del texto escrito: la que se refiere a las categorías de clasificación de los discursos en el tiempo y en el lugar en los que nació un texto determinado, y la que remite a las formas materiales del texto y a las modalidades de su transmisión (cf. Ricœur 2003).

[2] Soy consciente de la arbitrariedad del uso del término *género literario* comparado con la definición más técnica y de menores implicaciones de *género editorial*. Es obvio que no me refiero aquí al género literario en el sentido de modelo retórico y estilístico preceptivo, sino que lo considero como categoría empírica que tiene que ver con una tipología textual que, transformando su propio estatuto, implica una reformulación en previsión de la diferente forma de recepción a través de otro sistema comunicativo muy distinto (de la escena a la lectura).

de la fiabilidad de los textos destinados a la imprenta y en torno a la necesidad de intervenir en ellos para «remendarlos». En el caso de Lope, es esporádica la atención rigurosa en la publicación de sus obras. Su presencia en este sistema se debe al objetivo de obtener un beneficio económico y, también, a la progresiva toma de conciencia de la función que las *partes de comedias* pueden adquirir en su ambiente social y cultural.

La constante inserción por parte de Lope de elementos autobiográficos en su obra, hasta fundir lo biográfico con lo artístico, es el elemento principal de su consciente estrategia promocional. El escritor consigue crear en torno a su figura un aura legendaria y, al mismo tiempo, la participación emotiva de un receptor que tiene la impresión de instaurar con él una relación íntima y privilegiada. En este sentido, Marcia Leonarda representa la interlocutora ideal de un género literario, la novela corta: el elemento autobiográfico es tan sólo uno de los datos necesarios para comprender esta importante definición de un receptor femenino, que se construye lentamente y toma las semblanzas de un personaje más de la creación novelesca.[3] La transfiguración de la última amante de Lope, Marta de Nevares, sirve al escritor para organizar un sistema narrativo en torno a la personificación de la demanda cultural femenina de una lectura de bajo prestigio, basada en casos de amor, que tiene amplia resonancia entre los moralistas de la época.[4] Como es sabido, el narrador de las *Novelas a Marcia Leonarda* establece con su narrataria una conversación ideal sobre el arte de novelar y las supuestas expectativas, frustradas o satisfechas, de una lectora a la que corresponde una competencia cultural limitada. Esta lectora supuestamente activa constituye una interesante tipología potencial de público inquieto y sediento de nuevas y emocionantes entregas que un profesional de las letras, en un incipiente sistema comercial alimentado por los editores, no puede abstenerse de satisfacer.

---

[3] Hay bastante bibliografía sobre este aspecto concreto de las novelas de Lope. Para el presente trabajo, ha resultado especialmente útil el ensayo de Rallo Gruss 1989.

[4] Sobre la compleja relación entre mujer y novela corta, Copello (1994: 378) señala que fray Alonso Remón, en su *Entretenimiento y juegos honestos y recreaciones christanas*, publicado en 1623 (pero el privilegio de imprenta es de 1621), se expresa sobre los peligros que encierra la lectura de novelas para las mujeres, género que está sustituyendo a otros juzgados menos indecentes.

El éxito comercial de esta literatura de entretenimiento, puesta al alcance de un público extenso, corre paralelo al asentamiento de las *partes de comedias*. Desde el punto de vista de la historia de la lectura, los dos géneros deben ponerse en relación, como ocurre en la famosa prohibición de publicar «comedias y novelas» en los reinos de Castilla de 1625 a 1635 (Moll 1974). El protagonismo femenino reconocido en los corrales, tanto en el texto representado en el tablado como en la simbólica coacción de la cazuela de las mujeres, espacio especularmente opuesto al tablado, pudo tener una repercusión en la definición del modelo de receptor de las *partes de comedias*; dicho en otros términos, este nuevo género literario es compatible con las expectativas de Marcia Leonarda, por llamar así la formalización de una demanda cultural femenina.

2. Lecturas femeninas

Según ya ha sido destacado hace tiempo, los manuales de historia del libro, al aprovechar los inventarios *post mortem* de bibliotecas, difícilmente podrán echar luz sobre los gustos literarios femeninos, a causa, entre otras, de las herencias.[5] Estas tipologías de fuentes generalmente transmitirá datos muy parciales, con la predominancia de lecturas de tipo devocional, tal como era ampliamente previsto y teorizado por los tratados de la época, desde Vives a fray Luis de León, que preveían para la mujer solamente una cultura funcional a su papel fundamental de madre, que le permitiese realizar una transmisión elemental de conocimientos necesarios para la primera educación de los hijos.[6] Sin embargo, es fácil de escuchar este «rumor de las diferencias» genéricas. Los testimonios son muchos, ya desde las famosas afirmaciones de Santa Teresa sobre sus pasiones literarias ilícitas. El de las autobiografías de las monjas, género complejo porque finalizado a la educación de las religiosas, es un ámbito interesante para sacar indicaciones sobre la costumbre de

---

[5] Me refiero principalmente a Dadson 1998 y Cátedra/Rojo 2004. Es importante la reflexión de Chartier 1995; cf. también Ortega López 1997 y la síntesis de Baranda 2003.

[6] Una lúcida síntesis es ofrecida por Ferrer Valls, en la introducción a su edición de *La viuda valenciana* (cf. Vega 2001: 29-42, con abundante bibliografía).

la lectura. La «diversión» cobra allí un doble sentido[7] y la temporánea utilidad de la literatura de ficción, por ejemplo para «divertir» a las enfermas, se convierte en un grave peligro del que hay que apartarse.[8] Entre estos libros de ficción, cabía obviamente la tradición caballeresca, pastoril, la novela corta, pero también los libros de comedias, como resulta, por ejemplo, en la autobiografía de Antonia de Jesús (cf. Jesús 1671),[9] que nació en 1592 y murió en 1634, y se refiere exactamente a los primeros decenios del siglo XVII, años de afirmación del género a través de la imprenta. La autobiografía relata el comportamiento poco devoto de la monja y de los muchos errores de los que ahora se arrepiente, como «divertir[s]e en aficiones desordenadas». Es interesante el siguiente fragmento:

> [...] casi lo más del día, y gran parte de la noche, que fuera bien emplear en agradecerle a Dios lo mucho que me sufría, gastaba en leer libros de comedias, y como en esto ponía mi afecto, representábalas de suerte, que muy gran parte de las monjas traía bobas oyéndome leer. Y cuántas veces, o dulce Jesús mío, las entretuve de suerte que faltaron de ir a vuestras alabanzas al coro (Jesús 1671: 698-699).

La lectura en voz alta de la comedia hecha por la novicia es causa de emociones lujuriosas dignas de condena. El responsable de la tentación, según la monja, no es tanto el teatro como medio expresivo, sino más bien el subgénero teatral, supuestamente basado en casos de amores, y

---

[7] Este aspecto ha sido notado, entre otros, por Herpoel 1993. Sobre el tema en general existe la monografía de Poutrin 1995. Cf. también Baranda 2003-2004, y la recolección de estudios de la misma autora (2005). No puede olvidarse el caso más célebre e interesante, aunque bastante posterior con respecto a los años de asentamiento del teatro como género literario: el de sor Juana Inés de la Cruz, lectora y escritora muy original de teatro, cuya trayectoria es emblemática de una perspectiva autónoma y muy innovadora de la relación entre mujer y literatura. Agradezco a Sara Proietti por sus comentarios y sugerencias al respecto.

[8] «[...] Pegóseme el gusto a ellos tanto que ya no me hallaba sin tener uno destos libros», en Luis Muñoz, *Vida de la venerable Madre Mariana de San Ioseph. Fundadora de la recolección de las monjas agustinas. Priora del Real Convento de la Encarnación. Hallada en unos papeles escritos de su mano. Sus virtudes observadas por sus hijas. Dedicadas al Rey nuestro Señor*, Madrid, Imprenta Real, 1645, p. 24; *apud* Herpoel 1993: 96.

[9] El documento está citado por Herpoel 1993: 97.

sobre todo su total entrega a la 'interpretación', en el sentido teatral, de la pieza. No es un caso que la monja recuerde casi a continuación a unos comediantes que habían venido a celebrar el Corpus Christi representando una comedia de Santa Teresa, probablemente en ocasión de su beatificación en 1614, y decidió gracias a la comedia irse a un convento.[10] A pesar de todos los posibles filtros debidos al peculiar objetivo educativo que tienen las autobiografías de las monjas, este dato contribuye a aclarar el espacio que las comedias destinadas a la lectura llegaron a cubrir en relación con un receptor femenino.

Lope, en su conversación ideal con Marcia Leonarda, es consciente de esto, y no duda en meter en relación la novela corta con el teatro de corral. Son famosas las declaraciones del narrador en las *Novelas*, como en la primera, publicada en 1621, *Las fortunas de Diana*:

> Yo, que nunca pensé que el novelar entrara en mi pensamiento, me veo embarazado entre su gusto de vuestra merced y mi obediencia; pero, por no faltar a la obligación y porque no parezca negligencia, habiendo hallado tantas invenciones para mil comedias, con su buena licencia de los que las escriben, serviré a vuestra merced con ésta, que por lo menos yo sé que no la ha oído ni es traducida de otra lengua, diciendo así [...] (Vega 2007a: 47).

Otras afirmaciones análogas pueden encontrarse en *La desdicha por la honra*, publicada en 1624 (las fechas de publicación son significativas):

> Demás que yo he pensado que tienen las novelas los mismos preceptos que las comedias, cuyo fin es haber dado su autor contento y gusto al pueblo, aunque se ahorque el arte (Vega 2007a: 107).[11]

---

[10] «[...] y por mi respeto hizo que los comediantes la representasen en nuestra casa. Y como vi en ella el modo como llamó Dios a la Santa Madre, y lo bien que ella le siguió, las muchas mercedes que recibió de la divina mano [...] empecé yo a considerar con cuanta más razón me pudiera prometer otro lugar de desventura por mi mala vida» (Jesús 1671: 700). Este motivo, según relata la monja, hizo que su padre se arrepintiera de haber traído la comedia culpable de la conversión.

[11] Aquí el término *arte* significa preceptos, reglas clásicas en las que se funda el arte. Es una autocita, ya que Lope remite a su *Arte nuevo de hacer comedias* (1609).

3. Las dedicatorias de Lope

De las 96 dedicatorias que Lope antepone a sus comedias a partir de la *Parte XIII* (1620), cuando ya no tiene dudas sobre la utilidad del teatro impreso para su promoción personal, 21 están dirigidas a mujeres. La gran mayoría de ellas son esposas o hijas de personalidades influyentes del momento, y el estilo de las dedicatorias es formal y celebrativo, con la retórica del homenaje y adulación al poderoso. Pero hay otras, de carácter más íntimo y personal, que pueden aludir a la configuración de una estética femenina de la lectura teatral. Un aspecto común caracteriza todas ellas: el complejo alarde de erudición que se explaya en algunas dedicatorias a hombres, con citas en latín y demás referencias doctas, desaparece en las que dedica a mujeres, improbables interlocutoras de disertaciones cultas, y los autores clásicos se presentan siempre traducidos. Se trata de un indicio de aquella relación problemática con las *auctoritates* objeto de digresión y de juego paródico en *Las novelas* a Marcia Leonarda. En ellas asistimos, a lo largo de las muchas interrupciones de la narración, a un proyecto global de definición de las competencias literarias de la narrataria. Análogamente, en las dedicatorias de las comedias a mujeres, las referencias al acto de la lectura están muy presentes.[12] Las comedias que Lope dedica a su entorno más íntimo no se han escogido al azar: a su hija Marcela regala *El remedio en la desdicha* (*Parte XIII*, 1620), drama sobre la historia de Jarifa y Abindarráez, coherente con la expectativa de la joven lectora; a Ana de Piña, hija de un secretario de Provincia, *El hidalgo Bencerraje* (*Parte XVII*, 1621), pues, según se lee en la dedicatoria, al haber escuchado a la niña declamar unos versos, «propuse dirigirle los de esta comedia, para que, juntamente con honrarla, pueda ocupar los ratos que permitiere la labor en leer sus versos» (Case 1975: 183). El estilo es a menudo de carta familiar, que contrasta con las demás dedicatorias de la misma *parte* dirigidas a hombres.

Las comedias dedicadas a Marcia Leonarda propiamente dichas son dos, *La viuda valenciana* (escrita entre 1595 y 1603 y publicada en la *Parte XIV*, 1620) y *Las mujeres sin hombres* (escrita entre 1613 y 1618,

---

[12] Es el caso, entre otros, de la dedicatoria a doña María de Vera y Tobar en la *Parte XX*: «si pudiera ser entretenimiento para V. S. en la ausencia del señor don Juan Antonio de Vera, este libro, *Parte veinte de mis comedias*...» (*apud* Case 1975: 248).

publicada en la *Parte XVI*, 1621), y las dedicatorias son muy conocidas (cf. Vega 2001). Las fechas de publicación de estas obras coinciden perfectamente con las de la primera de las *Novelas a Marcia Leonarda* (1621).

La viuda valenciana puede considerarse un ejemplo perfecto de cómo la relación autobiográfica se pueda convertir en un atractivo más del juego literario a partir de un texto que no preveía esta conexión. Lope aprovecha un tema de cotilleo del Madrid de su época relacionado con su persona y lo transforma en elemento pretextual, en una información previa acerca de la invención artística. Al haber recientemente enviudado su amante Marta de Nevares de un odiado y violento marido, Lope le dedica esta comedia urbana *(La viuda valenciana)*, escrita unos veinte años antes, a Marcia Leonarda «no maliciosamente, que fuera grave culpa dar a V. M. tan indigno ejemplo». La retórica de la dedicatoria es exactamente la misma de las digresiones de las *Novelas*: estilo sencillo, reflexión metalingüística sobre la moda de la época en el uso de ciertas palabras, como el término *lindo*, conversación ideal con la interlocutora de la que se anticipa la reacción ante lo narrado o lo descrito, en una constante reflexión metaliteraria.[13] También aquí el 'autor', que será el 'narrador' de las novelas, aconseja e invita a Marcia Leonarda a la lectura, asociándola a la protagonista de la pieza, que lleva el nombre de Leonarda. La obra parece modelarse sobre la estética de la dedicataria, que llega a describirse físicamente, casi a participar de manera activa, junto con los personajes de la comedia, al acto de comunicación:

> Estoy escribiendo a V. M. y pensando en lo que piensa de sí con ojos verdes, cejas y pestañas negras, y en cantidad, cabellos rizos y copiosos, boca que pone en cuidado los que la miran cuando se ríe, manos blancas, gentileza de cuerpo y libertad de conciencia en materia de sujeción (Vega 2001: 94).

La construcción del destinatario se desarrolla en torno a sus ideales competencias artísticas, asociadas con los mitos de las mujeres literatas de todos los tiempos: tópicos, como el de los ojos verdes (rasgo ya de

---

[13] «[…] pues a V. M. no se le da nada de él [Fernando de Herrera], ni de sus prólogos, ni de mí, ni de esta comedia, volvamos al consejo […]».

Melibea en *La Celestina*), que en este contexto parecen remitir a una reflexión en torno a la nueva categoría de receptor.

La segunda comedia dedicada a Marcia Leonarda tiene otro título emblemático, *Las mujeres sin hombres*, que es un drama sobre el mito de las amazonas.[14] Otra vez con el mismo estilo del narrador de las novelas, Lope en la dedicatoria da cuenta a su interlocutora ideal de las referencias clásicas a este mito con un guiño al cotilleo madrileño: «y aun he oído decir que andan algunas entre nosotros, como son viudas mal acondicionadas, suegras terribles y doncellas incasables». El tema de la obra la aleja tan sólo aparentemente del ámbito genérico que prevalece en los gustos de Marcia Leonarda. Se trata, en efecto, de la única pieza mitológica del dramaturgo que no procede de las *Metamorfosis* de Ovidio, según ha recordado la crítica reciente.[15] Lope evoca algunas autoridades clásicas como Diodoro Sículo y un tal Beroso apócrifo, pero la verdad es que aprovecha principalmente la *Silva de varia lección* de Pedro Mejía, y que es una obra nacida para el corral, con secuencias y motivos que remiten claramente a las comedias urbanas o palatinas, como las rondas nocturnas, la capa y la espada o las escenas de duelos, según ha señalado Teresa Ferrer hace tiempo.[16]

Otra comedia en perfecta sintonía con Marcia Leonarda bien podría ser *La vengadora de las mujeres*, comedia palatina que Lope publica en la *Parte XV* (1621) con una dedicatoria, esta vez, a una tal Fenisa Camila (quizá Micaela de Luján), pero el juego es parecido y se repite la misma retórica. En esta carta íntima se produce, con ausencia de alardes de erudición, una conversación ideal con su dedicataria en torno al moti-

---

[14] «No es disfavor del valor de las mujeres la *Historia de las Amazonas*, que, al serlo, no me atreviera a dirigirla a V. M.» (Case 1975: 149).

[15] Sobre el teatro mitológico de Lope, cf. Martínez Berbel 2003 y Sánchez Aguilar 2010.

[16] «En realidad, lo que hace Lope [...] es elaborar la base temática mitológica con todo un material literario ajeno al género cortesano: las rondas nocturnas de las amazonas vestidas con capa y espada o las escenas de batalla con la aparición de parejas de personajes riñendo en escena [...]. Materiales acarreados desde las comedias urbanas o palatinas y que resultan ajenos al modelo cortesano puro» (Ferrer 1991: 107). Lope dedicará una comedia mitológica más canónica a otro seudónimo, una mecenas misteriosa de la alta nobleza, tal «Tisbe Fénix» dama sevillana que es la dedicataria de *El laberinto de Creta*, de la *Parte XVI*. Allí Lope cita a un poema de Píramo y Tisbe, Sófocles, Ovidio y un pasaje de la obra de Montemayor. El destinatario representa aquí un estatus culto diferente del de Marcia Leonarda.

vo central de la obra, que es justamente la relación de la mujer con la
cultura y en especial con el acto de la lectura.[17] El conflicto que genera
la acción es tópico y de género: es el rechazo de la dama docta Laura de
casarse dado que sus muchas lecturas le han demostrado la baja opinión
que los hombres tienen de las mujeres. Se trata de otra «mujer sin hombres», «gallarda amazona», epítetos que aparecen en la obra que empieza con esta tirada de Laura:

> [...]
> había dado en leer
> los libros más principales
> de historias y de poesías
> y de tragedias de amantes.
> Hallaba, en todos, los hombres
> tan fuertes, tan arrogantes,
> tan señores, tan altivos,
> tan libres en todas partes,
> que de tristeza pensé
> morirme, y dije una tarde
> a una dama a quien solía
> comunicar mis pesares:
> «Fílida, ¿qué puede ser
> que en cualquier parte que traten
> de mujeres, ellas son las adúlteras,
> las fáciles, las locas, las insufribles,
> las varias, las inconstantes,
> las que tienen menos ser
> y siguen sus libertades?».
> «Eso (Fílida me dijo),
> Laura, solamente nace,
> de ser dueños de la pluma,
> de cualquiera acción que hacen.
> Por ellas no hay Roma o Grecia,
> ni Troya que no se abrase.

---

[17] «[...] y si le ha de suceder lo que a Laura, que, con todas sus letras, sus estudios,
cuidados y melindres, vino a querer sujeto donde, si la mentira del disfraz fuera verdad
de la persona, más que de las mujeres, había sido la vengadora de los hombres» (Case
1975: 123).

Luego nos dan con Elena
y con el robo de Paris,
de todo tienen la culpa;
[…]»
(Vega 1969: I, 1571-1572)

La relación entre la mujer y la lectura, abiertamente declarada en el paratexto, vuelve a presentarse a menudo en el texto. La lista de libros que trae un mercader zaragozano produce al final del primer acto una secuencia protagonizada por la dama que juzga y selecciona las obras para su biblioteca (ibíd.: I, 1580). Este ejemplo de *La vengadora de las mujeres* puede compararse con las lecturas de la *viuda valenciana*, que sale en escena justamente con un libro en las manos, un «Fray Luis», por supuesto, pero que pronto se convertirá en algo más picante y entretenido, exactamente como las acciones de la protagonista. También aquí, hacia el final del primer acto, un personaje entrará en casa de la dama a vender libros, y de otro género que se configura como de interés femenino, tal como las colecciones de poesía amorosa y las novelas pastoriles, según nos recuerda también Cervantes en su obra.[18] Las bibliotecas de las mujeres, consideradas indecorosas en cuanto contradicción social, elemento de inestabilidad en el sistema ficticio de la comedia por el peligro de crear un monstruoso «don quijote mujer / que dé que reír al mundo» (*La dama boba*, vv. 2147-2148), deberían merecer mayor atención, así como en general la función dramática que adquiere el libro, su evocación o su utilización como objeto de escena dentro de la estructura del texto teatral.

4. LA *PARTE IX* DE LOPE Y EL RECEPTOR FEMENINO

Al convertirse a su vez en libro, la comedia destinada a la lectura tiene en ciertos ámbitos genéricos un interlocutor privilegiado ya evocado en la acción representada, que es la mujer. Marcia Leonarda o Camila Feni-

---

[18] Cf., en particular, el famoso testimonio de la apasionada lectura en voz alta de la dama del amo del perro Berganza en el *Coloquio de los perros* cervantino (Cervantes 2001: 552-553).

sa son seudónimos que bien podrían configurar el lector ideal de la primera *parte* de comedias publicada por el mismo Lope, esa *Parte IX* que en 1617 inaugura la participación del dramaturgo a la edición de su teatro. Ya he tenido ocasión en otro lugar (cf. Vega 2007b) de analizar algunos aspectos en la selección de las doce comedias que constituyen este volumen, siguiendo las sugerencias de Rubiera (2003) que había notado el particular protagonismo femenino presente en este proyecto editorial. Las obras contenidas se basan con frecuencia en la defensa y valoración de las competencias culturales de la mujer. Es el caso de *La prueba de los ingenios* y *La doncella Teodor* protagonizadas por 'mujeres doctas' cuyas capacidades intelectuales se transforman en un motivo importante y muy bien desarrollado, tal y como sucede también, aunque en un tono menor, en *La niña de plata* y *La hermosa Alfreda*.

Cobra un especial interés, en este contexto, la presencia en la *Parte IX* de *La dama boba*, otra obra emblemática de la relación entre la mujer y el conocimiento, basada sobre el deseo, o necesidad, como motor de los recursos comunicativos y sobre un significado precario, fluctuante y nunca bien aclarado del término «discreción» aplicado a la mujer. En *La dama boba*, la biblioteca de la docta Nise y el escrutinio al que está sometida es quizá una de las secuencias más pertinentes en este recorrido, siempre teniendo presente que se escribió para representarse ante un público de corral en el Madrid de 1613. Dice el padre Octavio de su hija Nise:

> ¿Quién le mete a una mujer
> con Petrarca y Garcilaso,
> siendo su Virgilio y Taso
> hilar, labrar y coser?
> Ayer sus librillos vi,
> papeles y escritos varios;
> pensé que devocionarios,
> y desta suerte leí:
> «*Historia de dos amantes*,
> sacada de lengua griega;
> *Rimas*, de Lope de Vega;
> *Galatea*, de Cervantes;
> el Camoes de Lisboa,
> *Los pastores de Belén*,

> *Comedias* de don Guillén
> de Castro, *Liras* de Ochoa;
>   *Canción* que Luis Vélez dijo
> en la academia del duque
> de Pastrana; *Obras* de Luque;
> *Cartas* de don Juan de Arguijo;
>   *Cien sonetos* de Liñán,
> *Obras* de Herrera el divino,
> el libro del *Peregrino*,
> y *El Pícaro*, de Alemán».
> (Vega 2007b: vv. 2109-2132)

La lista es muy variada, con claras concesiones a las necesidades de autopromoción de Lope, pero es verosímil. Más que una dama docta, Nise es una dama aficionada a la poesía y a la literatura de ficción, la novela pastoril por supuesto, las historias de amor, la poesía amorosa y también la picaresca de Alemán. La presencia en su biblioteca de un libro de comedias, de Guillén de Castro, es significativa.[19]

Resumiendo, la colección de comedias de la primera *parte* autorizada por Lope pudo tener un principio selectivo relacionado con el protagonismo femenino y la concesión de un espacio notable a motivos y situaciones de ámbito novelesco. Esta característica es compatible con un intento de definición del interlocutor ideal del nuevo género literario, tal como aparece de manera explícita en el ámbito de la novela corta pocos años después con la creación de Marcia Leonarda.

5. Representación y lectura

Como ya he indicado, en las novelas de Lope de Vega el narrador asocia muy a menudo el género literario que Marcia le solicita con el género

---

[19] Cabe recordar que en 1613 de este dramaturgo no se conocían obras impresas, lo cual hace suponer que Lope remita a una tradición, que sí existía pero que era muy limitada, de divulgación manuscrita de este teatro. Lo cierto es que, alrededor de 1613, el éxito de la publicación de textos teatrales había creado un nuevo género literario, y de allí viene la referencia en el texto, fueran o no divulgadas efectivamente las comedias de Guillén de Castro; cf. el comentario de Arata en Castro (1996: LXVIII, n. 42).

teatral, del que suele remarcar las afinidades en la elección de temas y motivos, en los modelos aprovechados y, finalmente, en las tipologías de conflictos. A las llamadas 'comedias novelescas' que predominan, por su relación con los modelos, en la *Parte IX*, corresponderían las 'novelas comediescas'. En *La prudente venganza* el tema obliga el narrador a «ser por fuerza trágico», y el acercamiento al género teatral se establece a lo largo de la novela con referencias explícitas del narrador, con un uso más frecuente del discurso directo y mediante una estructura en tres partes (noviazgo de la pareja, engaño y adulterio, y venganza final) que puede remitir a los tres actos característicos de la comedia nueva de Lope (planteamiento, nudo y desenlace).

A principios de los años veinte del siglo, el autor prevé claramente una forma análoga de 'consumición' de los dos géneros literarios, pero remarca la distancia abismal que separa la novela del teatro en cuanto acción representada. Además de las muchas alusiones y referencias al género teatral por parte del narrador, en las novelas aparecen citadas expresamente tan sólo dos piezas teatrales. A ellas se refiere en relación con el acto, el evento realizado y no con su contenido literario. Es el caso famoso de *La fuerza lastimosa*.[20] Se trata de un drama palatino, que remite en buena parte al romance del conde Alarcos, una historia trágica muy del gusto de un receptor femenino. Pero lo que provoca el enamoramiento de la Sultana y, por lo tanto, desencadena el conflicto es el acto de la representación del cautivo cristiano, que, al verse otra vez en su traje originario, aunque en escena, llega a una expresividad capaz de conmover al auditorio y especialmente a la dama:

Ésta [una de las mujeres del Sultán] holgaba notablemente de oír representar a los cautivos cristianos algunas comedias, y ellos, deseosos de su favor y amparo, las estudiaban, comprándolas en Venecia a algunos mercaderes judíos para llevárselas, de que yo vi carta de su embajador entonces para el conde de Lemos, encareciendo lo que este género de escritura se estiende por el mundo después que con más cuidado se divide en tomos. Quiso nuestro Felisardo (mal dije, pues ya no lo era) agradar a la gran Sultana doña María y estudió con otros mancebos, así cautivos como de la espul-

---

[20] La obra tuvo mucho éxito en el mercado editorial. Cf. ahora la edición de Mongrony Alberola en Vega 1998: 69-243.

sión de los moros, la comedia de *La fuerza lastimosa*. Vistiose para hacer aquel conde gallardamente, porque había en Constantinopla muchos de los que hacían bien esto en España, y las telas y pasamanos mejores de Italia. Como era tan bien proporcionado y estaba tan hecho a aquel traje desde que había nacido, no le hubo visto la Reina, cuando puso los ojos en él, y ellos fueron tan libres, que se llevaron de camino el alma. Representó Felisardo únicamente, y viéndose en su verdadero traje, lloraba lágrimas verdaderas, enternecido de justas memorias y arrepentido de injustas ofensas (Vega 2007a: 131-132).

La segunda pieza citada en las novelas, *El asalto de Mastrique*, también alude al momento de la representación y a la radical distancia entre texto leído y representado, con una digresión burlesca por parte del narrador en torno a los peligros de atribuir a unos actores conocidos por su vida poco decorosa los papeles de nobles virtuosos:

> De suerte que, habiendo yo escrito *El asalto de Mastrique*, dio el autor que representaba esta comedia el papel de un alférez a un representante de ruin persona; y saliendo yo de oírla, me apartó un hidalgo y dijo, muy descolorido, que no había sido buen término dar aquel papel a un hombre de malas facciones y que parecía cobarde, siendo su hermano muy valiente y gentil hombre; que se mudase el papel, o que me esperaría en lo alto del Prado desde las dos de la tarde hasta las nueve de la noche (Vega 2007a: 109).

La conciencia de la distancia entre texto representado y texto impreso destinado a la lectura es uno de los motivos recurrentes de las quejas públicas de los dramaturgos comerciales europeos de esta época fundacional, como bien recuerda Roger Chartier en sus ensayos. Los dramaturgos no tienen opción, están obligados a publicar sus obras antes que otros los anticipen sin su permiso, perdiendo así desde un punto de vista económico y también de prestigio. Esta necesidad no quita que los más atentos pongan especial atención a la tipología de este nuevo lector y a sus características, para conocer mejor las posibilidades que se ofrecen. Lope es un caso emblemático: toda su obra responde a una clara conciencia de la dialéctica entre las aspiraciones del autor y la demanda del receptor, que satisface y al mismo tiempo modifica y contribuye a formar, como nos recuerda en el *Arte nuevo*. Con el teatro destinado a la lectura, el escritor sabe que tiene un potencial interlocutor infravalorado, de sexo femenino y de una extracción social transversal, cuyos canales no reconocidos de acceso a la cultura son una realidad incontrovertible que es su intención aprovechar.

BIBLIOGRAFÍA

BARANDA, Nieves (2003): «Las lecturas femeninas», en: Infantes, Víctor/López, François/Botrel, Jean-François (eds.): *Historia de la edición y de la lectura en España. 1475-1914.* Madrid: Fundación Germán Sánchez Ruipérez, pp. 159-170.

— (2003-2004): «Mujeres y escritura en el Siglo de Oro. Una relación inestable», en: *Litterae, Cuadernos sobre cultura escrita,* 3-4, pp. 61-83.

— (2005): *Cortejo a lo prohibido. Lectoras y escritoras en la España moderna.* Madrid: Arco/Libros.

CASE, Thomas E. (1975): *Las dedicatorias de Partes XIII-XX de Lope de Vega.* Valencia: Soler.

CASTRO, Guillén de (1996): *Las mocedades del Cid.* Ed. Stefano Arata, estudio preliminar de Aurora Egido. Barcelona: Crítica.

CÁTEDRA, Pedro M./ROJO, Anastasio (2004): *Bibliotecas y lecturas de mujeres. Siglo XVI.* Salamanca: Instituto de Historia del Libro y de la Lectura.

CERVANTES, Miguel de (2001): *Novelas ejemplares.* Ed. Javier Blasco. Barcelona: Crítica.

CHARTIER, Roger (1995): «Letture e lettori 'popolari' dal Rinascimento al Settecento». En: Cavallo, Guglielmo/Chartier, Roger: *Storia della lettura nel mondo occidentale.* Bari: Laterza, pp. 317-335.

— (2001): *In scena e in pagina. Editoria e teatro in Europa tra XVI e XVIII secolo.* Milano: Bonnard.

COPELLO, Fernando (1994): «La femme inspiratrice et réceptrice de la nouvelle au XVIIe siècle». En: Redondo, Agustín (ed.): *Images de la femme en Espagne aux XVIe et XVIIe siècles.* Paris: Publications de la Sorbonne, pp. 365-379.

DADSON, Trevor J. (1998): *Libros, lectores y lecturas.* Madrid: Arco/Libros.

FERRER VALLS, Teresa (1991): *La práctica escénica cortesana: de la época del Emperador a la de Felipe III.* London: Tamesis.

HERPOEL, Sonia (1993): «El lector femenino en el Siglo de Oro español». En: Walthaus, Rina (dir.): *La mujer en la literatura hispánica de la Edad Media y el Siglo de Oro.* Amsterdam/Atlanta: Rodopi («Foro hispánico», V), pp. 91-99.

JESÚS, Antonia de (1671): *Vida notable de Antonia de Jesús con la relación que dejó escrita de sí misma*. En: *Crónica de la santa provincia de San Miguel de la Orden de nuestro seráfico padre San Francisco*, tomo II, cap. XXIV, Libro XI, *La concepción de Medellín*. Madrid: Viuda de Melchor Alegre. Ejemplar conservado en la Biblioteca Nacional de España con signatura 2/41030.

MARTÍNEZ BERBEL, Juan Antonio (2003): *El mundo mitológico de Lope de Vega: siete comedias mitológicas de inspiración ovidiana*. Madrid: Fundación Universitaria Española.

MCKENZIE, Donald (1999): *Bibliography and the sociology of texts*. Cambridge: Cambridge University Press.

MOLL, Jaime (1974): «Diez años sin licencias para imprimir comedias y novelas en los reinos de Castilla: 1625-1634». En: *Boletín de la Real Academia Española*, LIV, pp. 97-103.

ORTEGA LÓPEZ, Margarita (1997): «El período barroco (1565-1700)». En: Garrido González, Elisa M. (ed.): *Historia de las mujeres en España*. Madrid: Síntesis, pp. 253-344.

POUTRIN, Isabelle (1995): *Le voile et la plume: autobiographie et sainteté féminine dans l'Espagne moderne*. Madrid: Casa de Velázquez.

RALLO GRUSS, Asunción (1989):° «Invención y diseño del receptor femenino en las *Novelas a Marcia Leonarda* de Lope de Vega». En: *Dicenda*, 8, pp. 161-179.

RICŒUR, Paul (2003): *La memoria, la historia, el olvido*. Madrid: Trotta.

RUBIERA, Javier (2003): «Amor y mujer en la *Novena parte* de comedias». En: Pedraza, Felipe B./González Cañal, Rafael/Marcello, Elena (eds.): *Amor y erotismo en el teatro de Lope de Vega*. Almagro: Universidad de Castilla-La Mancha, pp. 283-304.

SÁNCHEZ AGUILAR, Agustín (2010): *Lejos del Olimpo. El teatro mitológico de Lope de Vega*. Cáceres: Universidad de Extremadura.

VEGA, Lope de (1969): *Obras selectas*. Ed. Francisco Carlos Sainz de Robles. Madrid: Aguilar, 3 vols.

— (1998): *Comedias de Lope de Vega. Parte II*. Coord. Silvia Iriso. Lleida: Milenio, 3 vols.

— (2001): *La viuda valenciana*. Ed. Teresa Ferrer. Madrid: Castalia.

— (2007a): *Novelas a Marcia Leonarda*. Ed. Marco Presotto. Madrid: Castalia.

— (2007b): *Comedias de Lope de Vega. Parte IX*. Coord. Marco Presotto. Lleida: Milenio, 3 vols.

A PROPÓSITO DE LA ESTRUCTURA DRAMÁTICA DE UNA COMEDIA BOCCACCIANA DE LOPE DE VEGA: *EL RUISEÑOR DE SEVILLA*

María del Valle Ojeda Calvo
Università «Ca' Foscari» di Venezia

En el prólogo de *La desdicha por la honra* (1624) Lope de Vega declara que «tienen las novelas los mismos preceptos que las comedias» (2007: 107). Esta estrecha relación entre ambos géneros literarios ya había sido establecida por Francesco Bonciani en una lección para la academia de los *Alterati* (*Lezione sopra il comporre delle novelle*, 1573), en la que, para autorizar el género novelesco, se basaba en las reflexiones aristotélicas acerca de las diferencias y semejanzas entre tragedia y épica (cf. Vega Ramos 1993: 90-92), aplicando la teoría neoaristotélica de la comedia a la *novella* (Bonciani 1993: 114-125). Y quizás a esa sentida afinidad entre ambos géneros se debió el que pronto las nuevas producciones en vulgar hubieran echado mano de las *novelle* para crear comedias (y tragedias). Piénsese en *Gli ingannati* de los *Intronati* de Siena, en la *Medora* de Lope de Rueda, en *La duquesa de la Rosa* de Alonso de la Vega, en *Los amantes* de Rey de Artieda o en las tragedias de Giraldi sacadas de sus propias *novelle*. El mismo Lope de Vega encontró en la novelística italiana (Boccaccio, Bandello y Giraldi, principalmente) un buen filón como cantera de sus obras. La diferencia fundamental entre estos géneros literarios reside, al parecer de Bonciani, en la condensación de la acción:

> Estas [las novelas y las comedias] son diferentes entre sí, porque, de una acción, la comedia imita aquella parte que contiene el nudo y el desenlace, y lo restante lo pone de manifiesto en el prólogo, esto es, en las primeras escenas, como si la comedia comenzara en la mitad de la acción, resolviera ésta en el pró-logo mediante la narración y precipitara la acción hacia el final, mientras que las novelas, tomando el hecho que han de imitar desde el principio, pasan ordena-damente al medio y llegan hasta el fin [...] (Bonciani 1993: 13).

En la restricción de la acción al nudo y al desenlace, se puede ver el eco de la división de la fábula propuesta por Robortello para la comedia –*connexio* y *solutio* (1997: 18 [III, 17])–, división que posteriormente

Lope de Vega recogerá en su *Arte nuevo* («dividido en dos partes el asunto», v. 231). Esta limitación lleva pareja la condensación temporal, como el mismo Bonciani recuerda:

> Hay una diferencia más: al cómico le es necesario entretejer en la fábula los episodios que pueden suceder verosímilmente en un solo día, mientras que el novelador tiene el campo abierto para fingirlos en el espacio de tiempo que le parezca conveniente [...] (1993: 124).

Para ilustrar el paralelismo entre ambos géneros literarios y la posibilidad del trasvase de uno a otro, pone el ejemplo de una *novella* de Boccaccio (*Decameron*, IV, 10), indicando cuál es la acción que se debe representar, concentrándola también en el plano temporal:

> [...] la mujer de Messer Mazzeo, médico de Salerno, a la que éste maltrataba en el lecho, se resuelve a buscar socorro y consuelo en otro lugar; da con Ruggieri da Jeroli, se enamora de él y lo conduce muchas veces a yacer con ella; en una de esas ocasiones en que estaban juntos, Ruggieri bebió una jarra de agua con adormidera, de modo que la mujer lo dio por muerto y le metió en un arca que se llevaron unos prestamistas; despertó luego Ruggieri en su casa, hizo ruido y fue apresado por la familia; confesó que había ido a robar, fue condenado a la horca y salvado por la doncella de su señora, de tal modo que fue liberado sin menoscabo del honor de ella. No cabe duda de que esta acción podría ser imitada no sólo por el fabulador, sino también por el cómico; hay, sin embargo, una diferencia, pues la comedia no debe contarla desde el principio: comenzaría, quizá, en el lugar en el que la mujer mete a Ruggieri en el arca, y seguiría luego hasta el fin, y haría manifiesto lo anterior en las primeras escenas, puesto que es verosímil que todas esas cosas hubieran sucedido en más de un día. La novela, en cambio, que no tiene este término prefijado –antes bien, cuando conviene imita acciones hechas en dos o tres años– ha de contar la acción por entero (Bonciani 1993: 123).

La crítica ha estudiado las relaciones entre las novelas y el teatro de Lope en trabajos comparativos o contrastivos, según la definición de Segre (1975), pues se centra principalmente en localizar las fuentes y en señalar las diferencias y semejanzas.[1] Ahora quisiera retomar las relacio-

---

[1] Cf., por ejemplo, Arce 1978, López Estrada 1981, D'Antuono 1983, Soriano 1991-1992, Navarro Durán 2001 o Déodat-Kessedjian/Garnier 2004.

nes entre ambos géneros partiendo de la óptica indicada por Bonciani, para estudiar y comparar la estructuración dramática de una obra de Lope –*El ruiseñor de Sevilla*– con la *novella* boccacciana en la que se inspira (*Decameron*, V, 4), e intentar ver así las implicaciones estructurales de la reescritura. La fábula de la *novella* es la siguiente:

0. Presentación del caso y de los personajes
   En la Romagna en época contemporánea al narrador, Miser Lizio de Valbona y su mujer después de mucho tiempo tienen una hija a la que llaman Caterina y a la que cuidan celosamente. Ricciardo, un niño vecino, frecuenta la casa con mucha libertad, pues los padres de Caterina bajan la guardia al tratarlo como si fuera un hijo. Ricciardo, creciendo en contacto con Caterina, se va enamorando de ella.

1. Planteamiento del nudo
   Cuando ya están los dos en edad casadera y después de pensarlo mucho, Ricciardo se arroja a declararse. Caterina le confiesa corresponderle, aunque le hace ver el problema para estar juntos: la celosa vigilancia paterna. Ricciardo, entonces, la invita a dormir en el balcón del jardín, de tal modo que él pueda reunirse con ella saltando la tapia desde su vecina casa.

2. Desarrollo del nudo (en tres tiempos)
   2a) Al día siguiente, Caterina se propone ejecutar el plan trazado por Ricciardo. Su primer intento es fallido, pues se queja a la madre del calor que no la deja descansar, por lo que le pide dormir en el balcón que da al jardín para poder gozar del fresco y del canto del ruiseñor. La madre va con la petición de la hija al padre. Éste, vigilante de su joven hija, niega tal posibilidad, contestándole que se deberá conformar con oír a las cigarras.

   2b) Al día siguiente, Caterina hará un segundo intento que tendrá éxito, pues no deja dormir a la madre quejándose del calor. Al no haber pegado ojo en toda la noche, la misma madre será esta vez quien pida al padre acceder a los deseos de la hija para que pueda dormir al fresco oyendo al ruiseñor. El padre acepta la petición, no sin tomar precauciones: cubre la cama que le hacen con una sarga y cierra con llave la puerta que comunica el balcón con el cuarto.

2c) Por la noche del tercer día, una vez que se han acostado todos, Ricciardo salta la tapia y escala hasta donde está su amada, haciendo varias veces cantar a su "ruiseñor".

3. Desenlace

Al alba del tercer día, el padre se acerca al balcón para ver cómo ha pasado la noche su hija y descubre a los dos jóvenes desnudos, abrazados y a Caterina teniendo en la mano el «ruiseñor» de Ricciardo. El padre avisa a su mujer, quien llega también a ver a los amantes en la misma posición. El padre decide que lo mejor es solucionar la situación casándolos, pues al fin y al cabo Ricciardo es de buena familia. Van a despertarlos; Ricciardo, entre la vergüenza, el miedo y el amor, accede al casamiento. Después los dos jóvenes amantes siguen reposándose y «haciendo cantar el ruiseñor». Posteriormente la boda se hace oficial, terminando felizmente la novela, adelantando el narrador cómo el nuevo matrimonio después pudo gozar cuanto quiso.

Lope actualiza la acción de la novela en el tiempo y en el espacio –la Sevilla contemporánea al autor– y acomoda la materia boccacciana al molde de la *comedia nueva*, incrustando secuencias nuevas en el conflicto principal y nuevos personajes que reconvierte, al igual que a los jóvenes protagonistas y al padre de la joven, en los tipos ya fijados por el género teatral hegemónico.[2] El conflicto dramático se centra en el amor de dos jóvenes –Félix y Lucinda–, quienes tienen que ingeniárselas para poder estar juntos, encontrando la misma solución que en el *Decameron*: la cita en el jardín con la excusa de oír cantar al ruiseñor. En este conflicto principal Lope inserta otro, el de la segunda pareja de enamorados formada por Lisarda y Adrián. Las dos historias están trabadas desde el comienzo, no sólo por las relaciones familiares que los unen (Adrián es hermano de Lucinda y Lisarda es hija de Fabio, amigo del padre de Lucinda), sino por la misma organización dramática, pues ambas histo-

---

[2] *El ruiseñor de Sevilla* pertenece al subgénero de la comedia urbana o doméstica definido por la crítica como aquel tipo de comedia que se desarrolla en un tiempo y en un espacio (ciudad) cercano al espectador de la época, con personajes de condición mesonobiliaria. Cf. principalmente, Arellano 1988, Oleza 1997: XVI-XVII y Vitse 1988: 324-341.

rias se cruzan desde las primeras escenas, cuando Lisarda disfrazada de mozo (haciéndose llamar Pedro o Perico) se encuentra con don Félix, galán protagonista, y entra a su servicio. Además, en el paso de la novela a la comedia, Lope no se limita a la restricción de la acción al desarrollo del nudo y al desenlace, como exponía Bonciani, condensando el tiempo ficticio; reescribe el conflicto dramático, cambiando asimismo la organización temporal, aunque siga repartiendo la acción en tres días al igual que la *novella*.

Recuérdese que la narración de Boccaccio presenta sumariamente los preliminares amorosos que ocurren desde la niñez hasta la juventud de los protagonistas y centra la acción principal (el conseguimiento de la unión de los jóvenes amantes para gozar de su amor) en tres días a partir de la declaración amorosa. En el primer día tiene lugar el primer intento (fallido) para dormir en el jardín; el segundo día, el segundo intento (logrado); y el tercer día por la noche, la unión carnal. Al alba del tercer día, se resuelve el conflicto con el descubrimiento y el casamiento privado. La novela termina con la narración sumaria de lo acontecido posteriormente: casamiento público y goce continuo. Es fácil suponer cuál es la división en dos partes: el nudo o *connexio* se desarrolla durante las tres noches y el desenlace o *solutio* tiene lugar al alba.

La acción de la comedia está repartida asimismo en tres días, coincidiendo con lo que el propio Lope promulgaba en el *Arte nuevo*:

> El sujeto elegido escriba en prosa,
> y en tres actos de tiempo le reparta
> procurando, si puede, en cada uno
> no interrumpir el término del día.
> (vv. 211-214)

En el primer día tiene lugar el enamoramiento de don Félix de Lucinda y el aplazamiento de las bodas concertadas e impuestas por el padre con otro caballero. En el segundo día, tiene lugar el despliegue de las estrategias de Lucinda para conseguir comunicar con su amado y el triunfo de esas estrategias con el encuentro nocturno en el jardín. En el tercer día, tiene lugar la segunda cita amorosa, el matrimonio privado de los jóvenes y el descubrimiento del encuentro amoroso. Como se puede observar, en *El ruiseñor de Sevilla* hay una dilatación temporal entre la cita y el descubrimiento respecto a la *novella* decameroniana, mientras que hay una restricción respecto al proceso amoroso (un día) y al logro de la cita (un día frente a los tres de la novela).

Pero, por encima de la articulación en tres jornadas está la división de la fábula, en dos partes, extendiéndose el conflicto hasta la última secuencia (véase el cuadro adjunto al final del artículo), donde el dramaturgo sitúa la resolución de la comedia, según él mismo recomendaba en el *Arte nuevo*:

> Dividido en dos partes el asunto,
> ponga la conexión desde el principio
> hasta que vaya declinando el paso;
> pero la solución no la permita
> hasta que llegue a la postrera escena;
> porque en sabiendo el vulgo el fin que tiene,
> vuelve el rostro a la puerta y las espaldas
> al que esperó tres horas cara a cara;
> que no hay más que saber que en lo que para.
> (vv. 231-239)

De modo que coexisten dos sistemas de repetición o estructuración: hay por una parte, los tres actos que son unidades temporales a las que está ligada la articulación escénica; y hay, por otra parte, la fábula, que se estructura en dos: nudo y desenlace. Veamos esa primera articulación con un poco de detenimiento para pasar posteriormente a las implicaciones semánticas que tiene la diferente estructuración entre la *novella* y la comedia.

La comedia nos presenta –a las afueras de Sevilla– a Pedro, un mozo sevillano que acaba de desembarcar proveniente de América. Éste, después de hacer en un soneto una alabanza a su tierra natal, observa a dos caballeros, don Félix y don Juan, que riñen por una mujer. Don Félix, galán protagonista, se muestra caballeroso con su rival: no se aprovecha de que a éste se le haya caído la espada durante el duelo y se la deja recoger. Este noble comportamiento suscita la admiración de Pedro, que se deshace en halagos. Cuando don Juan se va al oír gente –recuérdese que los duelos estaban prohibidos–, Pedro entra en conversación con don Félix y, al final, éste lo toma a su servicio. Riselo, criado de don Félix –que es la «gente» que ha oído don Juan–, le advierte del peligro de los duelos y se lleva a don Juan por las calles de Sevilla para que olvide a la mujer por la que ha reñido. Este bloque, que aparece designado con A1 en el cuadro final,[3] se presenta como unidad de acción delimitada por un vacío escénico y un cambio de espacio dramático (de Tablada al interior de una casa de Sevilla), a la vez que como unidad temporal y métrica, pues la estrofa base usada es la redondilla. El soneto, utilizado por Pedro en la alabanza de Sevilla constituye una subfase en el desplazamiento de Pedro/Lisarda desde el mar hasta el campo del duelo..

En el siguiente bloque dramático (A2)[4] Lucinda aparece con su prima y llega a confesarle el porqué de su tristeza: está enamorada de su vecino don Félix, al que ve desde su ventana, sin que él lo sepa (A2a). El padre le confía su preocupación por el estado de su hija a su amigo Fabio, quien le indica como remedio el casamiento. Ellos harán un repaso de todos los posibles candidatos, rechazando a don Félix por mujeriego y eligiendo a su rival don Juan (A2b). Esta mesosecuencia se puede considerar inmediatamente posterior en el tiempo a la anterior. El bloque está acotado también por un vacío escénico y un cambio de espacio (de la casa sevillana de la protagonista a la calle), a la vez que presenta unidad temporal. Hay dos metros (redondillas y endecasílabos sueltos), incluyendo el primero de ellos una forma englobada (romance), usada en la relación del estado anímico de Lucinda. El cambio métrico viene a subrayar dos ámbitos diferentes dentro del micromundo de la casa: el de los jóvenes (redondillas con un romance englobado) y el de los viejos (endecasílabos). Si bien las dos secuencias giran en torno al mismo problema (la melancolía de Lucinda), el tratamiento es diverso, como diverso es el punto de vista adoptado por los personajes. Obsérvese cómo la continuidad de las redondillas hace de estos dos bloques una sola macrosecuencia, considerada como fase preparatoria de presentación paralela y global de los dos protagonistas.

---

[3] En él utilizo el concepto de macrosecuencia que ha sido adoptado por Marc Vitse (1998: 52) y recogido por Fausta Antonucci (2008: 12), como la unidad segmental inmediatamente inferior al acto. Estas unidades se pueden subdividir a su vez en otras partes menores (meso y microsecuencias) (véanse además Vitse 2010 y Antonucci 2010). La segmentación que he realizado se inspira en las propuestas metodológicas de estos dos estudiosos.

[4] A partir de aquí las letras mayúsculas indican las macrosecuencias del cuadro final.

Las siguientes dos macrosecuencias de esta primera jornada (B y C) son posteriores en el tiempo y continuas, con una elipsis situada entre ambas e indicada con el vacío escénico. Entre ellas hay un cambio espacial, ya que de la calle se pasa otra vez a la casa de Lucinda. En B el metro es único (redondilla) lo que señala, a pesar del vacío escénico (v. 588), la continuidad de la acción. Dos son los metros usados en C y ambos tienen un funcionamiento igual al de A2b: el padre trata el casamiento con don Juan en octavas, mientras que la hija trata «otro» casamiento en redondillas. El concierto matrimonial del padre con don Juan lleva a éste a casa de Lucinda y a don Félix como testigo, pues el noble comportamiento de este último en la riña los ha hecho amigos. Es entonces cuando tiene lugar el enamoramiento de don Félix. En cuanto el galán ve a la dama queda prendado de ella, según confiesa a su criado Riselo en un aparte. Dorotea, prima de Lucinda, se da cuenta de la correspondencia, por lo que anima a la dama sevillana a intentar salir del casamiento con don Juan. Y es aquí cuando empiezan las diversas estrategias de la joven enamorada para conseguir casarse con quien quiere. En esta empresa estará ayudada principalmente por Riselo, criado de don Félix. En primer lugar, Lucinda finge un desmayo para conseguir aplazar la boda. Riselo, entonces, coge la ocasión al vuelo para hablarle y proponerle un remedio a su enfermedad: el amor de su señor. El predominio paterno ocupa poco espacio, ya que, después de la acogida formal del futuro marido y los testigos (32 versos en octavas), pasamos a la esfera que gira en torno a Lucinda (118 versos en redondillas).

A pesar de que entre estas tres macrosecuencias de la primera jornada, se sitúa siempre una elipsis temporal (indicada por un vacío escénico), existe una trabada construcción de la acción dramática, dado que la acción anunciada en una macrosecuencia prosigue en otra posterior, aunque no sea linealmente. Así, mientras el primer bloque (A1) termina con Riselo que se lleva a don Juan por las calles de Sevilla a ver mujeres para olvidar a la dama de la pendencia (2c), en el segundo aparecen don Juan y sus acompañantes, que vuelven a casa después del recorrido por las calles hispalenses (B2). Lo mismo ocurre con la acción de B2 que prosigue en la secuencia siguiente, pues el viejo Fabio abandona la casa de Lucinda para ir a tratar el casamiento con don Juan, a quien encuentra en la calle al final de la secuencia B1, volviéndose con él a la casa de la dama. En el último bloque (C) es, por lo tanto, donde confluyen en el tiempo y en el espacio la acción de los personajes de los bloques anteriores.

La segunda jornada tiene lugar al día siguiente, habiendo pasado una noche entre los dos actos, donde se sitúa la acción referida y no representada de la burla a Riselo (episodio de las barras de oro, secuencia de D1). A continuación sabemos que Lucinda sigue con sus estrategias, pues ha fingido un segundo desmayo para hacer venir a su sanador Riselo y así establecer comunicación con su amado a través de billetes. Este intercambio de papeles llevará a concertar la cita en el jardín por la noche. La estrategia culminará cuando llegue el padre con un músico para aliviar la melancolía y Lucinda invente la metáfora del ruiseñor, pues para curar su enfermedad, en vez de la música que le ofrece su padre, ella prefiere salir por la noche al jardín a oír cantar al ruiseñor, siendo ya comprensible para los espectadores que se refiere a su amado don Félix, quien le había propuesto verse por la noche en el jardín:

> PADRE   Hija, querría que viniese un músico
> a alegrar tu tristeza.
> LUCINDA   Antes sospecho
> que me la aumentará; mas si tú quieres,
> yo tengo mejor músico.
> PADRE   ¿Y adónde?
> LUCINDA   En el jardín de casa en ese huerto;
> mas no puedo gozarle cuando quiero,
> y ansí, mi señor padre, te suplico,
> pues ese cuarto está desocupado
> que tiene en el jardín los dos balcones,
> permitas que en él tenga mi aposento,
> porque viene ese músico de noche,
> quiero decir, cuando se rompe el alba,
> y oírle me dará salud y vida.
> PADRE   ¿Qué músico, qué dices?
> LUCINDA   Padre mío,
> un ruiseñor que viene cada noche,
> y puesto en los naranjos, alentado
> del blanco azahar, con dulce melodía
> me cuenta los amores de su dama.
> PADRE   Hija, estarás muy lejos de mi cama
> y no es razón para el estado tuyo.

Si quieres ruiseñores, veinte jaulas
te haré traer, que tu aposento cerquen.
LUCINDA   Señor, la fruta que a la mesa viene
no agrada tanto como entre sus ramas,
y así, mi ruiseñor sobre estos árboles
me agrada más cantando, cuando quiere,
que no forzado en cárceles de jaulas.
(vv. 1398-1423; Vega 1972: 105b-106a)[5]

El padre al fin accede a la petición de su hija; ésta podrá dormir cerca del jardín, aunque el cuarto esté lejos de los vigilantes aposentos paternos. Lucinda después del permiso escribe velozmente a su amado confirmando la cita para esa misma noche. Él podrá entrar saltando la tapia por ser las casas vecinas como las de Caterina y Ricciardo de Boccaccio. La jornada termina con el inicio del encuentro de don Félix con Lucinda en el jardín. Como se observará en el cuadro adjunto, esta jornada es muy compacta. El tiempo es continuo, explicitándose en la secuencia F3 que ya es de noche. Hay cambios espaciales y vacíos escénicos, pero la acción no está fragmentada. Es más, los diferentes espacios (casa de don Félix, casa de Lucinda y calle) están unidos por los personajes que pasan de un sitio a otro llevando los recados amorosos y por la misma construcción dramática del tiempo. Así, después de que llegue un criado de Lucinda a buscar a Riselo y éste se marche con él, don Félix y Pedro quedan unos cuantos versos (vv. 994-1039) comentando su amor (D1b). El escenario queda vacío y aparecen don Juan con el padre de Lucinda esperando a Riselo porque la dama ha sufrido otro desmayo (2a). A continuación llega Riselo desde la casa vecina de don Félix (2b). Riselo se va después de que Lucinda le haya dado con engaños un papel para su señor y se quedan otros cuantos versos solos los restantes personajes (vv. 1116-1139). Se vuelve a quedar el escenario vacío (E). Aparecen Pedro y don Félix en su casa (1a), que siguen hablando de amor como en la secuencia D1b hasta la llegada de Riselo con el papel de la vecina. Así, Riselo ha dispuesto del tiempo necesario para ir y venir de una casa a otra. El mismo tipo de construcción lo vemos en la secuencia E2: mien-

---

[5] Quisiera advertir que el texto de la comedia se presenta muy deturpado y que la numeración de los versos me pertenece.

tras Lucinda está con don Juan (E2a), Riselo tiene tiempo para recoger el papel de su amo y volver a casa de la enamorada (E2b); y también en las secuencias E3 y F1. El padre de Lucinda llega con música, Lucinda la rechaza y le habla del ruiseñor, proponiéndole dormir por la noche en el cuarto cercano al jardín para poder disfrutar del canto del pajarito. Como el padre accede, Lucinda va corriendo a escribir a su amado para concertar la cita (E3). Hay otro vacío escénico y la acción se desplaza a la calle (F). Mientras que Riselo y Pedro comentan con su señor su enamoramiento (F1), llega un criado con el papel que ha escrito Lucinda a don Félix; es decir que la microsecuencia F1a ha servido de igual modo a crear el tiempo suficiente para que Lucinda haya podido escribir y dar el papel al criado, y éste haya podido salir de la casa. Otro tanto se podría considerar de 1 y 2, pues dilatan el tiempo hasta la llegada de la noche, momento de la cita con el ruiseñor. Estas diferentes secuencias se pueden articular en tres momentos, que tienen como centro cada uno de ellos los billetes amorosos que conducen a la victoria de Lisarda con la cita nocturna del ruiseñor. Los cambios métricos, unidos al escenario vacío, al corte temporal (por mínimo que sea) y al cambio espacial, permiten hacer de ésta una jornada de tres macrosecuencias que traducen estructuralmente los tres papeles (véase el cuadro final). Además, el uso de los diferentes versos tiene principalmente el mismo valor que en ocasiones anteriores, ya que la primera tirada de endecasílabos sueltos está asociada al universo paterno y las redondillas al universo filial. También es significativa la predominancia de las estrofas octosilábicas, pues toda la jornada se centra en los tratos amorosos de Lucinda y don Félix. El uso de los otros dos metros (soneto y endecasílabos) está ligado a la expresión de los sentimientos amorosos del galán protagonista y a los contrapuntos burlescos de sus criados (véanse las secuencias E1a y F1c).

La tercera jornada se desarrolla al día siguiente de la cita con el ruiseñor, como queda indicado por las referencias contenidas en G. Este bloque escénico va seguido de otro (H) que se centra en la historia de amor de Pedro/Lisarda y Adrián, hermano de Lucinda. Esta historia está unida a la acción principal –como apuntaba más arriba– por las relaciones familiares de los protagonistas. Además, Pedro, que ha entrado en la primera macrosecuencia al servicio de don Félix (A), le revela su verdadera identidad –es en realidad Lisarda, hija de Fabio y dama de Adrián– y le cuenta las peripecias amorosas que le han llevado a volver de América siguiendo a Adrián. Después, don Félix se va a casa de Lucinda para darle el parabién de su próxima boda con don Juan, no sin antes prometer a Lisarda ayudarla con Adrián. Estas dos secuencias continuas en el tiempo se pueden considerar o posteriores o incluso simultáneas a G, pues no hay marca textual que señale el tiempo dramático. El espacio es único: la calle de las casas de los enamorados, como lugar de transición. En este bloque se pueden distinguir dos momentos dramáticos marcados por el uso de dos metros: la redondilla en el encuentro con Adrián y el romance en el relato de la historia de Pedro/Lisarda.

La siguiente macrosecuencia viene demarcada por un vacío. La acción se traslada a casa de Lucinda y las dos primeras secuencias (I1 y I2) sirven una vez más para para crear el tiempo necesario para la llegada de don Félix anunciada en H. Obsérvese cómo vuelven a usarse los dos metros diferentes que identifican los dos universos, el paterno (endecasílabos) y el filial (redondillas), y cómo aún predomina la redondilla, pues la acción sigue centrada en los amores de Lucinda y don Félix. Ya en casa de Lucinda, don Félix, gracias a una canción sobre el ruiseñor, puede hablar, aunque equívocamente, con su amada. A continuación, don Félix, para no levantar sospechas, cambia de tema y da al padre noticias de su hijo Adrián. Lucinda aprovecha la distracción para acordar con el criado de su amado la segunda cita en el jardín. El segundo encuentro con el ruiseñor tiene lugar la misma noche. Mientras que los amantes están juntos, llega Adrián a la casa de su padre (J1) y relata toda su historia, dejando claro que no ha atentado contra el honor de Lisarda, pues su intención siempre ha sido casarse con ella. Se concierta la boda con el consenso de los dos viejos y mandan un criado a avisar a Lucinda. El criado vuelve contando cómo ha visto a Lucinda con el ruiseñor en los brazos. Adrián, que entiende la metáfora, saca inmediatamente la espada para defender la honra de su hermana, pero antes de que entre a ver qué ocurre, salen los enamorados declarando que ya son marido y mujer. Todo se aclara y la comedia termina con las esperadas bodas: don Félix con Lucinda y Adrián con Lisarda (don Juan se tendrá que conformar con una sobrina del viejo Fabio). Aquí podemos identificar otros dos momentos dramáticos, marcados asimismo por el empleo de dos metros (octavas y redondillas) con idéntico significado que en las ocasiones anteriores de alternancia de versos italianos (esfera del padre) y españoles (esfera de Lucinda). Como se puede ver, esta última jornada presenta una construcción muy parecida a la primera, pues tanto la acción como los personajes confluyen en el tiempo y en el espacio, en este caso en la última secuencia (J2). La acción está también muy trabada, pues lo que se refiere en una macrosecuencia tiene su continuación en otras, aunque no se sigan linealmente. Así, por ejemplo, don Félix, que ha anunciado ir a dar el parabién a casa de Lucinda por su próxima boda (H), aparece a darlo en I3. De igual manera, la cita referida en H3 se realiza en H5, prosigue durante la elipsis temporal representada por el vacío escénico y continúa, ahora sí, en escena (I2).

Este recorrido por la estructuración de la comedia de Lope, permite ver cómo el dramaturgo madrileño toma sólo de la novela italiana el motivo de la cita nocturna en el jardín junto con la metáfora del ruiseñor, siendo los cambios abundantes en todo lo demás, al ir más allá de la acomodación de la fábula de la novela a las leyes de la Comedia Nueva. En primer lugar, Lope reescribe la historia de amor de los protagonistas, pero no parte del enamoramiento progresivo de ellos, como en el caso de Boccaccio, sino que, en consonancia con las teorías amorosas de la época, nos presenta un enamoramiento por la vista, aunque en diferentes etapas. Primero será la dama quien se enamore de su vecino, como le confiesa ella misma a su prima:

> Desta nuestra casa enfrente
> puso el cielo, y mi desgracia,
> un caballero, por quien
> se puede perder mi casa:
> don Félix de Saavedra
> es, prima, el pleito, la causa,
> la pretensión y la envidia;
> él me entristece, él me mata.
> Por entre estas celosías
> que cubren estas ventanas,
> le veo vestir mil veces
> y desnudar otras tantas,
> y amor, que nunca para,
> ¡entre por ellos a abrasarme el alma!
> (vv. 385-398; Vega 1972: 82b)

Después, en cuanto la ve, el caballero se enamora (C). Y desde el mismo instante en que los dos reconocen el amor, deciden actuar para conseguir casarse con quienes ellos quieren. En la resolución del conflicto el papel de la dama es fundamental: es ella la que pone el primer obstáculo al casamiento concertado por su padre fingiendo un desmayo y la que sabe encontrar la ocasión para propiciar la cita con su amado en el jardín inventando la metáfora del ruiseñor. En estas estrategias recibe la ayuda del criado Riselo, quien rápidamente se convierte en su sanador fingido (la cura de sus fingidos desmayos) y real (es el mediador entre los amantes). Como se puede observar, Lope ha reconvertido la función de los amantes, pues no es el galán quien trace el plan y la dama quien ejecute, como en la *novella* de Boccaccio, donde Ricciardo le proponía a Caterina el modo para verse, sino que es la dama, con la participación de Riselo, quien construye la estrategia. Lucinda tiene, pues, un papel más activo que la Caterina de Boccaccio en la planificación de sus amores, por ser Lucinda la que se enamora primero viniendo quizás a representar que ella elige a la persona con la que casarse, a pesar de lo que opinen los demás. No olvidemos que don Félix es un reconocido mujeriego, aunque gracias a Lucinda se redime por el amor. La dama sevillana es quien lleva la batuta, pues no sólo se plantea gozar de su enamorado por la noche, sino cambiar su vida, que en las claves de la comedia supone cambiar de casamiento. Esta dama *voyeur*, como la ha llamado Teresa Ferrer (2003), se comporta como tantas otras de la comedias urbanas de este período[6] (piénsese por ejemplo en *El arenal de Sevilla, La discreta enamorada* o en *El acero de Madrid*) y por amor toma las riendas de la vida, que, en términos dramáticos, supone tomar las riendas de la comedia; es así la tracista de la intriga. Riselo lo ve claro:

> Yo te juro que tendrá
> fabricadas mil quimeras,
> que cuando se determina
> una mujer ya resuelta,
> corre siempre a rienda suelta
> y vuela como una mina;
> de suerte, que si tú esperas,
> vendrás tu remedio a ver.
> (vv. 1233-1241; Vega 1972: 102b)

---

[6] *El ruiseñor de Sevilla* ha sido fechada por Morley y Brueton (1968: 265-266) con probabilidad entre 1604 y 1608.

Al galán, entonces, sólo le queda esperar a que la dama actúe. Para Marc Vitse, la comedia de la modernización (primer cuarto del siglo XVII) refleja la lucha generacional entre padres e hijos, donde se observa cómo el egoísmo paterno intenta imponer su visión del mundo. Para triunfar sobre ese egoísmo, los protagonistas de las comedias tendrán que desarrollar una fuerte capacidad imaginativa[7]. Este caso sería otro ejemplo de los expuestos por Lope en su teatro, donde ambos polos «gusto»/«justo», o lo que es lo mismo «querer»/«deber», pueden estar en equilibrio gracias al arrojo de las damas protagonistas,[8] que son capaces de ingeniárselas para vencer al padre y salirse con las suyas.[9]

En cuanto a la metáfora del ruiseñor, ya Victor Dixon, en respuesta a los estudios como el de Cesare Segre (1975) que marcaban el carácter «contenido» sobre todo en el campo sexual y lo púdico del lenguaje lopesco, señalaba la importancia de un aspecto tocado de pasada por Nancy D'Antuono (1983), pero crucial, como es el planteamiento de qué versión pudo haber manejado Lope (Dixon 1989: 185). Así llama la atención sobre la inconveniencia de cotejar las obras lopescas con ediciones modernas y no con las de la época, en particular porque éstas fueron castigadas. En el caso concreto que nos ocupa, la metáfora del ruiseñor alude al miembro viril tanto en la versión original como en las censuradas de 1573 y 1588. No es así, sin embargo, en la de Salviati de 1582, donde la metáfora del ruiseñor pasa a ser el amante y, por tanto, la censura o «pudicizia» de la que habla Segre pudo no ser de Lope, sino que se encontrara en la versión retocada que éste leyera de Salviati (ibíd.: 189). De todas maneras, creo que lo importante no es tanto el desplazamiento metafórico de la parte hacia el todo, sea o no de Lope, sino la

---

[7] Esta oposición también se manifiesta en términos económicos, ya que frente a la *avaritia* paterna se alza la *generositas* filial; es decir, los viejos de las comedias lopianas son representantes de un conservadurismo económico e ideológico que se enfrenta a la liberalidad económica e ideológica de los jóvenes (Vitse 1988: 462-476). La avaricia paterna está encarnada en la figura de Fabio que, por dinero, envía a su única hija a América a casarse sin amor con un indiano, siendo esta avaricia causa de las desgraciadas aventuras de Lisarda.

[8] Cf. la introducción de Stefano Arata a Vega 2000.

[9] Las dos damas protagonistas de las aventuras amorosas de la comedia, Lucinda y Lisarda, tienen la misma actitud, pues se rebelan a los deseos paternos y, sin perder la honra, logran casarse según sus propios deseos con Félix y Adrián respectivamente.

función central de la metáfora, el desarrollo de ésta y sus implicaciones en el conflicto dramático. Mientras que en la novela la acción gira en torno a cómo podrán vencer la vigilancia del padre para estar juntos (o lo que es lo mismo gozar del ruiseñor), en la comedia la acción se centra en cómo la dama protagonista logra casarse con quien ella quiere. Además, el obstáculo paterno no será como en el *Decameron* el celo vigilante del padre, pues, aunque éste existe y a él se alude en más de un pasaje de la comedia, se vence en pocos versos (vv. 1398-1423 citados *supra*) frente a los dos intentos de Caterina repartidos en dos días en la *novella* boccacciana. El mayor obstáculo es la fama de mujeriego de don Félix y la consiguiente elección paterna de don Juan para el casamiento. Por ello, el conflicto dramático no termina con la cita en el jardín (jornada II), pues el objetivo de los jóvenes, como comenté anteriormente, no es el goce de su pasión, sino el matrimonio. Una vez que ellos se casan privadamente –así don Félix lo proclama a todos (vv. 2641-2645)–, se aclaran los hechos y se hará el casamiento público con el consentimiento paterno. Una diferencia fundamental es que a los jóvenes boccaccianos los casa el padre para remendar la honra, mientras que los jóvenes lopianos se casan ellos mismos, porque así lo desean.

Por otra parte, la dilación de la acción durante la jornada III hace posible que Lope pueda desarrollar la historia de Adrián y Lisarda, sin «que del primer intento se desvíen; / ni que della se pueda quitar miembro / que del contexto no derribe el todo» (vv. 185-187), como aconseja el propio Lope en el *Arte nuevo* a hablar de la unidad de acción (vv. 181-187). Por consiguiente, en la macrosecuencia final (I) Pedro/Lisarda aparece providencialmente para que Adrián no sacie su sed de venganza en don Félix:

> ADRIÁN   No puedo
> hacer menos, aquí estoy:
> ni dejara de vengarme
> desta maldad y traición
> por padre ni por el mundo,
> sino es que Lisarda hoy
> llegara a tenerme el brazo.
> (vv. 2657-2663; Vega 1972: 133b)

A ello hay que añadir las referencias que los viejos hacen de sus respectivos hijos en varias ocasiones, así como las noticias traídas por don

Félix al padre de Lucinda (J), que hacen que ambas historias aparezcan trabadas y no episódicas. Además, el tiempo transcurrido sirve a don Félix para que, con su caballeroso comportamiento, vaya derribando los obstáculos iniciales o, lo que es lo mismo, vaya ganando buena fama con su rival don Juan, con Pedro/Lisarda, con Adrián y con el mismo padre.

En definitiva, creo que más importante que el desplazamiento metafórico del ruiseñor es la implicación ideológica de la reescritura como queda cifrada en el hecho de que los amantes no se hayan unido carnalmente en el primer encuentro nocturno, pues desde el principio el objetivo es otro: casarse por amor, según la nueva ideología que conjugaba amor y matrimonio.[10] De ahí la diferente organización temporal de la comedia respecto a la novela y la predominancia del universo de los hijos frente al de lo padres, predominancia reflejada en la menor presencia de los espacios y de los metros asociados a la instancia paterna (endecasílabos, ya sean sueltos o en octavas). En *El ruiseñor de Sevilla* la acción se desarrolla sobre todo en el interior de la casa de Lucinda. Los otros lugares son espacios de transición que convergen siempre en el territorio de la joven sevillana. Y si bien, como ha escrito Stefano Arata, «la casa es el lugar que la sociedad ha asignado a la dama para proteger su honor –un espacio cerrado y vigilado por esos Argos de cien ojos que son los padres y hermanos–» (2000: 25), Lucinda sabrá encontrar en la propia casa un espacio de libertad para realizar sus deseos, un espacio al mismo tiempo privado y abierto que la comunique con su amado. Este lugar es el espacio simbólico del jardín, que pone en contacto dos espacios privados como es el de Lucinda y el de su vecino don Félix. En este sentido es emblemática la segunda jornada, donde se puede ver el juego de la alternancia de las dos casas comunicadas por la calle y cómo la acción termina en el jardín. Por todo ello, se puede concluir que la reescritura lopiana de la *novella* boccacciana no es sólo un proceso de trascodificación, selección y condensación de la acción como venía a decir Bonciani, sino que implica, sobre todo, una trasformación semántica.

---

[10] Este cambio ideológico que triunfa en la comedia nueva lo explica claramente Oleza (1995: 620) a propósito de *La Calamita* de Torres Naharro.

BIBLIOGRAFÍA

ANTONUCCI, Fausta (2008): «Introducción: para un estado de la cuestión». En: Antonucci, Fausta (ed.): *Métrica y estructura dramática en el teatro de Lope de Vega*. Kassel: Reichenberger, pp. 1-30.

— (2010): «"Acomode los versos con prudencia". La polimetría en dos comedias urbanas de Lope». En: *Artifara*, 9 (<http://www.artifara.unito.it/ Nuova%20serie/N-mero-9/Addenda/antonucci_3.pdf>).

ARCE, Joaquín (1978): «Boccaccio nella letteratura castigliana: panorama generale e rassegna bibliografico-critica». En: *Il Boccaccio nelle culture e letterature nazionali*. Firenze: Olschki, pp. 63-105.

ARELLANO, Ignacio (1988): «Convenciones y rasgos genéricos en la comedia de capa y espada». En: *Cuadernos de Teatro Clásico*, 1, pp. 27-49.

BOCCACCIO, Giovanni (1573): *Decameron [...] ricorretto [...] et emendato secondo l'ordine del Sacro Conciliodi*. Firenze: Giunti.

— (1582): *Decameron di messer Giovanni Boccacci, cittadin fiorentino, di nuovo ristampato e riscontrato in Firenze con testi antichi et alla sua vera lezione ridotto dal Cavalier Lionardo Salviati [...]*. Venezia: Giunti di Firenze.

— (1588): *Decameron di messer Giovanni Boccacci, cittadin fiorentino, di nuovo riformato da m. Luigi Groto cieco d'Adria [...] et con le dichiarationi avertienti et un vocabolario fatto da m. Girolamo Ruscelli [...]*. Venezia: Fabio et Agostino Zoppini fratelli et Onofrio Fari compagni.

BONCIANI, Francesco (1993): *Lección o tratado sobre la composición de las novelas*. En: VEGA RAMOS, María José: *La teoría de la «novella» en el siglo XVI. La poética neoaristotélica ante el «Decamerón»*. Salamanca: Johannes Cromberger, pp. 97-143.

D'ANTUONO, Nancy L. (1983): *Boccaccio's Novelle in the Theater of Lope de Vega*. Madrid: Studia Humanitatis.

DÉODAT-KESSEDJIAN, Marie-Françoise/GARNIER, Emmanuelle (2004): «Prólogo» a *El ejemplo de casadas y prueba de la paciencia*. En: *Comedias de Lope de Vega. Parte V*. Ed. Marie-Françoise Déodat-Kessedjian/Garnier, Emmanuelle. Barcelona: Milenio, pp. 35-47.

DIXON, Victor (1989): «Lope de Vega no conocía el *Decamerón* de Boccaccio». En: *El mundo del teatro español en su siglo de Oro. Ensayos dedicados a John E. Varey*. Ottawa: Dovehouse, pp. 185-196.

FERRER VALLS, Teresa (2003): «Damas enamoran damas, o el galán fingido en la comedia de Lope de Vega». En: Pedraza Jiménez, Felipe B./González Cañal, Rafael/Marcello, Elena (eds.): *Actas de las XXV Jornadas de teatro clásico (Almagro, 9, 10 y 11 de julio de 2002)*. Almagro: Universidad de Castilla-La Mancha/Festival de Almagro, pp. 191-212.

LÓPEZ ESTRADA, Francisco (1981): «Boccaccio, Lope de Vega y Tirso de Molina. Un triángulo de relaciones». En: Ramos Ortega, Francisco (ed.): *Actas del Coloquio «Teoría y realidad en el teatro español del siglo XVII. La influencia italiana» (Roma, 16 a 19 de noviembre de 1978)*. Roma: Instituto Español de Cultura y Literatura de Roma, pp. 355-366.

MORLEY, S. Griswold/BRUERTON, Courtney (1968): *Cronología de las comedias de Lope de Vega. Con un examen de las atribuciones dudosas, basado todo ello en un estudio de su versificación estrófica*. Madrid: Gredos.

NAVARRO DURÁN, Rosa (2001): «Lope y sus comedias de enredo con motivos boccaccianos». En: *Ínsula*, 658, pp. 22-24.

OLEZA, Joan (1995): «Calamita se quiere casar: los orígenes de la comedia y la nueva concepción del matrimonio». En: Ferrán Carbó, J. V./Martínez, E. M./Morenilla, C. (eds.): *Homenatge a Amelia García-Valdecasas*. València: Universitat de València («Quaderns de Filologia»), vol. II, pp. 607-617.

— (1997): «Del primer Lope al *Arte nuevo*». En: Vega, Lope de: *Peribáñez y el comendador de Ocaña*. Ed. Donald McGrady. Barcelona: Crítica, pp. IX-LV.

ROBORTELLO, Francesco (1997): *Explicationes de comoedia*. En: Vega Ramos, María José: *La formación de la teoría de la comedia*. Cáceres: Universidad de Extremadura, pp. 89-119.

SEGRE, Cesare (1975): «Da Boccaccio a Lope de Vega, derivazioni e trasformazioni». En: *Boccaccio: secoli di vita*. Ravenna: Longo, pp. 225-236.

SORIANO, Catherine (1991-1992): «*El ejemplo de casadas y prueba de la paciencia* de Lope de Vega: estudio comparativo». En: *Dicenda*, 10, pp. 293-326.

VEGA, Lope de (1972): *El ruiseñor de Sevilla*. En Lope de Vega, *Obras. XXXII. Comedias Novelescas*, Marcelino Menéndez Pelayo (ed.). Madrid: Atlas (BAE, CCLXXXIX), pp. 71-134.

— (2000): *El acero de Madrid*. Ed. Stefano Arata. Madrid: Castalia.

— (2007): *Novelas a Marcia Leonarda*. Ed. Marco Presotto. Madrid: Castalia.

VEGA RAMOS, María José (1993): *La teoría de la «novella» en el siglo XVI. La poética neoaristotélica ante el «Decamerón»*. Salamanca: Johannes Cromberger.

VITSE, Marc (1988): *Éléments pour une théorie du théâtre espagnol du XVIIe siècle*. Toulouse: Presses Universitaires du Mirail/France-Ibérie Recherche.

— (1998): «Polimetría y estructuras dramáticas en la comedia de corral del siglo XVII: el ejemplo de *El burlador de Sevilla*». En: Campbell, Ysla (ed.): *El escritor y la escena VI. Estudios sobre teatro español y novohispano de los Siglo de Oro*. Ciudad Juárez: Universidad Autónoma de Ciudad Juárez, pp. 45-63.

— (2010): «*Partienda est comoedia*: la segmentación frente a sí misma». En: *Teatro de palabras*, 4, pp. 19-75.

LOPE DE VEGA. *El ruiseñor de Sevilla* (1604-1608)*

JORNADA I: un día

Tiempo dramático	Espacio dramático	Macrosecuencia	Versificación		Acción
			Estrofa	Versos	
Tarde	Puerto de Sevilla (Tablada)	A	Redondillas	1-24	1. LLEGADA DE PEDRO Y RIÑA ENTRE DE DON FÉLIX Y DON JUAN
			Soneto	25-38	a. Llegada de Pedro y despedida del marinero.
			Redondillas	39-310	b. Alabanza de Sevilla.
				311-338	c. Pedro observa el noble duelo entre dos caballeros, don Félix y don Juan. Don Juan al oír gente se va. Riselo llega y don Félix comenta el suceso. Pedro queda prendado del comportamiento noble de don Félix. Entran en conversación y don Félix toma a Pedro a su servicio. Van hacia la ciudad comentando los amores de don Félix por Lucrecia, causa de la riña con don Juan. Riselo quiere hacerle pasar ese amor llevándolo por la ciudad en busca de mujeres.
					--------- (vacío escénico: v. 310) ---------
Inmediatamente posterior a A1	Casa de Lucinda		(Romance amebeo con estribillo)	(339-412)	2. LA MELANCOLÍA DE LUCINDA
			Redondillas	413-440	a. Lucinda y Dorotea hablan sobre la tristeza de Lucinda y el recelo de su padre.
			Endecasílabos sueltos	441-548	Descripción por Dorotea del estado de Lucinda y confesión de Lucinda: está enamorada de su vecino don Félix, aunque él no lo sepa ni la haya visto nunca. Dorotea le advierte del talante mujeril de don Félix.

* Agradezco infinitamente al Prof. Marc Vitse la lectura de este artículo y sus observaciones, que han hecho que me replanteara la jerarquización de mi primera segmentación.

LOPE DE VEGA. *El ruiseñor de Sevilla* (1604-1608)
JORNADA I: un día (cont.)

Tiempo dramático	Espacio dramático	Macrosecuencia	Versificación		Acción
			Estrofa	Versos	
					b. Fabio y el padre de Lucinda vienen hablando sobre sus respectivos hijos que están en las Indias: Adrián y Lisarda. Después el padre se dirige a Lucinda para interesarse por la tristeza que manifiesta. Las damas se marchan y se quedan los viejos comentando la enfermedad y el modo de remediarla. Fabio le propone casarla. Pasan revista a los posibles maridos y el padre se decide por don Juan, manifestando su animadversión hacia don Félix. Fabio se encarga de tratar el casamiento.
				VACÍO ESCÉNICO	
Un poco más tarde que la macrosecuencia A	Calles de Sevilla	B	Redondillas	549-707	LA PROPUESTA DE CASAMIENTO A DON JUAN CON LUCINDA 1. Don Juan cuenta a Fineo el duelo con don Félix y el comportamiento caballeroso de don Félix. Llega Fabio a proponerle el casamiento con Lucinda. ------- (vacío escénico: v. 588) ------- 2. Don Félix, su criado Riselo y Pedro vienen de regreso a casa hablando de las mujeres que Riselo ha hecho ver a don Félix y de que ninguna lo convence. Pedro se acuerda con Riselo para ir por la noche a recoger unas barras de oro que ha escondido en el río cuando desembarcó de las Indias.
				VACÍO ESCÉNICO	

LOPE DE VEGA. *El ruiseñor de Sevilla* (1604-1608)
JORNADA I: un día (cont.)

Tiempo dramático	Espacio dramático	Macrosecuencia	Versificación		Acción
			Estrofa	**Versos**	
Un poco más tarde que la macrosecuencia B	Casa de Lucinda	C	Octavas	708-740	ENAMORAMIENTO DE DON FÉLIX Y PRIMER DESMAYO DE LUCINDA 1. El padre de Lucinda trata el casamiento de su hija con don Juan. Félix viene como testigo con sus criados.
			Redondillas	741-858	2. Lucinda cuando ve a don Félix se queja a su prima Dorotea de su desdicha, pues la casan con quien no quiere y es testigo quien quiere. Don Félix cuando ve a Lucinda se enamora. Dorotea se da cuenta de las miradas de enamorado de don Félix y anima a su prima. Lucinda, para impedir la escritura de casamiento, finge un desmayo. Riselo aprovecha la ocasión y pide decirle una oración a solas para que sane: le dice que conoce su mal y le propone a don Félix como remedio. Lucinda se recupera de inmediato. La escritura se aplaza hasta que sane completamente Lucinda. Cuando se quedan solos Félix, Riselo y Pedro, Pedro vuelve al asunto de las barras: por la noche irán por ellas. Riselo le promete a don Félix Lucinda y Pedro, en aparte, se promete burlarlo por alcahuete.

LOPE DE VEGA. *El ruiseñor de Sevilla* (1604-1608)
JORNADA II: un día

Tiempo dramático	Espacio dramático	Macrosecuencia	Versificación		Acción
			Estrofa	Versos	
Un día después	Casa de don Félix	D	Redondillas	859-1139	EL PRIMER PAPEL Y LA PRIMERA VICTORIA DE LUCINDA-RISELO 1. a. Riselo persigue con la espada desnuda a Pedro por la burla de las barras de oro hecha la noche anterior, mientras que don Félix intenta impedirlo. Hacen al final las paces. b. Un criado de Lucinda viene a buscar a Riselo para que cure/alivie a su ama. Riselo se va con el criado. Don Félix y Pedro quedan comentando su amor. ------(vacío escénico: v. 1039)------
	Casa de Lucinda				2. a. Don Juan y el padre de Lucinda están esperando a Riselo para que sane a Lucinda, pues ha tenido otro desmayo. b. Cuando éste llega, Lucinda le da con engaños un papel para su amo don Félix.
			VACÍO ESCÉNICO		
	Casa de don Félix	E	Soneto	1140-1153	EL SEGUNDO PAPEL Y LA INVENCIÓN DEL RUISEÑOR 1. a. Don Félix y Pedro expresan sus deseos amorosos en paralelo. Hablan del estado de amor de don Félix.
			Redondillas	1154-1390	b. Llega Riselo con el papel de su amada en el que le pide hablarle. Riselo propone un plan para estar con ella: entrar por el jardín.

LOPE DE VEGA. *El ruiseñor de Sevilla* **(1604-1608)**
JORNADA II: un día (cont.)

Tiempo dramático	Espacio dramático	Macrosecuencia	Versificación		Acción
			Estrofa	**Versos**	
	Casa de Lucinda		End. sueltos	1391-1434	--------(vacío escénico: v. 1264)-------- 2. a. Lucinda rechaza las joyas que le regala don Juan (secuencia simultánea en el tiempo a 1b). b. Llega Riselo y le da una bolsilla con "unas letras saludables": es un papel de don Félix donde le propone verse por la noche en el jardín. 3. Llega el padre de Lucinda con un músico para curar su melancolía. Lucinda lo rechaza e inventa la metáfora del ruiseñor.
			VACÍO ESCÉNICO		
Crepúsculo vespertino	Calle de la casa de don Félix y Lucinda	Redondillas	Redondillas	1435-1505	EL TERCER PAPEL Y LA PRIMERA CITA NOCTURNA CON EL RUISEÑOR 1. a. Riselo y Pedro comentan el enamoramiento del mujeriego don Félix: ahora sólo piensa en Lucinda. b. Llega un criado con una caja con una joya en agradecimiento a las curas de Riselo: en realidad es una caja con un papel para don Félix confirmando la cita del jardín aludiendo a la metáfora del ruiseñor. Pedro va por un jaco por si don Félix debe defenderse de la ira del padre. c. Don Félix queda suspirando de amores y Riselo haciéndole el contrapunto

LOPE DE VEGA. *El ruiseñor de Sevilla* (1604-1608)
JORNADA II: un día (cont.)

Tiempo dramático	Espacio dramático	Macrosecuencia	Versificación		Acción
			Estrofa	Versos	
Crepúsculo matutino	Jardín de casa de Lucinda				2. Burla de Pedro vestido de mujer a Riselo.
					----------- (vacío escénico: v. 1640) -----------
					3. a. Dorotea y Lucinda esperan en el jardín al ruiseñor.
					b. Cita con el ruiseñor. Félix y Lucinda entran en el cuarto de al lado del jardín. Poco después, entran también Dorotea y Riselo.

LOPE DE VEGA. *El ruiseñor de Sevilla* (1604-1608)
JORNADA III: un día

Tiempo dramático	Espacio dramático	Macrosecuencia	Versificación		Acción
			Estrofa	Versos	
Un día después	Casa de Lucinda	G	Quintillas	1745-1921	LOS EFECTOS POSITIVOS DEL RUISEÑOR
					1. Fabio y el padre de Lucinda hablan sobre el remedio del ruiseñor. Llegan Lucinda y Dorotea y entre ellas comentan la noche del ruiseñor. Hablan los cuatro juntos y Lucinda sigue con la metáfora del ruiseñor. El padre ordena a todos que se acuesten temprano y se levanten tarde para no espantar al ruiseñor.
					VACÍO ESCÉNICO

LOPE DE VEGA. *El ruiseñor de Sevilla* (1604-1608)
JORNADA III: un día (cont.)

Tiempo dramático	Espacio dramático	Macrosecuencia	Versificación		Acción
			Estrofa	Versos	
	Calle de la casa de don Félix y Lucinda	H	Redondillas	1922-2097	LA HISTORIA DE AMOR DE PEDRO/LISARDA Y ADRIÁN 1. Llega Adrián y por la conversación se sabe que es hermano de Lucinda y amigo de don Félix. Llegan Pedro, Riselo y don Félix hablando de la burla a Riselo. Se encuentran con Adrián. Don Félix y Adrián se reconocen. Don Félix le comenta que va a dar el parabién a Lucinda, pero Adrián le pide quedarse en su casa por el momento hasta encontrar la oportunidad de hablar con su padre. Riselo lo acompaña para acomodarlo. 2. a. Don Félix comenta a Pedro el laberinto en el que se encuentra, pues debe ir a dar el parabién a don Juan y «presto me le darán / de Lucinda a mí también» (vv. 2003-2004).
			Romance	2098-2262	b. Pedro confiesa su historia a don Félix: es una dama llamada Lisarda, hija de Fabio; fue enviada a América para casarla con un Indiano y allí se enamoró de Adrián al verlo. Éste riñó por con el indiano dentro de una iglesia y tuvo que huir de la justicia. Lisarda quiso seguirlo y se embarcó disfrazada de grumete camino de Sanlúcar. Don Félix se propone ayudarla y la historia le da valor para ir hasta el final: "tuyo ha de ser Adrián, / y mía ha de ser Lucinda" (vv. 2257-2258).

LOPE DE VEGA. *El ruiseñor de Sevilla* **(1604-1608)**
JORNADA III: un día (cont.)

Tiempo dramático	Espacio dramático	Macrosecuencia	Versificación		Acción
			Estrofa	Versos	
			VACÍO ESCÉNICO		
Tarde	Casa de Lucinda	I			LA SEGUNDA CITA NOCTURNA CON EL RUISEÑOR
			Endec. suel.	2263-2280	1. Fabio y el padre de Lucinda se lamentan por no saber nadas de los hijos que se marcharon a América: Adrián y Lisarda.
			Redondillas	2281-2336	2. Llega Don Juan y a continuación Lucinda y Dorotea. Acuerdan el casamiento para el día siguiente.
			Endec. suel. (Letrilla)	2337-2351 2352-2361	3. Llega don Félix a dar el parabién por la boda de Lucinda. Canción del ruiseñor.
			Redondillas	2362-2556	4. El padre de Lucinda explica la letra de la canción y la causa del ruiseñor. Lucinda y don Félix hablan equívocamente del ruiseñor que viene a verla. Después don Félix cambia de tema dando noticias de Adrián. Lucinda aprovecha para hablar mientras con Pedro y concertar una cita para esa noche con el ruiseñor.
					--------- (vacío escénico: v. 2468) ---------
					5. Los criados comentan que no deben hacer ruido para no espantar al ruiseñor como ha ordenado el padre de Lucinda. Sospechas del ruiseñor.
					--------- (vacío escénico: v. 2504) ---------
Noche	Jardín de casa de Lucinda				6. Cita del ruiseñor. Lucinda se entra con don Félix y Riselo con Dorotea a los aposentos situados al lado del jardín.

LOPE DE VEGA. *El ruiseñor de Sevilla* (1604-1608)
JORNADA III: un día (cont.)

Tiempo dramático	Espacio dramático	Macrosecuencia	Versificación		Acción
			Estrofa	Versos	
			VACÍO ESCÉNICO		
	Casa de Lucinda	J	Octavas	2557-2602	EL DESCUBRIMIENTO DEL RUISEÑOR Y BODAS 1. Padre de Lucinda se pregunta porqué hay todavía gente levantada a esas horas. Leonicio le dice que viene Adrián. Llega Adrián y declara que no ha atentado contra el honor de Lisarda, la hija de Fabio, pues tiene intención de casarse con ella. Se concierta el matrimonio. Manda a un criado avisar a Lucinda.
			Redondillas	2603-2689	2. El criado le cuenta cómo ha visto a Lucinda con el ruiseñor durmiendo en sus brazos. Adrián entiende la metáfora y saca la espada para vengar a su hermana. El padre lo impide, pues cree que es un ruiseñor de verdad. Antes de que entren a ver, salen don Félix, Riselo, Lucinda y Dorotea. Todo se aclara y termina en bodas con la llegada también de Pedro/Lisarda, que se casará con Adrián.

«Pájaros nuevos» y además colaboradores. Lope frente a la escritura en colaboración

Alessandro Cassol
Università degli Studi di Milano

No deja de extrañar la circunstancia de que en el caudal de un dramaturgo, tal como fue Lope de Vega, de tan rica y cualitativamente extraordinaria parábola artística, si bien marcada por más que comprensibles e inevitables altibajos, hayan quedado y queden todavía unas cuantas zonas de sombra, unos rincones a oscuras, en las cuales los investigadores se ven obligados a moverse, aún hoy, a tientas. No me refiero a la desproporción, indudablemente llamativa, entre las piezas lopescas que se suelen mencionar como canónicas, y que como tales suben a las tablas en montajes más o menos exitosos o logrados, y las comedias o tragedias «menores», objeto de atenciones limitadas cuando no mínimas. Si es verdad que la gran mayoría de los estudios que se publican cada año sobre el Lope autor de teatro vuelve a incidir una y otra vez en obras maestras reconocidas (*El caballero de Olmedo, El castigo sin venganza, El perro del hortelano, La dama boba...*), no podemos desconocer los esfuerzos que un número creciente de investigadores está consagrando a rescatar del olvido una serie de piezas que no han tenido, hasta la fecha al menos, el mismo éxito crítico. La desproporción a la que he aludido es, en cierta medida, un fenómeno perfectamente normal y corriente, diría casi necesario y hasta oportuno, en tanto que se trata de organizar la producción de autor de vena tan prolífica. Sistematizar, construir taxonomías, son operaciones no sólo legítimas, sino de agradecer. Se facilita, así, el acceso ordenado a caudales, como el lopeveguesco, que de otro modo sería antieconómico manejar, y éste es el haz de la actividad investigadora. El envés lo constituye, justamente, el arrinconamiento de unas vertientes del corpus de un autor, destinadas a esperar su turno, espera que, a veces, puede ser muy larga.

Sin embargo, no pretendo volver a repetir la queja sobre la ausencia o escasez de trabajos críticos modernos en torno a decenas de comedias, o subgrupos de comedias que creamos reconocer. Me gustaría, más bien, hacer hincapié en el silencio casi absoluto que envuelve el tema de que voy a ocuparme aquí, o sea, la relación de Lope con las comedias escritas en colaboración. Y no porque se trate de una parcela de cierto peso en su corpus, injustamente olvidada: estamos hablando, justo es declararlo en seguida para despejar el campo de falsas expectativas, de *una* pieza. Lo que me interesa, aparte de repasar los datos fundamentales en torno a esta comedia, por cierto desatendida por los lopistas de mayor proyección, es intentar aclarar los motivos de un rechazo casi total hacia una forma de composición dramática que, a juzgar por su éxito en las tablas, en palacio y en la imprenta, bien debía de tener cierto atractivo; entender las causas de algo que no llegó a ser, sino excepcionalmente; trataré, en definitiva, de hacer la historia de una ausencia (la de las colaboradas del corpus lopesco), de un olvido (por parte de la crítica) y de un «no, gracias» (Fénix *dixit* o, mejor, *cogitavit*).

El surgir de la escritura en colaboración en la época áurea, fenómeno que sólo últimamente ha vuelto a suscitar cierto interés y que empieza a contar con un número significativo, aunque todavía relativamente restringido, de aproximaciones críticas, se coloca cronológicamente a corta distancia del *Arte nuevo*, ya que entre el texto lopesco y la primera comedia de autoría múltiple conocida, que se remonta a 1619, median apenas diez años, bien que decisivos, como se sabe, en el desarrollo de la *comedia nueva*. Dramaturgos como Luis de Belmonte, Antonio Mira de Amescua, Luis Vélez de Guevara, sin considerar otros más jóvenes, como Calderón, Rojas Zorrilla o Moreto (poetas a los que Lope, en la tardía *Epístola a Claudio* y en otros textos, alude despectivamente con la expresión «pájaros nuevos»), fueron los protagonistas más llamativos de la afirmación de esa peculiar tipología de composición dramática, que atrajo a decenas de ingenios, muchos de segunda o tercera fila, y se convirtió en una praxis consolidada a partir de los años treinta del siglo XVII, en coincidencia con el tramo final de la vida y de la carrera del Fénix.[1]

---

[1] No será el caso de hacer un historial de la recepción crítica de las comedias escritas en colaboración. Me limito a recordar que unas páginas de MacKenzie (1993) estimularon reflexiones menos condicionadas por antiguos prejuicios en contra de estas obras, actitud que ha venido produciendo unas ediciones (pocas) y unos estudios específicos (alguno más) en torno a una comedia o a un dramaturgo determinado, en su faceta

Normalmente tan abierto a la novedad y a la experimentación, incluso en sus últimos años (baste con pensar en la *Dorotea* y en *La vega del Parnaso*), Lope no aportó ninguna contribución a esa moda, a no ser por una pieza escrita con mucha prisa junto a su amigo Montalbán. A mi entender, es necesario reflexionar a fondo sobre la actitud de Lope frente a la implantación de las comedias en colaboración en los escenarios comerciales y cortesanos; un Lope ya maduro, si bien todavía capaz de otras grandes creaciones dramáticas (*La noche de San Juan, El castigo sin venganza, Las bizarrías de Belisa*, piezas todas de los treinta, sin contar con la ya citada *Dorotea* o el espléndido *Burguillos*). Un Lope *de senectute*, según la conocida fórmula de Rozas, tan conocida y repetida que se ha vuelto en estereotipo, y que precisamente en cuanto tal puede acabar ocultando en un cono de sombra lo que no casa con el estereotipo: en este caso, corremos el riesgo de infravalorar la actitud experimentadora de Lope, por anciano, cansado y amargado que estuviera.

En vano buscaríamos en el *Arte nuevo* alguna alusión a la escritura teatral de consuno. Sabemos que a la altura de ese texto bisagra la moda no se había instalado aún, mientras que en el sistema teatral que tiene más afinidades con el español en esa época sí se había afianzado ya un método de colaboración entre dramaturgos. Me refiero, por supuesto, al teatro isabelino y de la época jacobea y carolina, en el que no sólo figuras de segunda fila se dedicaron a la escritura en colaboración, sino que lo hicieron, y en ciertos casos a menudo, ingenios del calibre de Ben Johnson o del mismísimo William Shakespeare, al que se le atribuyen unas cuantas colaboraciones en un corpus de menos de 40 piezas suyas seguras en total, más un puñado de obras en que el peso de su colaboración, si es que la hubo, está por determinar con precisión. Por lo que me consta, el primer ejemplo conocido de obra colaborada es el *Gordobuc*, una sombría tragedia compuesta por Thomas Norton y Thomas Sackville nada menos que en 1561 (incidentalmente, un año antes de que naciera el Fénix), estrenada en enero de 1562 frente a la reina Isabel y revisada un par de veces con posterioridad, sin contar que tiene el mérito, no deleznable, de ser la primera obra teatral en verso blanco, el futu-

---

de colaborador. En la bibliografía que cierra este trabajo se encontrarán unas referencias útiles para una primera orientación.

ro estándar métrico del drama en tierras británicas. Hay que reconocer que el estudio de la escritura en colaboración (*collaborative writing* y *collaborative authorship* son los rótulos que se le suelen dar más frecuentemente) en ámbito anglosajón está mucho más desarrollado. Y no se trata solamente de recordar los varios sondeos que se han hecho, ya en los años cincuenta y sesenta del siglo XX, sobre la autoría posiblemente shakespeariana de ciertas piezas (en 1960, por ejemplo, se publicó una monografía de Kenneth Muir, titulada *Shakespeare as Collaborator*, que en cierto modo ya era deudora de trabajos anteriores); o artículos y libros, a veces muy extensos, sobre las técnicas que permitirían distinguir la mano de Beaumont de la de Fletcher, por ejemplo, o la de Middleton en obras de varios dramaturgos coevos, como los de Cirus Hoy, Gary Taylor y otros especialistas. Eran, éstos, y en ciertos casos siguen siendo, estudios que se ceñían esencialmente al análisis, cada vez más infoasistido con el paso del tiempo y el avance de la tecnología, de elementos lingüísticos discretos y medibles, como palabras o imágenes frecuentes: el examen estilométrico, en fin, en su más intransigente y rigurosa personificación, parcialmente mermado por fallos metodológicos que últimamente se han puesto de relieve de forma muy clara.[2]

Un enfoque más moderno, y sin duda sugerente, es el que puede verse reflejado en los interesantes libros de Jeffrey Masten (1997) y de Heather Hirschfeld (2004). De acuerdo con su perspectiva, el investigador no debe apostar por los métodos de individuación de la contribución de *un* autor en una o más obras, sino, más bien, por evaluar el producto (el resultado de la colaboración) como forma de escritura alternativa a la unipersonal, una tipología de escritura dramática donde la entidad autorial monolítica, a la que solemos pensar desde la Ilustración o el Romanticismo, se diluye, se fracciona, se compone con otras,

---

[2] Para los interesados que tengan cierta familiaridad con el inglés y la estadística aplicada a la *stylometry*, recomiendo la página web mantenida por el profesor Patrick Juola, de Duquesne University (<http://www.mathcs.duq.edu/~juola/>), que se dedica a mostrar lo vicioso de ciertas premisas y argumentaciones de la disciplina. Huelga decir que no escasan intentos, incluso muy recientes y bien argumentados, de aplicar técnicas refinadas a la solución de cuestiones de paternidad de las obras. Un excelente ejemplo de la revitalización de estas metodologías, con estrechos vínculos con la lingüística forense, lo representa Blasco/Marín Cepeda/Ruiz Urbón 2010.

en cuanto interactúa con fuerzas externas y llega a producir algo que es de dos o tres (o más) conjuntos, y al mismo tiempo de ninguno de ellos. La hibridización –de estilos, de ideas, de lenguaje dramático– sería la cifra característica de la escritura en colaboración, y por lo tanto no debería interpretarse, como se ha venido haciendo durante mucho tiempo, simplemente como un obstáculo al reconocimiento de la aportación individual a la obra colectiva.[3]

Si queremos trazar una línea cronológica del desarrollo de las comedias en colaboración en España, hay que armarse de paciencia y recomponer los datos dispersos en varios estudios sobre representaciones, en las bibliografías particulares de cada dramaturgo, en los repertorios y catálogos de los fondos antiguos. Sin entrar en demasiados detalles, podemos distinguir con relativa facilidad cuatro momentos en el desarrollo de la colaboración dramática en la época áurea. Una primera fase de intentos dispersos, en la que se colocaría también el único ejemplo de colaborada en que entra Lope, que ocuparía un lugar preeminente, en cuanto al orden cronológico se refiere, ya que sólo le preceden el primer caso del que tenemos constancia, *El mártir de Madrid* (el autógrafo de Belmonte y Mira es de 1619), y la multitudinaria *Algunas hazañas... del Marqués de Cañete* (compuesta por nueve ingenios, entre los cuales otra vez Belmonte y Mira, además de Alarcón, Vélez, Guillén de Castro y otros menores), que fue impresa en 1622 y representa el primer caso conocido de colaborada que llegó a la imprenta.[4]

Luego la cronología se vuelve bastante confusa, y no será inoportuno recordar la prohibición de imprimir comedias en Castilla (1625-1634), que por cierto limitó o alteró la evolución del sistema dramático que cabría esperar en aquel entonces. A principios de los años treinta se pueden fechar las primeras comedias en colaboración que ven la participa-

---

[3] No puedo alejarme ulteriormente del foco de este trabajo, pero intentaré profundizar la reflexión en clave comparatística sobre la escritura de consuno en los dos sistemas, el británico y el español, en futuros estudios.

[4] Por esa circunstancia, por el inusual conjunto de colaboradores y por ser un producto tipográfico excepcional en el panorama de la editoría teatral del XVII, se trata de la pieza en colaboración que ha granjeado el mayor número de estudios monográficos. Remito a un trabajo mío (Cassol 2008c) para una reseña de las opiniones críticas sobre esa obra.

ción de Calderón, especialmente con Montalbán y Coello, y se repiten e intensifican las colaboraciones entre Mira y sobre todo Rojas y Vélez, a los que se irán añadiendo Moreto, Martínez, Cáncer, Zabaleta, Matos Fragoso, y un largo etcétera.

Sin embargo, tenemos muy pocas referencias al fenómeno en los textos de estos años, y para una de éstas hay que acudir al propio Lope. En *La noche de San Juan* (de 1631), en un célebre ejemplo de teatro en el teatro, el protagonista anuncia lo que se representará frente a los Reyes en un teatro erigido para la ocasión:

> representará Vallejo
> una comedia, en que ha escrito
> don Francisco de Quevedo
> los dos actos, que serán
> el primero y el tercero,
> porque el segundo que abraça
> los dos, dicen que ha compuesto
> don Antonio de Mendoza.
> Pintarte estos dos ingenios
> era atrevimiento en mí,
> y no fuera gloria en ellos,
> porque son tan conocidos,
> que sólo decirte puedo
> que por partir el laurel
> dividieron el Imperio.
> (Vega 1988: vv. 584-598)

Me resulta bastante difícil sopesar las palabras de Lope. No se entiende, aquí, si el Fénix critica esta división del Imperio, esta voluntaria partición del papel autorial, o si, en cambio, muestra curiosidad o hasta admiración para Quevedo y Hurtado de Mendoza, con los que compartió el escenario en esa ocasión.[5]

---

[5] La comedia a la que alude Lope es *Quien más miente medra más*, que en efecto se estrenó en las fiestas de San Juan de 1631 a la presencia de Felipe IV, en los jardines del conde de Monterrey, ocasión en que se montó también *La noche de San Juan*, que se representó a continuación. La obra de Quevedo y Hurtado no ha llegado hasta nosotros, aunque pocos años después, en 1635, el mismo Hurtado representó en la corte otra

Buceando en el *Para todos* de Montalbán, de 1632, y concretamente en el «Índice de los ingenios de Madrid», no se divisa rastro alguno de alusión, por leve que fuera, a la escritura de piezas de consumo, lo que indica, simplemente, que los dramaturgos no habían empezado a colaborar con frecuencia, ya que de cada uno se citan los logros individuales. Sólo de Coello se afirma que «empieça por donde otros acaban», pero, en mi opinión, no es tan evidente, como en cambio considera Mac-Kenzie, que la frase apunte a su especial destreza de colaborador. En efecto, Montalbán le alaba por octavas y versos sueltos, «entre ellos», concluye, «dos ò tres Comedias» (Pérez de Montalbán 1632: fol. 341r). Francamente, no me parece posible deducir de este comentario una consideración de Coello como especialista de la colaboración dramática: además, el joven Antonio (dice Montalbán que tenía «pocos años», concretamente, añado yo, unos veinte) estaba dando todavía los primeros pasos en el mundo de la escritura teatral, y tardará un poco más en hacer migas con Calderón y otros ingenios, de los cuales se volverá colaborador. *Yerros de naturaleza y aciertos de la fortuna*, compuesta con Calderón, es de los primeros meses de 1634, y en poco más de un año participará en interesantísimos ejemplos de comedias colaboradas, tales como *La Baltasara*, *El catalán Serrallonga* y *El jardín de Falerina*, recientemente fechada en otoño de 1635.

Sea como fuere, las dos décadas que van desde 1630 hasta 1650 muestran una especial intensidad del fenómeno y por lo menos una veintena larga de colaboradas fechables con exactitud o con razonable aproximación. Muchas más, en cambio, aunque se pueden ubicar con seguridad en esta franja temporal, presentan notables dificultades en cuanto a su autoría y datación.

---

pieza, que parece ser poco más que un arreglo de la colaborada, como demostrarían unas incongruencias internas y las referencias a la batalla de Nördlingen, que Fernando Doménech Rico, su más reciente estudioso, considera ajenas al texto original. Esta segunda versión se encuentra impresa con el título de *Los empeños del mentir* en un tomo extravagante de comedias (*Flor de las mejores doce comedias de los mayores ingenios de España*, Madrid, 1652, fols. 43r-84r, *i.e.* 64r). Revisada por Doménech Rico y ambientada en el Madrid de nuestros días, la pieza ha sido llevada a las tablas por la RESAD en 2001, estrenándose en el marco del XXIV Festival de Almagro, donde no suscitó una acogida especialmente cálida. Para más detalles, remito a la edición de *Los empeños del mentir* (2002), en especial las páginas 61-70 y 123-129.

Un tercer momento iría desde 1650 hasta 1681: en esta época resultan activos muchos dramaturgos de los que sabemos relativamente poco, y el panorama se complica decididamente. Además, sobreviven poquísimos manuscritos autógrafos, mientras muchas comedias colaboradas se editan en la serie de las *Escogidas* (47 partes adocenadas entre 1652 y, justamente, 1681).

Después de la muerte de Calderón, la escritura en colaboración parece entrar en una fase letárgica, que conduce a su desaparición en los primeros diez o veinte años del siglo XVIII.[6]

Como dije antes, *Los terceros de San Francisco*, la obra de Lope y Montalbán a la que estoy aludiendo repetidamente, podría remontarse a 1628, según las conjeturas de Claudia Dematté en un trabajo que tiene en prensa (cf. bibliografía). De ser realmente así, la única colaborada lopesca sería tan sólo el tercer caso fechable de pieza escrita en colaboración, y se ubicaría en una época en la que los ingenios no se habían acostumbrado aún, en palabras de Lope, a dividir el Imperio.

Hay que decir que la comedia en cuestión goza de una circunstancia rarísima en el teatro áureo, a saber, el relato de su génesis por un testigo *pars in causa*, o sea Montalbán. En la miscelánea fúnebre en honor del Fénix que coordina, la célebre *Fama póstuma* (1636), aparece una anécdota muy conocida y citada por varios estudiosos, normalmente para apoyar en ella la repetición de uno de los tópicos lopescos más frecuentemente subrayado, es decir, su extraordinaria capacidad compositiva en tiempos brevísimos; o bien, usada por los pocos que han trabajado sobre las colaboradas para demostrar, admitiendo que sea posible, los mecanismos de escritura en casos de autoría doble (y por analogía, triple o múltipla). Por conocida que sea, no me resisto a citarla otra vez, para luego comentar unos cuantos puntos que me interesan:

> Hallóse en Madrid Roque de Figueroa, autor de comedias, tan falto dellas, que estaba el corral de la Cruz cerrado, siendo por Carnestolendas, y fué tal su diligencia, que Lope y yo nos juntamos para escribirle a toda pris-

---

[6] Aquí no dispongo del espacio necesario para detallar la sucesión cronológica de las piezas compuestas en colaboración. En próximas ocasiones proporcionaré avances de investigaciones que estoy conduciendo en esta dirección, en particular un repertorio completo de las comedias en colaboración.

sa una que fué *La Tercera Orden de San Francisco,* en que Arias representó la figura del Santo con la mayor verdad que jamás se ha visto. Cupo a Lope la primera jornada y a mí la segunda, que escribimos en dos días, y repartióse la tercera a ocho hojas cada uno, y por hacer mal tiempo me quedé aquella noche en su casa. Viendo, pues, que yo no podía igualarle en el acierto, quise intentarlo en la diligencia, y para conseguirlo me levanté a las dos de la mañana, y a las onze acabé mi parte. Salí a buscarle y halléle en el jardín muy divertido con un naranjo que se helaba: y preguntando cómo le había ido de versos, me respondió: «A las cinco empezé a escribir, pero ya habrá una hora que acabé la jornada; almorcé un torrezno, escribí una carta de cincuenta tercetos, y regué todo este jardín, que no me ha cansado poco. Y sacando los papeles me leyó las ocho hojas y los tercetos, cosa que me admirara, si no conociera su abundantísimo natural y el imperio que tenía en los consonantes» (Pérez de Montalbán 2001: 33).

Las palabras de Montalbán, concretamente la referencia a la situación incómoda del autor Roque de Figueroa, que parece desprovisto de comedias para abastecer los corrales, han sido pluricitadas. En ellas se ha fundamentado la idea de que las comedias en colaboración serían el fruto de circunstancias externas a la voluntad o inclinación compositiva de los dramaturgos, tales como la presión por parte de las compañías para conseguir piezas nuevas, nunca antes representadas, sin preocuparse demasiado de la calidad de la obra, sino, más bien, de los posibles retornos económicos de la representación, a todas luces sensiblemente mejores si se estrenaba una comedia recién compuesta, sobre todo en la época del Carnaval.

Otra conclusión que aparentemente se puede sacar de la anécdota contada por Montalbán es que, cuando se trataba de una comedia escrita en colaboración la partición del trabajo se ajustaba a un esquema muy sencillo: en este caso, concretamente, una jornada cada uno escrita en sucesión, y la tercera partida en dos mitades equivalentes, usando el número de hojas de un pliego como referencia cuantitativa y forma de censura, etimológicamente hablando, de su propia creatividad. En realidad, los estudios que se vienen publicando en estos últimos años, sobre todo siguiendo la huella trazada por la importantísima monografía de Roberta Alviti, van mostrando que no siempre el proceso de subdivisión del trabajo era tan riguroso o esquemático. Si Ann MacKenzie creía reconocer un «método sistemático y casi aritmético» (1993: 33) que caracterizaría esta clase de obras, como otras citas sacadas de varios textos de la época también parecen sugerir (el *Vejamen* de Cáncer, el *Retrato de un poema cómico* de Cubillo, etc.), hoy sabemos que el proceso de escritura de consuno podía ser, y quizá en varias ocasiones fue, mucho más complejo. La distribución de las jornadas no se ajustaba a criterios fijos, por lo que no debemos cometer el error de pensar que, pongamos caso, tres ingenios se ocupasen cada uno de una jornada, en estricta sucesión o escribiendo de forma independiente. Este proceso, tan perimetrado a la extensión de una jornada, o de mitad de un acto, fue quizá el que caracterizó los primeros experimentos. Analizando los autógrafos que han llegado hasta nosotros (pocos, pero son legión con respecto a los que tienen a disposición los colegas estudiosos del teatro isabelino), nos damos cuenta de que uno de los dramaturgos podía encargarse de una revisión final del texto, superponiendo su voluntad a la de los colaboradores (es lo que pasa, por ejemplo, en *El príncipe perseguido*, en el que Moreto interviene, *a posteriori*, en las jornadas de Belmonte y Martínez; y se trata de un texto de 1645). No voy a mencionar otros ejemplos por falta de espacio, pero sin duda el panorama es bastante más difuminado de lo que tal vez pensemos.

Volviendo a *Los terceros de San Francisco*, cabe señalar que se trata de un texto muy poco estudiado: escasísimas son las referencias a esta obra, descartando, claro está, las citas de la anécdota contada por Montalbán. Ha escrito algo sobre esta pieza Menéndez Pelayo, y está en prensa el trabajo de Claudia Dematté al que aludí antes. Me siento autorizado, entonces, a no entrar en ella, para no quedar mal frente a plectros mucho mejores que el mío. Sólo recordaré que Dematté propone una fecha concreta para la composición de la obra, y sería la de 1628, cuarto centenario de la canonización de San Francisco de Asís (el cual, en todo caso, no es el protagonista de la obra, que se centra en santa Isabel de Hungría). A esa época se remonta una carta que Lope escribió a Antonio Hurtado de Mendoza, probablemente en el mismo año según las indicaciones de González de Amezúa en su edición del *Epistolario* del Fénix, y es otro caso de cita bastante célebre que necesito sacar a colación:

> Estos días se decretó en el senado cómico que Luis Vélez, don Pedro Calderón y el doctor Mesqua hiciesen una comedia, y otra, en competencia suya, el doctor Montalván, el doctor Godínez y el licenciado Lope de Vega, y que se

pusiese un jarro de plata en premio. Respondí que era este año capellán mayor de la Congregación, y para el que viene aceptaba el desafío. Grande invención, solemne disparate, desautorizada cosa, gran plato para el vulgo (González de Amezúa 1943: IV, 101-102).

Dematté conjetura que *Los terceros de San Francisco* podría ser la comedia a la que se alude en esta carta y que, al parecer, Lope se negó a escribir, postergando la empresa al año siguiente, cuando ya no intervendría Godínez. De ser así, quedarían en pie dos problemas: primero, la carta en cuestión debería remontarse a 1627, o sea, un año antes de la composición de la colaborada de tema franciscano (siempre y cuando acierte Dematté en fecharla en 1628, y su propuesta me parece más que razonable); el segundo problema es que, si damos crédito a la anécdota que cuenta Montalbán en la *Fama póstuma*, la redacción de *Los terceros de San Francisco* parece el fruto de una urgencia improvisa, más que de la participación en un certamen pospuesto.

Sugiero, entonces, otra posibilidad: que el Fénix escribiera esas palabras, por cierto no muy elogiosas con la escritura en colaboración («Grande invención, solemne disparate, desautorizada cosa, gran plato para el vulgo»), *después* de haber experimentado la colaboración dramática con su discípulo, a lo mejor en el mismo año de 1628, lo que no desmentiría la fecha propuesta por Dematté. Lope, entonces, habría ensayado por razones meramente mercantiles (vender una comedia a Roque de Figueroa) un tipo de escritura que, evidentemente, no le apeteció y, que, de hecho, no volvería a practicar nunca más.

¿Y por qué no lo hizo? Creo que la respuesta se encuentra en parte en meras cuestiones cronológicas: las colaboradas iban afirmándose justo en el último lustro de vida del Fénix, y lo que se compuso antes, *El mártir de Madrid, Algunas hazañas* y los mismos *Terceros*, sin descartar que hubiera otras, fueron pruebas bastante aisladas, balbuceos iniciales, tanteos en algo todavía prematuro.

Pero, a mi entender, hay otras explicaciones posibles. Puede que fueran simples y por cierto comprensibles razones de edad, aunque la distancia generacional no le impidió trabar amistades con colegas decididamente más jóvenes (y Montalbán es el ejemplo clásico), por más que se incida en los contrastes con la nueva oleada de dramaturgos. Puede que fuera una vena de escepticismo hacia los mecanismos de la escritura de consuno y los resultados artísticos que se alcanzarían con un trabajo compartido (y, en este sentido, la colaboración con Montalbán para *Los terceros de San Francisco* sería tan sólo un experimento, la excepción que confirma la regla). Puede que fuera la insatisfacción por el producto de su única colaboración, que, como hemos visto, se coloca en todo caso entre los primeros ejemplos en absoluto de la dramaturgia colaborada. Puede que fueran las muchas preocupaciones y la amargura existencial que le atosigaron sus últimos años (y en efecto *Los terceros* se remonta a la época de mayor frecuencia de sus quejas por las dificultades personales y de máxima intensidad de sus polémicas literarias). Puede que fuera, diría que fue, por cierto, una combinación de todo esto.

Sin embargo, añadiría una explicación vinculada a la concepción individual, unipersonal, de la dramaturgia que, a mi manera de ver, caracteriza al Fénix. A Lope le falta, o por lo menos a mí me parece que le falta, una visión *social* de la escritura para el teatro, que en cambio tiene, por ejemplo, Calderón, frecuente colaborador en los años treinta e incluso mucho más tarde, cuando ya reside y trabaja en la corte, dispuesto a compartir las tareas creadoras no sólo con otros dramaturgos, sino con músicos, escenógrafos, tramoyistas. Lope se consideró siempre un espléndido solista, y no quiso que su talento se diluyera en los entramados vocales de un coro, compuesto por voces ajenas a la suya y naturalmente distintas. Mientras otros no pegan ojo y se afanan sin éxito para estar a su altura, él almuerza temprano y se dedica al cuidado del jardín, hasta el punto de que su fecundidad literaria parece interrumpir las tareas domésticas, y no al revés. Auténtica o no la historieta contada por Montalbán, restituye y cristaliza muy bien la excepcionalidad de Lope, lo que implica, sobre todo en esos últimos amargos años, su aislamiento. El Fénix no quiso *dividir el Imperio*; prefirió, más bien, intentar quedarse sólo con los laureles.

Bibliografía

ALVITI, Roberta (2006): *I manoscritti autografi delle commedie del «Siglo de Oro» scritte in collaborazione. Catalogo e studio*. Firenze: Alinea.

BLASCO, Javier/MARÍN CEPEDA, Patricia/RUIZ URBÓN, Cristina (eds.) (2010): *Hos ego versiculos feci… Estudios de atribución y plagio*. Madrid/Frankfurt: Iberoamericana/Vervuert.

CALLE GONZÁLEZ, Sonsoles (2002): «Calderón y las comedias de varios ingenios: los enredos de una fábula». En: Arellano, Ignacio (ed.): *Calderón 2000. Homenaje a Kurt Reichenberger en su 80 cumpleaños*. Kassel: Reichenberger, pp. 263-276.

CASSOL, Alessandro (2008a): «Las comedias colaboradas en el corpus de Rojas Zorrilla». En: Pedraza Jiménez, Felipe B./González Cañal, Rafael/Marcello, Elena Elisabetta (eds.): *Rojas Zorrilla en su cuarto centenario. Actas del Congreso Internacional* (Toledo, 4-7 de octubre de 2007). Cuenca: Universidad de Castilla-La Mancha, pp. 185-195.

— (2008b): «El ingenio compartido. Panorama de las comedias colaboradas de Moreto». En: Lobato, María Luisa/Martínez Berbel, Juan Antonio (eds.): *Moretiana. Adversa y próspera fortuna de Augustín Moreto*. Madrid/Frankfurt: Iberoamericana/Vervuert, pp. 165-184.

— (2008c): «Uno y múltiple. Fragmentación del yo y del texto en una comedia de nueve ingenios». En: Martín Morán, José Manuel (ed.): *El yo y el otro, y la metamorfosis de la escritura en la literatura española*. Vercelli: Mercurio, pp. 69-82.

— /MATAS CABALLERO, Juan (eds.) (en prensa): *La escritura en colaboración en el teatro áureo*. Valladolid: Universidad de Valladolid.

DEMATTÉ, Claudia (en prensa): «Entre ingenios anda el juego. Juan Pérez de Montalbán y las comedias en colaboración con Lope y Calderón. Notas acerca de *Los terceros de San Francisco*». En: Cassol, Alessandro/Matas Caballero, Juan (eds.): *La escritura en colaboración en el teatro áureo*. Valladolid: Universidad de Valladolid.

GONZÁLEZ CAÑAL, Rafael (2002): «Calderón y sus colaboradores». En: Arellano, Ignacio (ed.): *Calderón 2000. Homenaje a Kurt Reichenberger en su 80 cumpleaños*. Kassel: Reichenberger, pp. 541-554.

GONZÁLEZ DE AMEZÚA, Agustín (1943): *Epistolario de Lope de Vega Carpio*. Madrid: Aldus, vol. IV.

HIRSCHFELD, Heather Anne (2004): *Joint Enterprises. Collaborative Writing and the Institutionalization of the English Renaissance Theater*. Amherst/Boston: University of Massachussetts Press.

HURTADO DE MENDOZA, Antonio/QUEVEDO, Francisco de (2002): *Los empeños del mentir*. Madrid: RESAD/Fundamentos.

MACKENZIE, Ann L. (1993): «La técnica de componer comedias en colaboración». En: *La escuela de Calderón. Estudio e investigación*. Liverpool: Liverpool University Press, pp. 31-67.

MADROÑAL DURÁN, Abraham (1996): «Comedias escritas en colaboración: el caso de Mira de Amescua». En: Granja, Agustín de la/Martínez Berbel,

Juan Antonio (eds.): *Mira de Amescua en candelero. Actas del Congreso Internacional sobre Mira de Amescua y el teatro español del siglo XVII (Granada, 27-30 de octubre de 1994)*. Granada: Universidad de Granada, vol. I, pp. 329-346.

MASTEN, Jeffrey (1997): *Textual Intercourse. Collaboration, Authorship, and Sexualities in Renaissance Drama*. Cambridge: Cambridge University Press.

PÉREZ DE MONTALBÁN, Juan (1632): *Para todos. Exemplos morales, humanos y divinos*. Madrid: Imprenta del Reyno.

— (2001): *Fama póstuma*. Ed. Enrico Di Pastena. Pisa: ETS.

ROJAS ZORRILLA, Francisco/COELLO OCHOA, Antonio/CALDERÓN DE LA BARCA, Pedro (2010): *El jardín de Falerina*. Ed. Felipe B. Pedraza Jiménez. Barcelona: Octaedro.

VEGA, Lope de (1965): *Los terceros de San Francisco* (ed. Marcelino Menéndez Pelayo). En: *Obras de Lope de Vega (XII: Comedias de vidas de Santos)*. Madrid: Atlas, pp. 194-246.

— (1988): *La noche de San Juan*. Ed. Anita K. Stoll. Kassel: Reichenberger.

Estrategias y efectismos teatrales en la poesía no dramática de Lope de Vega

Marcella Trambaioli
Università del Piemonte Orientale, Vercelli

Si es cierto que la comedia barroca es síntesis de todas las artes, sobre todo en su vertiente cortesana, y es poesía tridimensional que resulta a la vez plástica y dinámica, la poesía no dramática coetánea es, *in primis*, pintura que habla, según la fórmula de Simónides de Ceos que tanto éxito tuvo en los Siglos de Oro[1]. Calvo Serraller destaca que la hermandad poético-pictórica es «trasunto de una hermandad más amplia entre otras diversas artes» (1991: 187), y una de estas artes es precisamente el teatro, que conforma con sus modalidades todos los aspectos de la vida y de la cultura barrocas, según ha señalado magistralmente Orozco Díaz.[2]

El poeta aurisecular, con respecto al pintor, puede crear una imagen dinámica y variable,[3] y representa «las cosas de manera que parezca que las estamos viendo».[4] Lope es el autor español que más y mejor destaca por la maestría de mostrarnos las cosas como si estuvieran saliendo del

---

[1] Se han vertido ríos de tinta sobre este asunto; me limito, pues, a citar un par de los trabajos que mejor lo sintetizan: Egido 1990; Calvo Serraller 1991; en cuanto al estrecho vínculo de la pintura con la vida y la obra de Lope, véase Portús Pérez 1999.

[2] «[...] el Barroco entraña en su morfología y expresividad un desbordamiento de todo lo externo y aparencial, excitador y halagador de los sentidos en especial de la vista, pero buscando precisamente esa vía sensorial a impulsos de la más profunda y grave inquietud del vivir» (Orozco Díaz 1969: 17); «el teatro con esa tendencia desbordante comunicativa no sólo invadió, material y psicológicamente el recinto de los espectadores, sino que en todos sentidos se extendió impetuoso inundándolo todo: templos, palacios, jardines, casas, plazas y calles; y hasta las mismas formas y sentido de la vida» (ibíd.: 53).

[3] «Antes de que Lessing formulase las diferencias espacio-temporales de lo pictórico y de lo poético, Sófocles había entendido ya que la poesía puede hacer lo que al pintor le está vedado, pues el cuadro es firme y estable y la imagen poética, fugaz y variable» (Egido 1990: 180).

[4] Son palabras de Gaspar Gutiérrez de los Ríos, citadas por Calvo Serraller 1991: 192.

marco poético, o como si se organizaran en un escenario dinámico, involucrando y sorprendiendo al lector con sus efectismos teatrales. No haría falta destacar que todo lo que concierne al Fénix de los Ingenios es dramático, a partir de su desbordante existencia.

Así pues, al igual que Tasso en Italia,[5] Lope construye sus poesías cultas con una actitud eminentemente teatral, conforme a la metáfora del gran teatro del mundo, tan en boga en la época. Teatral es la utilización del espacio poético, las perspectivas y los juegos artificiosos de la estética manierista.[6]

Trueblood ha destacado con acierto la «tendencia hacia una dramatización de la imagen» poética en los versos del Fénix,[7] y varias observaciones sobre este aspecto de su escritura se hallan esparcidas en sendos ensayos críticos. Las páginas que siguen pretenden aislar algunos elementos y mecanismos de dicha teatralidad.

Por lo general, el madrileño consigue realizar el sentido de continuidad espacial típico del teatro y de las artes figurativas contemporáneas entre el espacio de la enunciación poética y el espacio del receptor extratextual, ante todo, aplicando a los versos la técnica del personaje teatral que avanza hacia el auditorio rompiendo la ilusión dramática mediante un aparte o un soliloquio repentino e inesperado. Orozco Díaz ha llamado la atención sobre el hecho de que

> Lope valora ya el soliloquio con pleno sentido barroco en cuanto representa para él una intención expresiva desbordante. Así lo destaca en su *Arte*

---

[5] A propósito de Tasso, apunta Scrivano: «È ben noto che il lettore della *Gerusalemme liberata* è messo di frequente dinanzi a degli spettacoli: città, eserciti schierati, truppe in movimento, paesaggi, edifici, giardini, combattimenti, duelli, luoghi circoscritti di una qualche azione visti come scene o addirittura palcoscenici [...]. Questa attitudine tassiana al teatro è perfettamente consonante ad una tendenza della sua età nella quale il mondo si configura sovente come "grande teatro" (1980: 209).

[6] Empleo el marbete *Barroco* como estética anticlásica, híbrida, de ruptura, y *Manierismo* como tendencia tardo-renacentista que lleva el clasicismo a una hiper-estilización formalista; está claro que Lope, además de ser barroco, en muchos aspectos es también manierista.

[7] Trueblood 1982: 728; afirma el crítico anglosajón en términos generales: «La práctica de la poesía dramática del teatro le enseñó [...] a dar lo que ha llamado la crítica moderna una función "representacional" a la imagen o lugar común poético, convirtiéndolos en vértice verbal de una situación o acción escénica».

nuevo de hacer comedias [...] «Los soliloquios pinte de manera / que se transforme todo el recitante, / y con mudarse a sí mude al oyente» (1969: 58).

Esta técnica no responde sólo a una exigencia estética e intimista, sino a una constante y rotunda voluntad de autopropaganda, la misma que el Fénix pone en campo en su teatro de cámara, compuesto para el regocijo de la nobleza y, a veces, de la familia real.[8] Dicho de otra manera, este resorte teatral traspuesto a la poesía no dramática es uno de los infinitos recursos que le sirven a Lope para construir su mito literario y, por su trámite, su fama artística, puesto que en toda su obra culta nos invita a los lectores a considerar al yo poético como un álter ego fuertemente connotado con rasgos propios de su persona. Con todo, ya queda superada la idea de que el obsesivo autobiografismo lopesco sea el mero índice de un irrefrenable exhibicionismo, y somos varios los investigadores que escudriñamos su escritura para mostrar cómo la literaturización de la existencia se vincula al deseo del autor de autopromocionarse y reivindicar su valor artístico con el objetivo de conseguir un cargo oficial en la corte.[9] En un trabajo reciente, afirmo al respecto:

> en su compleja y polifacética relación con el poder el Fénix de los Ingenios no dejó nunca de hacerse máscara poética y teatral, con una gama de figuraciones muy variada que va de la pastoril del yo lírico dolorido a la carnavalesca, pasando por la del cantor épico. Su clara intencionalidad hasta casi el final de sus días es la de presentar su reconocible álter ego literario bajo la luz más favorable para merecer las mercedes de los poderosos, pese a saber que corre el riesgo de ser censurado por su escandalosa vida sentimental (Trambaioli 2009a: 172-173).[10]

---

[8] Cf. Trambaioli 2009a, 2009b, 2010, en prensa.

[9] A este respecto, además de mis trabajos ya mencionados, véanse las fundamentales aportaciones de Profeti 1999, respectivamente 11-44 y 45-72, de Egido 2000 y de Sánchez Jiménez 2006.

[10] Por lo tanto no me parece acertada una consideración de Sánchez Jiménez, a propósito de la conformación del yo literario del Fénix: «el estudio de la auto-representación poética presenta notables ventajas frente al de la dramática, pues en poesía el estudioso puede precisar cuándo el narrador pretende identificarse como el autor, una distinción que resulta mucho más dificultosa en una obra dramática, pues el teatro carece de narrador» (2006: 3); en efecto, Lope compensa la falta de narrador en la comedia, proyectándose de manera reconocible en múltiples máscaras teatrales que, desde el tablado, lucen sus méritos ante el público cortesano.

Pues bien, el Lope poeta consigue toda una serie de efectismos teatrales recurriendo a un yo autorial constantemente entremetido tanto en
las obras épico-narrativas como en la producción lírica.[11] En las primeras, llevando a las últimas consecuencias la utilización de una voz presentativa identificable con el poeta mismo típica de los *romanzi* italianos,
maxime del *Furioso* de Ariosto,[12] el madrileño suele interrumpir el desfile de octavas reales, o de las otras formas estróficas que conforman sus
epopeyas,[13] para ensimismarse y dar cuenta de sus penas amorosas litera-
turizadas con un arrebato repentino que rompe el hilo narrativo y, a
veces, incluso las digresiones panegíricas. De esta manera, consigue injer-
tar el *genus* lírico en la rama épica principal, conforme a la práctica de la
contaminatio, que caracteriza su escritura literaria y, más en general, la
literatura barroca. Yolanda Novo (1998) ha ilustrado el fenómeno de
forma magistral en el ámbito de la elegía del primer tercio del siglo XVII,
pero se trata de una tendencia común a todos los subgéneros poéticos.

En otro lugar he tenido ocasión de hacer hincapié en cómo el mecanismo descrito se produce en *Fiestas de Denia*[14] y, de paso, también en
La hermosura de Angélica. Vuelvo a fijar más detenidamente mi atención
en el segundo caso por su carácter emblemático. En el canto XIX se
engasta la larga intervención de Lucindo, doble lírico del madrileño, el

---

[11]   Orozco Díaz destaca de paso que la lírica de Lope «lleva siempre una intensa
carga de emoción humana de resonancia dramática» (1969: 60).

[12]   «[...] el Fénix escogió el modelo de Ariosto, incluso al tratar la materia de Tasso,
porque el *Orlando furioso* era la única autoridad que le permitía introducir en la epopeya el gran porcentaje de temática amorosa y la auto-presentación como poeta enamorado que le habían hecho famoso» (Sánchez Jiménez 2006: 69).

[13]   Recordemos que en el *Isidro* recurre a la quintilla y en *La Gatomaquia* a las silvas.

[14]   «Tiene toda la razón Profeti cuando observa que "lo más interesante es la inscrip-
ción del autor dentro de las *Fiestas de Denia* como voz poética", porque aquí se produce
claramente una tendencia que caracteriza toda su producción épico-narrativa, es decir,
la de fundir la pluma heroica con la amorosa, revelando que la voz presentativa corresponde a la de un hombre enamorado que vive el desasosiego sentimental en términos
ariostescos. En definitiva, el cantor lopeveguesco entronca con el loco por amor quien,
en el proceso juvenil de literaturización de la existencia del Fénix, asume la identidad
del Belardo del *Romancero*, del yo-lírico de las *Rimas*, y de varias figuraciones teatrales
especialmente de la primera época» (Trambaioli 2009a: 175-176); los dos fragmentos del
poema en que el yo presentativo irrumpe como poeta enamorado corresponden a los vv.
783-788 y 1577-1584.

cual a lo largo de 27 octavas narra sus desavenencias sentimentales que, a nivel metapoético, corresponden a una de las muchas elaboraciones del tema de *La Dorotea*.[15] El idiolecto lírico del yo lopeveguesco enamorado se deja reconocer especialmente en los siguientes versos:

> Amé furiosamente, amé tan loco,
> como lo sabe el vulgo que me tuvo
> por fábula gran tiempo y en tan poco
> que muchas veces por llorarme estuvo.
> (2005: 679-880, vv. 785-788)

Observemos que el doliente pastorcillo forma parte de la narración épica en cuanto hospeda a Medoro en una isla del gaditano estrecho donde el marido de Angélica hallará azarosamente a su hijo Angeloro. Al mismo tiempo, como queda dicho, fuerza el ritmo de las octavas para desahogar sus sentimientos, evocando el tema autobiográfico del autor real. En el íncipit del canto siguiente la voz presentativa rompe a su vez el flujo de la narración épica para dirigirse al regio destinatario del poema en términos encomiásticos; describe así con técnica ekfrástica El Escorial, y pasa revista a los ilustres antepasados de Felipe III. Ahora bien, relatando la entrada triunfal de Margarita de Austria en Valencia para las dobles bodas dinásticas de 1599, a la cual Lope asistió estando al servicio del marqués de Sarria, don Pedro Fernández de Castro, el yo poético interrumpe la digresión panegírica para dar voz a un arrebato sentimental que, a nivel metaliterario, el lector no puede menos que vincular al largo soliloquio de Lucindo:

> Mas ¿dónde voy tan lejos del forzoso
> asunto de la historia comenzada?
> ¡Ay, éstasis de amor que así me llevas,
> dame a mí mismo de mí mismo nuevas!
> (2005: 703, vv. 173-176)

A continuación, la voz presentativa reanuda el hilo narrativo de Belcoraida y Carpanto, de acuerdo con la técnica romancística del *entrelacement*. En definitiva, en *La hermosura de Angélica* el yo autorial pone al descubierto la doble textualización, política y lírica, del autor real, y, lle-

---

[15] Para un estado de la cuestión sobre el tema de *La Dorotea*, véase Trambaioli 2006.

gando a identificarse con uno de los personajes de la narración épica, crea un juego de refracciones poéticas muy teatral, asumiendo diferentes y cambiantes disfraces ante los ojos del lector para captar su atención y conseguir su benevolencia.

Sánchez Jiménez, en su reciente estudio de la autorepresentación del poeta como yo enamorado, ha recortado semejantes irrupciones de la voz lírica autorial en el *Isidro*, *La Dragontea* y la *Jerusalén conquistada*, mostrando como, en cambio, en *La Circe*, el Fénix elabora más bien un narrador platónico y casto, alejándose del modelo juvenil.[16]

Pero es en *La Gatomaquia*, el poemita burlesco de la época *de senectute* –que, como es bien sabido, remeda en clave jocosa el universo poético de las octavas juveniles– donde se produce un cambio radical de la actuación de la voz presentativa en ese espacio dramatizado que corresponde al nivel paramimético del poema épico-narrativo. Pierce (1962), Pedraza Jiménez (1981a) y Fernández Nieto (1995), entre otros, han remarcado con distintos enfoques la intrínseca teatralidad de la obra, que, dicho sea de paso, justifica el hecho de que posteriormente haya inspirado numerosas piezas. De manera específica, me interesa subrayar la opinión de Fernández Nieto, según el cual «*La Gatomaquia* es el final del proceso que emprende Lope con sus poemas narrativos. Éstos, una vez abandonada su formulación culta, se van acercando más a la escritura que el Fénix mejor dominaba: la dramática» (1995: 160).

Como es lógico, el viejo Lope no sólo no tiene interés por corroborar su mito de poeta enamorado, sino que tampoco espera el favor de la Corte que le ha preferido Pellicer como cronista regio; por lo mismo, disfrazado de Tomé de Burguillos, lejos de identificarse con el dolorido protagonista de los versos, se mofa de Marramaquiz, festiva figuración del joven escritor enamorado de Elena Osorio, y dirige sus versos al hijo Lopito, divir-

---

[16] «El amor de la voz narrativa es tan encomiable como el de Ulises, ya que se encuentra siempre sometido bajo el imperio de la "razón". Sorprendentemente, el narrador del poema se presenta como un enamorado platónico y casto, en evidente contraste con los narradores de las obras anteriores [...] el narrador se describe como un hombre más viejo ("con mayor edad"), y por tanto más sabio y atento a los dictámenes de la razón. El "fuego" del amor ya no se atreve a penetrar la "helada nieve" de sus canas (cant. III, estr. 99). En suma, el narrador de *La Circe* se presenta como un amante platónico y virtuoso como el propio Ulises» (Sánchez Jiménez 2006: 75-76).

tiéndose en entrecortar la narración de las hazañas gatunas con continuas referencias metapoéticas a las polémicas literarias que le han visto protagonista. Las irrupciones de la voz presentativa son tan frecuentes que provocan un movimiento continuo entre el nivel mimético de la narración y el paramimético de sus comentarios y digresiones, y la técnica del *entrelacement* resulta funcional sólo al autodiálogo del autor con su independiente heterónimo: «Pero, ¿qué desatino de las musas / me lleva a tan extrañas garatusas?» (1982: 155, vv. 187-188). Volveremos más tarde sobre este aspecto específico en relación con la lírica del poemario burlesco.

Si dejamos el género épico, en su doble determinación seria y burlesca, para detenernos en la lírica lopeveguesca, de entrada cabe aclarar con Novo que, pese al carácter introspectivo del enunciado poético correspondiente, el discurso lírico es susceptible «de ampliarse a modos de cariz narrativo y hasta dramático» (1992: 133), aún conforme al consabido hibridismo de la escritura barroca. Adviértase otra vez con Trueblood que «un ingrediente dramático había sido rasgo característico de la lírica de Lope desde antiguo» (1982: 728). De modo especial, me parece interesante destacar cómo el Fénix es capaz de transformar el reducido espacio de la enunciación lírica de un soneto en un espacio en cierta medida dramático. Por razones de espacio sólo me detendré en algunos ejemplos significativos.

En la primera parte de las *Rimas* (1602), aun siguiendo las pautas del *Canzoniere*, para insertarse a sabiendas en la tradición poética culta destinada a la lectura de la elite, Lope contribuye de forma original a los éxitos antipetrarquistas de la lírica coetánea, plegando el paradigma al dramatismo de su escritura y adaptándolo a su desbordante presencia metapoética.[17] De hecho, la pluma lopeveguesca ofrece soluciones inéditas al manierismo del patrón italiano.[18]

---

[17] Manero Sorolla, al trazar un estado de la cuestión crítica acerca del petrarquismo de Lope, señala la contribución de Roberto Paoli, el cual «a través de un sugerente artículo (*"Las Rimas di Lope de Vega e la crisi del petrarchismo", Lavori ispanistici*, Firenze, Casa Editrice d'Anna, II, pp. 99-141) [...] coloca el petrarquismo de Lope en su justo punto: en el de su disolución a través de un proceso de desautomatización ya señalado en Quevedo» (1987: 98, n. 227).

[18] Alonso analiza los juegos artificiosos del Lope petrarquista y destaca «una extraña complejidad interior» ausente en la veta poética culta de la cual procede y forma parte (1966: 433).

En el soneto número 3, tras construir los dos cuartetos y el primer terceto sobre el motivo legendario de la perla que Cleopatra deshizo en el vinagre durante una cena con Antonio, concluye el poema mencionando la otra joya que la reina de Cartago no ha disuelto: «Quedó la perla sola en testimonio / de que no tuvo igual, hasta aquel día, / bella Lucinda, que naciste al mundo».[19] De forma repentina, en el cierre del poema, el yo autorial revela ser un álter ego del poeta enamorado de Micaela de Luján, y el espacio del soneto se profundiza con un rápido movimiento: la figura de Cleopatra queda arrinconada en el telón de fondo, mientras en el primer término sobresale la imagen evocada de Lucinda. Un eco intertextual de «La rosa blanca», composición posterior incluida en *La Circe*, confirma que la perla, como elemento metafórico que relaciona las dos imágenes femeninas –la legendaria y la referencial–, remite, en primer lugar, al dominio que la amada ejerce sobre el poeta:

> En fe del esperado matrimonio
> daba Cleopatra al ínclito romano
> dos perlas que crió, por testimonio
> de su poder, el cielo soberano;
> deshizo la primera…
> (1989: 986, vv. 65-69)

A nivel del consabido autobiografismo, el yo de los versos, haciendo hincapié en las dos perlas, está aludiendo al hecho de que el amor de Lucinda (la perla que permanece) le ha permitido superar la tumultuosa pasión primera por Filis (la perla deshecha). Son muchos los fragmentos de su escritura que aluden a este motivo sentimental, pero el más famoso es sin duda alguna la mencionada intervención lírica de Lucindo quien, en el canto XIX de *La hermosura de Angélica*, relata cómo ha logrado superar las penas sufridas por culpa del antiguo amor gracias a otra mujer:

---

[19] Pedraza Jiménez comenta: «El tema no aparece hasta el último verso. Todo lo demás es una anécdota preparatoria de la ponderación final. El asunto del poema está muy próximo al decadentismo culturalista de los parnasianos o de nuestros novísimos» (en Vega 1993: 190; en todas las citas de las *Rimas* he modernizado la grafía).

Miré unos ojos, cuya luz ardiente
el sol no la mirara sin recato
y, poco a poco aquel su amor me atrevo
a trasladar en otro papel nuevo.
(2005: 682, vv. 853-856)

A fin de cuentas, las *Rimas* y el poema de raigambre ariostesca pertenecen a la misma época y participan de una idéntica temperie sentimental y poética. Por lo visto, el juego artificioso de imágenes pierde parte de su opacidad sólo en relación con el macrotexto poético del madrileño dentro del cual se explican y completan las referencias metaliterarias.[20]

El soneto 19 se construye mediante una alegoría del peregrino de amor como personificación del estado pasional no correspondido de antigua tradición.[21] En el primer cuarteto el yo lírico da cuenta de sus congojas y llantos; en el segundo, narra haber tropezado en un túmulo y una tabla, resto del naufragio en el cual el difunto ha sucumbido –en la siguiente estrofa refiere las palabras de un viejo quien de forma sibilina le explica: «Éste es un muerto vivo (¡Extraño caso!), / anda en el mar, y nunca toma puerto» (Vega 1993: 227)–; y, en el último terceto, la narración cambia de golpe la perspectiva, profundizando la imagen poética ante los ojos del lector: el yo, mirándose desde lejos, se reconoce en el cuerpo sin vida y se marcha rápidamente para no renovar el dolor que semejante imagen le provoca: «Como vi que era yo, detuve el paso: / que aun no me quise ver después de muerto, / por no acordarme del dolor

---

[20] Otro soneto que exalta con ademanes teatrales la figura de Lucinda es el 117, donde el yo autorial asoma de manera repentina y desbordante en el remate de los versos: apelándose a la amada, en el último terceto declara su inclinación por la poesía amorosa, dando un vuelco dramático a la tónica y a la estructura de la composición: «que yo, Lucinda, si me ayuda Apolo, / aunque vencerme tú fue humilde hazaña, / nací para cantar tu nombre solo» (443). Lope declara en muchas ocasiones que la poesía para él es ante todo lírica; por ejemplo, en el discurso «A don Juan de Arguijo, veinticuatro de Sevilla», que aparece justamente en los preliminares de las *Rimas*, afirma a propósito de *La hermosura de Angélica*: «Este poema no es heroico ni épico, ni le toca la distinción de *poema* y *poesis* que pone Plinio. Basta que le venga bien lo que dijo Tulio de Anacreonte, que *tota Poesis amatoria est*» (133-135).

[21] Cf. Manero Sorolla 1990: 176-210.

que paso» (227). Con razón Pedraza afirma que se trata de «uno de los poemas más inquietantes de las *Rimas*» (226), si bien la figura del peregrino junto con el asociado motivo de la navegación amorosa pertenece al abanico de imágenes poéticas más recurrentes en los versos lopeveguescos.[22] Observemos que el lector, invitado a identificarse con el narrador para compartir sus penas, se halla de repente frente a un espectáculo y a un juego de espejos poéticos que le obligan a coincidir con el peregrino difunto, hallándose involucrado en el espacio de la enunciación literaria: así, el receptor va terminando de leer el soneto al mismo tiempo en que el yo autorial se aleja sin más del fúnebre hallazgo: en clave metapoética la composición acaba por identificarse, pues, con el túmulo fúnebre. El docto editor de las *Rimas*, observa de paso que «el tópico del caballero que ve su propio entierro tiene una larga tradición [...]. Generalmente se trata de galanes descarriados y donjuanescos. No es el caso del peregrino, cuya muerte es símbolo del tormento amoroso" (Pedraza Jiménez, en Vega 1993: 226).[23]

Lope vuelve a elaborar una situación poética muy semejante, con algunas variaciones, en el soneto 71. En el primer cuarteto, el yo lírico se presenta como un náufrago en una playa desierta; en el segundo, contempla al joven Ifis, difunto por el dolor del aborrecimiento de Anajarte. El primer terceto identifica al muerto con el propio narrador: «Veo mi muerte dura y rigurosa» (343), y la última estrofa esboza la superposición entre la legendaria joven de Chipre, «dura Anajarte vitoriosa» y la amada cruel del yo lírico, terminando con un apóstrofe dolorido a la misma: «¿qué castigo os dará si ya sois piedra?». El juego teatral aquí consiste en desplazar continuamente la perspectiva desde la pareja míti-

---

[22] Rovira apunta que el motivo en cuestión viene de lejos (de la *Odisea*) y llega a la poesía barroca pasando por la lírica galaico-portuguesa, Petrarca, March y Garcilaso (1991: 311-323); en cuanto a su frecuencia en la escritura del Fénix, véase Trambaioli 2007, y la monografía en preparación *La épica de amor en las comedias de ambientación urbana de Lope de Vega, subgénero del teatro cortesano*; en ésta observo: «la antigua metáfora del proceloso mar de amor, en que los protagonistas de la épica amorosa navegan con dificultad hasta llegar al feliz desenlace, es quizás la más recurrente no sólo en las piezas urbanas, sino en toda la escritura dramática lopeveguesca».

[23] Sánchez Jiménez señala que una imagen semejante se halla en un soneto del poeta francés Ronsard, que Lope conocía, si bien las respectivas composiciones elaboran significados generales muy diversos (2006: 45-46, n. 59).

ca a los amantes referenciales, creando sólo al final un espacio dramático para la implícita presencia de la enamorada esquiva. Aparentemente menos críptico que el anterior, este soneto presenta de manera explícita la razón de la muerte anímica del sujeto lírico, aún sin ofrecer ningún dato para identificar en términos metapoéticos al despiadado tú de los versos. Según Pedraza, «[b]ien podría aludir a los desdenes de Lucinda» (342), pero en la fábula literaria que el Fénix elabora en esta fase artística la mujer cruel suele coincidir con la figuración lírica de la Osorio. En todo caso, la identidad metapoética de la mujer no incide en la simbología y en el dinamismo de la composición.

Verdad es que los dos sonetos en que el yo autorial contempla su propia muerte no nos proporcionan ulteriores elementos que apunten a una construcción lírica de la figura del poeta enamorado en términos donjuanescos, pero algo parecido sí se produce en otra composición de las *Rimas*. Se trata del soneto número 110, donde, siguiendo una típica estructura correlativa, la voz lírica en el verso 13 recoge los términos diseminados en las primeras tres estrofas, para rematar los versos jactándose de su destreza amatoria: «Yo soy con el amor que todos aman, / instrumento, pintura, joya, espada, / más afinado, porque soy más diestro» (425). Pedraza, en su anotación, comenta: «No sin razón Paoli subrayó el aire arrogante, *spagnolesco*, de este yo poético, en contraposición con el amante masoquista y depresivo de los modelos petrarquistas» (424). Diríase, pues, que esta composición ofrece al tema donjuanesco la faceta erótica y presumida que le falta por completo a los dos sonetos anteriores. Al fin y al cabo, Lope, a través de sus máscaras literarias, reivindica con frecuencia el hecho de ser «fábula de la corte»[24] por su desordenada vida sentimental; anteriormente hemos citado el ejemplo de Lucindo en *La hermosura de Angélica*.

En cuanto a la teatralidad del texto poético, aquí no se realiza mediante un juego de espejos entre dos imágenes o perspectivas, ni con una estructura dialogada, sino con la repentina irrupción de la voz lírica que, al estilo de un capitán Fracassa del amor, da un giro inesperado al argumento y al tono del soneto, sorprendiendo al lector.

---

[24] «Lope se aficionó a esta expresión y la repitió, ligada a los amores con la Osorio, a lo largo de toda su vida, desde *La hermosura de Angélica*» (Pedraza Jiménez, en Vega 1993: 496).

Todo lo dicho a propósito de los tres sonetos analizados (19, 71 y 110), a mi modo de ver, apunta a la construcción de un yo autorial ambiguo y contradictorio que, en cierta medida, parece anticipar en la etapa juvenil la invención del heterónimo que se conforma en la última fase de la trayectoria literaria de Lope. Se refuerza, pues, lo destacado a propósito de la voz presentativa de la epopeya.

Si dejamos el libro juvenil de las *Rimas* para averiguar qué rumbo toma el manierismo teatral del Lope poeta en la época de *senectute*, como anunciado, tenemos que volver forzosamente a las *Rimas de Tomé de Burguillos*. Rozas ha señalado con acierto que:

> varios sonetos de Burguillos tienen un indudable aire teatral, en la situación de lo representado/narrado, como los dos sobre el *Dios le provea*. Y se hacen dramáticos, en el doble sentido de la palabra, otros, como el famoso en el que dialogan la pluma y el autor [...]. [Burguillos] como los caracteres teatrales, se independiza de su creador (1990: 201 y 217).[25]

De hecho, el soneto al cual se refiere de paso el estudioso extremeño, que corresponde al número 28, presenta de por sí una forma dialogada, en la cual dos proyecciones del autor madrileño, el heterónimo y el instrumento de la escritura poética, polemizan sobre la forma de escribir –las «rimas sonoras» (v. 4) del culteranismo, o los «versos sencillos» (v. 7) del lopismo-casticismo– además de aludir negativamente al tema del mecenazgo. Rozas ha destacado cómo Burguillos se rebela a Lope (1990: 207-208)[26] y Maestro, en su análisis de la expresión dialógica en las

---

[25] También asienta Rozas: «Lope fabrica un pasado para Burguillos, tras asegurar que "no es una persona supuesta": ha acudido a justas, coincidió con él en la Universidad de Salamanca, es conocido de los amigos de Lope, y tiene una personalidad humana y literaria [...] –[...] a veces opuesta a Lope–, aunque, en parte, y aquí está la mayor complicación, superpuesta ambiguamente a la de Lope» (1990: 200); «Lope, que cultivó con notable maestría la novela y que fue un lírico especialmente versátil, es, sobre todo, el dramaturgo por excelencia. Lo que, sin duda, favoreció la reunión de los tres géneros, al lado de su evidente sentido fabulador, en la creación del heterónimo» (ibíd.: 201).

[26] Véase también lo apuntado por Egido relativamente a las *Rimas*, que tiene, con evidencia, una validez general: «Lope establece un diálogo permanente con su poesía a muy distintos niveles, haciendo mención explícita de sus versos y de los escritos ajenos, desde la doble faz de la pluma y de la lengua que se aúnan en el acto poético. La pluma se erige como sujeto activo» (1995: 124).

Rimas de Tomé de Burguillos, habla de «desdoblamiento textual del yo autorial por relación de identidad (autodiálogo)» (1998: 718).[27] En último análisis, en dicha composición –cifra de todo el libro– se dramatiza ante el lector el espacio conflictivo de la creación literaria donde el autor se fragmenta, de una vez por todas, en múltiples y contradictorias instancias.

En el soneto número 7 la voz poética del heterónimo pretende tomar distancia del escritor de carne y hueso en la primera estrofa:

> Bien puedo yo pintar una hermosura,
> y de otras cinco retratar a Elena,
> pues a Filis también, siendo morena,
> ángel, Lope llamó, de nieve pura.
> (Vega 2004: 134)

El yo lírico de Burguillos con su retrato de la dama compite con el Fénix pintando poéticamente a Elena Osorio, no sin poner en tela de juicio la imaginería petrarquista de la belleza femenina. En el segundo cuarteto remacha la idea, afirmando que sabría hacer asimismo una escultura de Filene, aludiendo burlescamente a la oscuridad de la poesía gongorina:

> Bien puedo yo fingir una escultura
> que disculpe mi amor, y, en dulce vena,
> convertir a Filene en Filomena,
> brillando claros en la sombra escura.
> (2004: 134)

Teniendo en cuenta que en la segunda parte del poema *La Filomena*, Lope, transformado en ruiseñor, es decir, Filomena, ataca al autor de la

---

[27] Así, Maestro interpreta en detalle la textualización del autor real en este poema: «Lope dialoga consigo mismo, y para ello se apoya en una doble fabulación, que oscila entre el heterónimo, y la personalidad de Burguillos, y la pluma que le sirve de instrumento de escritura. Identidad y afinidad constituyen en suma la relación que permite identificar la persona de Lope con los interlocutores del discurso lírico, es decir, Burguillos (=Yo) y su ingenio o capacidad creadora, simbolizada en la pluma (= Yo). El desdoblamiento está servido en la forma del autodiálogo» (1998: 718).

Spongia, Torres Rámila,[28] nos percatamos de cómo en el soneto que estamos analizando la figuración lírica de la amada de Burguillos deja el paso a la máscara del madrileño en su faceta polemista con un cambio de perspectiva tan rápido que no puede dejar de asombrar al lector. Por lo mismo en el primer terceto la voz del heterónimo involucra al receptor en los versos, adivinando maliciosamente su perplejidad con respecto a tantas figuraciones literarias: «Mas puede ser que algún letor extrañe / estas Musas de Amor hiperboleas, / y viéndola después se desengañe». Tras lo cual, en la última estrofa, deja al margen todos los álter ego mencionados, para dirigirse festivamente a su presunta enamorada referencial: «Pues si ha de hallar algunas partes feas, / Juana, no quiera Dios que a nadie engañe: / basta que para mí tan linda sea» (135). En el cierre del poema el acento vuelve, por ende, al tema amoroso tratado en términos burlescos, con un enésimo juego de espejos metapoéticos.

El soneto 9 queda partido exactamente en dos partes: los cuartetos desarrollan el argumento amoroso mientras los tercetos enfocan la jocosa reflexión metapoética. De esta manera, Lope parodia la estructura del soneto garcilasiano-petrarquesco[29]. Burguillos narra el encuentro con la

---

[28] «Si Lope ha escrito, como parece lógico, las dos partes del poema en la misma época, es evidente que la primera con toda su independencia, está funcionando para servir a los fines del propio Fénix y convertirse en ruiseñor, para cantar "no en verso forastero, oculto y grave, / con nudos como pino; / no feroz, no enigmático, mas puro", y atacar a su enemigo, demostrando, de paso, y con mucha gracia e ironía, sus conocimientos, más o menos rigurosos, de todo lo divino y humano» (Blecua, en Vega 1989: 518); recordemos que en el volumen misceláneo de *La Filomena*, Lope incluye también un texto teórico en el cual expresa al duque de Sessa su opinión sobre el gongorismo: se trata de la *Respuesta* a un *Papel que escribió un señor destos reinos a Lope de Vega en razón de la nueva poesía*.

[29] Cf. «Otro género de parodia, la del soneto garcilasiano-petrarquesco, la tenemos en una serie de composiciones que Montesinos ha calificado de "camelo". Sabido es que el soneto clásico tiene dos partes perfectamente distanciadas. En los cuartetos se expone una situación, anécdota, pasaje… y en los tercetos se verifica la aplicación al campo personal de estas circunstancias externas. En ocasiones (cf. los sonetos XXXVI y XIII de Garcilaso), la descripción se prolonga por el primer terceto e incluso por parte del segundo. Lope aprovecha estos alargamientos para mantener la descripción propia de los cuartetos hasta el final del soneto y rematarlo sin la esperada exclamación lírica. Se rompe así el sistema de lo literariamente esperado» (Pedraza Jiménez 1981b: 626).

enamorada en términos áulicos, pero en la segunda parte parece bruscamente olvidarse del tú de los versos (v. 3: «señora, cuando os vi») parán-
dose con autocomplacencia en su propia habilidad poética:

> No salió malo este versillo octavo,
> ninguna de las Musas se alborote,
> si antes del fin el sonetazo alabo.
>
> Ya saco la sentencia del cogote;
> pero sí, como pienso, no le acabo,
> echarele después un estrambote.[30]

En esta parte de la composición el yo, en lugar de dirigirse a la
amada, no sólo apostrofa a las Musas, sino que lo hace de mala manera,
poniéndolas en su sitio antes de que se atrevan a protestar y amenaza
con deformar la estructura del soneto, añadiendo un estrambote.[31] En
cualquier caso, ante los ojos del lector se produce de nuevo un cambio
repentino del interlocutor poético y un desajuste situacional tan violento que se podría asimilar a una rápida mutación del telón de fondo en
un escenario. Con palabras de Pedraza, en los versos:

> surge de golpe y porrazo un personaje, una realidad que hasta ahora nos
> había sido cuidadosamente escamoteada: el autor. Es el mismo efecto de
> *Verfremdung*, de distanciamiento, que se produce en una obra teatral cuan-
> do el actor muestra al público que él es algo independiente y ajeno al perso-
> naje con el que no tiene por qué estar de acuerdo (1981b: 620).[32]

Adviértase que en sonetos como éste y el anterior el antipetrarquis-
mo de Lope alcanza su punto álgido. En efecto, no es casual si junta y

---

[30] Es uno de los sonetos metapoéticos sobre el soneto mismo, categoría a la cual pertenece también el archifamoso *Un soneto me manda hacer Violante*, engastado en el tejido poético de *La niña de plata* del propio Lope.

[31] «Burguillos construye los tercetos finales con una ridícula "sentencia" que saca de
su "cogote", al tiempo que amenaza con destruir la estructura misma del soneto aña-
diéndole un "estrambote"» (Sánchez Jiménez 2006: 195).

[32] Unas líneas más adelante el estudioso especifica: «El recurso de Burguillos es, por
otra parte, común a los graciosos del teatro» (Pedraza Jiménez 1981b: 620).

superpone en una síntesis burlesca el tema amoroso con las consideraciones metapoéticas, puesto que el *Canzoniere* de Petrarca, conforme a la identificación de amor y poesía ya inherente a la lírica provenzal, se construye precisamente a partir del binomio Laura-laurel.

En uno de los dos sonetos del poemario *de senectute* dedicados a una actriz, el número 47, que tal vez alude a la muerte de Jusepa Vaca,[33] la voz poética crea un neto contraste entre el frío y estático mármol de la sepultura mencionada en el verso 1 –«Yacen en este mármol»– y el vivaz repertorio de situaciones dramáticas que la cómica había llevado al escenario: «la tierna voz, la enamorada ira», «la grave del coturno compostura», «del tosco traje la inocencia pura». Por último, evoca ante los ojos del lector la postrera representación de la cómica: la de la muerte, tan eficaz que pareció simulada, elaborando los tercetos conforme a la metáfora del gran teatro del mundo.

No deja de ser emblemático que las únicas composiciones de las *Rimas de Tomé de Burguillos* relacionadas temáticamente con el teatro coetáneo conciernan a dos actrices, una difunta y otra caída en desgracia (número 64). Es muy probable que semejante visión sombría del mundo de la farándula por parte del Lope-Burguillos, por un lado, ande parejas con el deseo de presentarse «en el ciclo *de senectute* como un afanoso buscador de una literatura de prestigio, mediante el clasicismo, el horacianismo y el virgilianismo» (Rozas 1990: 212); por otro, diríase que remite al desapego del madrileño con respecto a los jóvenes dramaturgos de la generación calderoniana que van modificando de forma paulatina su fórmula teatral.

Para resumir, el Lope de Vega anciano, al igual que en su etapa temprana, se aprovecha de su práctica dramatúrgica para enriquecer las posibilidades de su pluma poética, creando inéditas conjunciones intergenéricas. Mientras el fluir de la narración épica se detiene ante el desbordamiento sentimental del yo enamorado, que no respeta ni las ins-

---

[33] «Según Rodríguez Marín [...] se refiere a Micaela Luján. Pero algo tardía su publicación parece para estar dedicado a ella. Más posible es que sea una elegía a Jusepa Vaca, que murió en 1628, y tenía relación amorosa con Sessa. Lope en carta a éste, de octubre de ese año [...] se excusa por no haber escrito sobre esta muerte, dando a entender que Sessa quería que lo hiciese, por lo que acaba haciéndolo» (Rozas y Cañas Murillo, en Vega 2004: 191).

tancias políticas del propio escritor, el ritmo y la distinta intencionalidad metaliteraria de la epopeya burlesca juegan irónicamente con la fragmentación del sujeto poético.

La lírica lopeveguesca, además de valerse de los conocimientos pictóricos del madrileño, muestra siempre una acusada tendencia a dramatizar la imagen y a profundizar las perspectivas internas, hasta convertir el espacio alocutivo del soneto en un retablillo en cuyo tablado el yo autorial reluce sus dotes de actor y de director escénico, logrando, a veces, involucrar al lector en la representación poética.

Sea cual fuere el *genus* poético, el espacio dramatizado de los versos del Fénix corresponde al escenario anímico de sus instancias autoriales, algunas de las cuales, desde el principio, muestran una ineludible e irónica tendencia a independizarse de su creador. Para concluir, diríase que en Lucindo ya queda perfilado Tomé de Burguillos, siendo ambos personajes del gran teatro del mundo poético lopeveguesco.

BIBLIOGRAFÍA

ALONSO, Dámaso (1966): *Poesía española*. Madrid: Gredos.
CALVO SERRALLER, Francisco (1991): «El pincel y la palabra: una hermandad singular en el barroco español». En: *El Siglo de Oro de la pintura española*. Madrid: Biblioteca Mondadori, pp. 187-203.
EGIDO, Aurora (1990): «La página y el lienzo: sobre las relaciones entre poesía y pintura en el Barroco». En: *Fronteras de la poesía en el Barroco*. Barcelona: Crítica, pp. 164-197.
— (1995): «Escritura y poesía. Lope al pie de la letra». En: *Edad de Oro*, XIV, pp. 121-149.
— (2000): «La Fénix y el Fénix. En el nombre de Lope». En: «*...Otro Lope no ha de haber...*». *Convegno Internazionale su Lope de Vega (Firenze, 10-13 de febrero de 1990)*. Firenze: Alinea, pp. 11-49.
FERNÁNDEZ NIETO, Manuel (1995): «*La Gatomaquia* de Lope, de poema a comedia». En: *Edad de Oro*, XIV, pp. 151-160.
MAESTRO, Jesús G. (1998): «La expresión dialógica en los sonetos de las *Rimas de Tomé de Burguillos*». En: García de Enterría, María Cruz/Cordón Mesa, Alicia (eds.): *Actas del IV Congreso Internacional de la Asociación Internacional Siglo de Oro (AISO)*. Alcalá de Henares: Universidad de Alcalá, vol. I, pp. 711-722.

MANERO SOROLLA, María Pilar (1987): *Introducción al estudio del petrarquismo en España*. Barcelona: PPU.

— (1990): *Imágenes petrarquistas en la lírica española del Renacimiento. Repertorio*. Barcelona: PPU.

NOVO, Yolanda (1992): «Sobre el marbete *Rimas*. A propósito de Lope, y el estatuto de la poesía lírica en el Siglo de Oro». En: *Revista de Literatura*, LIV, 107, pp. 129-148.

— (1998): «Apuntes sobre la elegía poética en el primer tercio del XVII». En: García de Enterría, María Cruz/Cordón Mesa, Alicia (eds.): *Actas del IV Congreso Internacional de la Asociación Internacional Siglo de Oro (AISO)*. Alcalá de Henares: Universidad de Alcalá, vol. I, pp. 1119-1131.

OROZCO DÍAZ, Emilio (1969): *El teatro y la teatralidad del Barroco*. Barcelona: Planeta.

PEDRAZA JIMÉNEZ, Felipe B. (1981a): «*La Gatomaquia*, parodia del teatro de Lope». En: Criado de Val, Manuel (ed.): *Lope de Vega y los orígenes del teatro español. Actas del I Congreso Internacional sobre Lope de Vega*. Madrid: EDI-6, pp. 565-580.

— (1981b): «La parodia del petrarquismo en las *Rimas de Tomé de Burguillos* de Lope de Vega». En: *Homenaje a Gonzalo Torrente Ballester*. Salamanca: Biblioteca de la Caja de Ahorros y Monte de Piedad de Salamanca, pp. 615-638.

PIERCE, Frank (1961): *La poesía épica del Siglo de Oro*. Madrid: Gredos.

PORTÚS PÉREZ, Javier (1999): *Pintura y pensamiento en la España de Lope de Vega*. Fuenterrabía: Nerea (Colección Arte).

PROFETI, Maria Grazia (1999): «Strategie redazionali ed editoriali di Lope de Vega» e «I ritratti del "Fénix de los ingenios"». En: *Nell'officina di Lope*. Firenze: Alinea, pp. 11-44 y 45-72.

ROVIRA, José Carlos (1991): «*"Fahent camins duptosos per la mar"* (Acerca del *topos* de la navegación de amor)». En: *Homenaje a Alonso Zamora Vicente, III, Literatura española de los siglos XVI-XVII*. Madrid: Castalia, vol. II, pp. 311-323.

ROZAS, Juan Manuel (1990): «Burguillos como heterónimo de Lope». En: Cañas Murillo, Jesús (ed.): *Estudios sobre Lope de Vega*. Madrid: Cátedra, pp. 197-220.

SÁNCHEZ JIMÉNEZ, Antonio (2006): *Lope pintado por sí mismo. Mito e imagen del autor en la poesía de Lope de Vega Carpio*. London: Tamesis.

SCRIVANO, Riccardo (1980): *La norma e lo scarto*. Roma: Bonacci.

TRAMBAIOLI, Marcella (2006): «Una pre-*Dorotea* circunstancial de Lope de Vega: *Los ramilletes de Madrid*. I. Análisis estructural». En: Gorsse, Odette/ Serralta, Frédéric (eds.): *El Siglo de Oro en escena. Homenaje a Marc Vitse*.

Toulouse: Presses Universitaires du Mirail/Conserjería de Educación de la Embajada de España en Francia (Anejo de *Criticón*, 17), pp. 1037-1048.

— (2007): «El género piscatorio en el primer Lope de Vega con una nota sobre la imagen de la barquilla». En: *Rivista di Filologia e Letterature Ispaniche*, X, pp. 83-110.

— (2009a): «Las dobles bodas reales de 1599: la construcción del Lope-personaje entre autobiografía y autopromoción política». En: Borrego Gutiérrez, Esther/Buezo Canalejo, Catalina (eds.): *Literatura, política y fiesta en el Madrid de los Siglos de Oro (GLESOC, Universidad Complutense de Madrid, 17-18 de diciembre de 2007)*. Madrid: Visor Libros, pp. 167-191.

— (2009b): «Lope de Vega y la casa de Moncada». En: *Criticón*, 106, pp. 5-44.

— (2010): «Las dobles bodas reales de 1615: el triunfo del Lope-personaje sobre el Lope cortesano». En: *Bulletin of Hispanic Studies*, 87, 7, pp. 755-772.

— (en prensa): «Lope *in fabula*: el Fénix pintado por sí mismo en el marco dramático de su teatro cortesano».

TRUEBLOOD, Alan S. (1982): «Hacia el último estilo lírico de Lope». En: Bustos Tovar, Eugenio de (ed.): *Actas del Cuarto Congreso Internacional de Hispanistas*. Salamanca: Universidad de Salamanca, vol. II, pp. 727-733.

VEGA, Lope de (1982): *La Gatomaquia*. Ed. Celina Sabor de Cortázar. Madrid: Clásicos Castalia.

— (1989): «La rosa blanca». En: Blecua, José Manuel (ed.): *Obras poéticas*. Barcelona: Planeta, pp. 984-1007.

— (1993): *Rimas*. Ed. Felipe B. Pedraza Jiménez. Ciudad Real: Universidad de Castilla-La Mancha, vol. I

— (2004): *Rimas humanas y divinas del licenciado Tomé de Burguillos*. Eds. Juan Manuel Rozas y Jesús Cañas Murillo. Madrid: Castalia.

— (2005): *La hermosura de Angélica*. Ed. Marcella Trambaioli. Madrid/Frankfurt: Iberoamericana/Vervuert.

ELEMENTOS TEATRALES EN *EXPERIENCIAS DE AMOR Y FORTUNA* DE FRANCISCO DE QUINTANA

Andrea Bresadola
Università di Udine

1. LA PRODUCCIÓN NOVELÍSTICA DE FRANCISCO DE QUINTANA

El orador, poeta y prosista madrileño Francisco de Quintana, a pesar del olvido en que ha caído en la época moderna, debió gozar de cierta popularidad en la primera mitad del siglo XVII.[1] Su nombre empieza a circular en el mundo de las letras cuando en 1622 sale ganador en una justa literaria presidida por el mismo Lope de Vega. A partir de ese momento el Fénix se convierte en mentor y a la vez en modelo predilecto del joven literato. Esta dependencia artística es patente en sus dos exitosas novelas: *Experiencias de amor y fortuna* de 1626 e *Historia de Hipólito y Aminta*, editada el año siguiente.[2] La deuda del discípulo se manifiesta sobre todo en la primera, no sólo dedicada a Lope, sino que incluye en los preliminares una carta del gran comediógrafo, cuyas exageradas palabras encomiásticas contribuyeron sin duda a la difusión del debut narrativo de Quintana, documentado por las diez ediciones que salieron a lo largo del siglo XVII.

---

[1] Los datos sobre su vida son muy escasos: si sabemos que murió en 1658, desconocemos, en cambio, la fecha de nacimiento; podemos solo suponer (Ripoll 1991: 131) que el autor nació a finales del siglo XVI. Las pocas referencias biográficas se ecuentran en Zamora 1941: 142-144, Entrambasaguas y Peña 1947: n. 50, Val 1953: LXXIII-LXXIV, Zimič 1975: 169-189 y Dixon 1961: n. 19.

[2] *Experiencias de amor y fortuna* salió bajo el seudónimo de Francisco de las Cuevas. Las dos obras se publicaron a pesar de la prohibición de imprimir novelas y comedias en los reinos de Castilla vigente desde 1625 hasta 1634 (cf. Moll 1974, Cayuela 1993 y Cotarelo y Mori 1904). El acontecimiento no fue un caso aislado, ya que varios libros de estos géneros se siguieron publicando, «fruto del ingenio de sus autores para lograr la licencia del Consejo de Castilla y el privilegio real» (Moll 1974: 102). Podemos hipotizar que las novelas de Quintana pudieron gozar de la impresión, por un lado por su fuerte moralismo, y por el otro, gracias a la poderosa influencia de Lope. El mismo Fénix había dado a la imprenta en la capital *La Dorotea* en 1632 y el mismo año su discípulo Montalbán publicaba su *Para todos*.

Las dos obras se pueden incluir, *grosso modo*, dentro del afortunado género de la novela bizantina o de aventura: de éste, toma la estructura complicada de la trama gracias a las aventuras de personajes secundarios que se cruzan con las vicisitudes de los protagonistas. El autor acoge también unos motivos usuales de esta producción: el naufragio, el cautiverio, la *peregrinatio*, las agniciones, etc. Todo esto hace que en los preliminares se asocie con insistencia el nombre de Quintana al autor helénico que se consideraba fundador del género, Heliodoro. Sin embargo, las novelas salen del marco de esta simple definición, no sólo porque se infringen unas normas,[3] sino porque Quintana nos ofrece un texto variado que demuestra influencias muy distintas, como si anhelase la creación de una *summa* literaria del tiempo.[4] El filtro constante de la literatura contemporánea no deja de producir un efecto considerable: diferenciar sus obras de la mera imitación del modelo clásico. En particular, la presencia de elementos usuales en la novela corta nos permite situar la obra en la trayectoria cortesana que la llamada novela bizantina estaba experimentando entonces, influida por el ejemplo del *Peregrino* lopesco. Y, además, encontramos ambientes, personajes, situaciones sacados de otros contextos narrativos, como el pastoril, morisco o sentimental, por citar los más evidentes. El autor intercala también en la prosa varias composiciones poéticas que demuestran su apego a los modelos petrarquistas. La misma estructura de las novelas, y en concreto de la primera, de la que nos vamos a ocupar, favorece esta variedad. Las constantes interrupciones a la trama principal (en forma de los relatos que los personajes encontrados por el protagonista Feniso hacen sobre su pasado) le brindan a Quintana la oportunidad de ensayar tipologías literarias diferentes.[5] Un autor, pues, que encuentra en el arte de su época la savia para la evolución del género, no podía no mirar con interés a los modelos teatrales coevos, que afectan a la novela en diversa

---

[3] Rovira ha puesto en evidencia las afinidades y las discordancias de las novelas de Quintana –sobre todo de la segunda– con el género bizantino: entre éstas, subraya la caracterización de las protagonistas femeninas y la relación entre la pareja de amantes (1996: 274-276).

[4] La heterogeneidad de las dos obras fue advertida ya por Chenot 1983: 138-146.

[5] Estas intervenciones son tan extensas que dificultan la diferenciación entre trama principal y secundarias como evidenció Zimič (1975: 210-212).

medida y a diferentes niveles. Se quiere estudiar aquí, pues, esta influencia en *Experiencias de amor y fortuna*, comprobando al mismo tiempo cómo este planteamiento diferencia la obra tanto de las prácticas usuales de los libros de aventuras peregrinas, como, más en general, de las normales técnicas narrativas[6].

2. LA TEATRALIDAD EN *EXPERIENCIAS DE AMOR Y FORTUNA*

En primer lugar tenemos que situar la obra en su época, considerando en particular el fuerte sentido de teatralidad que afecta a todo el arte barroco y su manera de fruición. En el estudio de las mutuas influencias entre teatro y novela hay que recordar que, cuando Quintana escribe, las fronteras en el terreno de la ficción son muy fluctuantes y no existían abiertas distinciones entre géneros que hoy diferenciamos con facilidad (piénsese tan sólo que Avellaneda define como «comedias» las *Novelas ejemplares* de Cervantes).[7] Por lo que se refiere a la realidad española, también otros factores favorecían la permeabilidad: la falta de una verdadera preceptística sobre la novela y el hecho de que casi todos los autores de la época se enfrentaran a ambas formas, sin dejar de subrayar también unas afinidades teóricas.[8] Además, los moralistas nos brindan otra prueba de cómo, finalmente, esta cercanía fue percibida, ya que vieron ambos géneros peligrosos para la juventud.[9] Las mismas fuentes de inspiración podían ser las mismas: se trataba de un abanico de influencias muy variado, que iba desde los novelistas italianos a la refundición de cuentecillos tradicionales, incluyendo temas de relatos picarescos, eróticos, costumbristas, etc. Esta contaminación hizo que las comedias se convirtieran en modelo

---

[6] Fue Zimič (1975: 214-215) quien esbozó por primera vez el asunto, retomado luego por Sánchez Martínez (2006). En general, la cuestión de la proximidad entre teatro y novela en el Siglo de Oro ha despertado la atención de varios estudiosos; baste aquí con recordar a Goyanes 1983, Yudin 1968, Brown Bourland 1927: 19, Profeti 1970: 118-119 y Ynduráin 1969.

[7] Cf. Talens 1977: 139-153.

[8] Es el caso, por ejemplo, de Lope y Cervantes (cf. Zugasti 1998: 109-114).

[9] La Junta de Reformación advertía del riesgo de emulación de tantos personajes «locos de amor» y entregados a las pasiones presentes tanto en los corrales como en las páginas de las novelas.

para las novelas y viceversa, engendrando una serie de relaciones en las que es difícil establecer cuál es la fuente primaria.

Había otras invasiones de los campos respectivos: si, por un lado, a esta altura cronológica, hay comedias que se imprimen para que se lean, por el otro, no olvidemos que las novelas se escribían para un público de oyentes más que de lectores.[10] Encontramos, pues, una serie de elementos que solicitan explícitamente una lectura que se haga actuación: la presencia de poemas, de partes dialogadas o de monólogos.[11] En la novela de Quintana, una vez más, la estructura narrativa acentúa este aspecto: la escasez tanto de la acción en el presente narrativo como de las reflexiones directas del narrador (que adquieren consistencia sólo al principio de los cuatro «poemas» en que está dividido el libro) reduce la obra casi a actuaciones verbales sucesivas de los distintos personajes. Estos pasajes tienen diferentes papeles en la economía de la novela: unos (es el caso del ermitaño Carlos) son cuentos totalmente desgajados de la trama; otros mantienen contactos muy débiles y artificiosos; y, finalmente, hay personajes que reviven sus experiencias para que el lector pueda reconstruir la fábula. En todos los casos demuestran una urgencia de exteriorizar sus vicisitudes de manera teatral, es decir, contándolas (sea esto para informar, para entretener o para educar) en una perspectiva no diferente de las *relaciones* de los personajes de la comedia. De hecho, como en el teatro áureo, conocemos sólo lo que ellos mismos están dispuestos a contarnos: Quintana deja que se autorepresenten como delante de un público. Se explican así las muchas referencias directas al auditorio, con frases que trascienden la dimensión de la lectura: los personajes intentan despertar el interés resaltando la extrañeza de su aventura, o piden perdón por lo largas de sus intervenciones, ni faltan descripciones de la reacción de los presentes, que se quedan «suspensos», «divertidos» o «admirados» alabando la elocuencia del orador. No

---

[10] Baste recordar el comentario en el *Tesoro* de Covarrubias en la entrada *novela*: «cuento bien compuesto para los oyentes».

[11] Se puede pensar, pues, que la lectura de las novelas no era muy diferente de la que que se hacía normalmente con las comedias impresas: los lectores y, por lo que sabemos, sobre todo las lectoras llegaban a modular el tono de la voz según el personaje que hablaba y la situación (cf. Sánchez Martínez 2006; y en esta línea hay que remitir también al trabajo clásico de Frenk 1997: 21-38).

es difícil descubrir en esto una clara intención metaliteraria: Quintana, a través de sus creaciones, pide la atención o el aplauso del lector-oyente, como si éste fuera un personaje más de los que viven en el mundo narrativo. Así, por ejemplo, el noble Marcelo empieza su cuento afirmando: «pienso que a ninguno dejará de parecer más admirable», abarcando con «ninguno» al mismo lector, en un juego típicamente barroco de ósmosis entre arte y vida, de desbordamiento de la literatura hacia la vida (cf. Orozco 1969).

La visualización de las descripciones

El andamiaje teatral de la novela llega a condicionar también la manera de presentar las acciones y los personajes. En esta dirección van los intentos del autor de hacer visible lo que está describiendo para que el lector pueda teatralizar mentalmente la escena, como normalmente hacía en la lectura de las comedias. Las técnicas para lograr este efecto son varias: en primer lugar, Quintana se sirve de indicaciones que remiten al campo semántico del verbo *ver*, como en «y en un instante vierais...». Al mismo objetivo apuntan unas descripciones escritas al modo de acotaciones dramáticas, como las que indican cómo han de hablar los personajes («en toscas y altas palabras», «en elocuente lengua»). El narrador en otros pasajes no regatea informaciones para que sus palabras cobren vida: encontramos entonces una serie de detalles puntuales, casi siempre inútiles para el desarrollo de la trama, que tienen el objetivo de concretar delante de los ojos del lector la descripción. Ello se nota sobre todo en las vívidas representaciones de la vestimenta, como en:

> Era el vestido pardo, guarnecido de oro, picado a escaramuza, y cogidas las picaduras con unos lazos bordados: por ella salía el aforro, que era de un velo de plata, haciendo correspondencia a él todo lo demás del adorno

o

> sólo traía para abrigo un blanco faldellín, a quien hacían rico una piña de oro, y hermoso una costosa guarnición de plata, descubriendo, por la abertura de una camisa de delgada y transparente holanda [...].

A menudo hallamos también objetos como sortijas, relojes, puñales, cadenas de oro y, sobre todo, papeles y cartas.[12] Quintana los utiliza de una manera convencional, sabiendo que el lector, probable frecuentador de los corrales, puede activar sus recuerdos y ver en su imaginación esta utilería típica de los escenarios. En un sistema convencional como el teatro áureo los objetos cobraban un fuerte e inmediato valor simbólico: funcionaban como explícitos signos dentro del proceso de comunicación, y su presencia añadía o anticipaba informaciones sobre la escena. Así, por ejemplo, cuando leemos en la novela «diole una cadena de oro y granjeó una sortija de ébano» el lector no duda en interpretarlo como galardón y signo de amor de la dama a su pretendiente (cf. Ruano de la Haza 2000: 101-111).

Este afán de teatralización se nota también en otros momentos, cuando el autor coloca verdaderas representaciones dentro de la novela.[13] Así, el alcalde de un pueblo toledano (descrito exactamente como se lo imaginaría el espectador de teatro, con la caperuza en la cabeza y la vara) demuestra su ignorancia y su arrogancia, respetando fielmente el perfil que estos personajes tenían en los corrales, y remarcando así cómo la ficción se ajusta a la realidad: «le hacía representante en el teatro de una aldea, donde vía verdadero lo que en la ciudad juzgaba mentira graciosa para recrear los ánimos de los hombres». Y cuando él y el escribano se enzarzan en una cómica pelea, Feniso, y con él el lector, miran divertidos un verdadero espectáculo que recuerda una situación entremesil: «Bañáronse de sangre las espesas barbas entre la confusa refriega, y pareció al pueblo su cara disfraz de Carnestolendas».

Los temas

Una consecuencia de las contaminaciones del género teatral es el incremento de la vocación «nacional» de la novela. Se van incorporando temas y valores propios de la contemporaneidad, los mismos que tantas veces habían lucido en los corrales: el honor, el amor, los celos, la hidal-

---

[12] Sin ser un medio exclusivo de las comedias (las cartas son usuales, por ejemplo, en la novela sentimental) fueron consagrados por el teatro como motor dramático.

[13] Sobre este tema en el *Quijote*, véase Ruta 1992.

guía se convierten en el centro de la narración. Quintana, a pesar de la extraordinaria variedad de episodios, personajes y situaciones que esparce en su obra, fundamenta todos los enredos en estos pocos asuntos, exactamente como en el teatro lopesco.

En *Experiencias de amor y fortuna* es sobre todo la infracción o la salvaguardia del código de honor, que el autor explota en todas sus potencialidades, el principal motor de la novela, y que llega a desplazar el ideal contrarreformista de las bodas entre los amantes, eje de las novelas bizantinas. Aquí el matrimonio no sólo se realiza con una mujer diferente de la prometida (María, que aparece sólo en la segunda mitad de la obra), sino que nunca provoca los acontecimientos. El honor es más que un pretexto «dramático» para el desarrollo de la trama, ya que Quintana ve en su defensa un compromiso ideológico, una de las misiones fundamentales de la nobleza para restablecer una sociedad fundada en la comunión de ideales como la fe, la limpieza de sangre, la corona. En la proyección social y política del honor convertido en honra, pues, vemos otra gran diferencia respecto a los valores que exhibían los protagonistas del género, movidos por sentimientos individuales como la castidad y la honestidad.

También el tratamiento del amor nos atestigua cuánto Quintana se aparta del afán de realizar el *epos* en prosa que había animado el nacimiento de la novela clásica en España. Nos presenta, en efecto, una serie de personajes sometidos (sobre todo durante su juventud) a los vicios, a los deseos carnales y a las pasiones: les dota así de sentir movedizo e inestable, contrastando, una vez más, con la constancia amorosa, estática e idealizada de los típicos héroes novelescos. Esto es evidente en la figura de Laura: sólo en la primera parte la vemos en su habitual papel de enamorada de Feniso; rompiendo pronto con las convenciones, se convierte luego en amante de su rival, hechicera, hasta atentar contra la vida del protagonista, terminando con el retiro a una vida apartada. Feniso también admite que su amor no es más que un vicio: «se hizo mi amor porfía, y ya pienso que deseaba más el vencimiento de su dureza que la posesión de su hermosura». La oposición entre un pasado de falsedad y un presente virtuoso que apreciamos en unos personajes desarrolla otro tema frecuente en el teatro áureo: el arrepentimiento después de los errores juveniles. Quintana, pues, no olvida nunca su vocación de educador, que aproxima una vez más su papel al del comediógrafo.

Demuestra así un rígido control ideológico de la narración, que se refleja en el conocido tópico del *deleitar enseñando*. Otorga así un fuerte sentido moral a su novela, que se expresa a través de las vicisitudes de los personajes. Eso nos explica también la convencionalidad del final, con el triunfo de los valores que el lector, como el espectador de teatro, comparte con el autor, o sea restablecer el *status quo* dentro del orden providencial de las cosas: las múltiples bodas, la conversión del musulmán y el castigo de los malvados.

El lenguaje

Quintana ajusta también el lenguaje de la novela a la forma de hablar de los personajes dramáticos, como se puede apreciar en los diálogos y, aún más, en las narraciones de todos los caballeros y las damas que figuran en su obra. El autor, fiel al ideal de enaltecimiento literario de la lengua que está a disposición del poeta que escribe el drama (cf. Mazzocchi 2007), imita forma, estilemas y recursos retóricos de los soliloquios teatrales. Hallamos así todos los tópicos usuales de los monólogos, a saber: preguntas retóricas y exclamaciones, repeticiones enfáticas, anáforas, estructuras latinizantes, incisos, perífrasis, hipérboles, personificaciones, etc.[14] Por ejemplo, en la queja de Eugenia, la madre de la dama Engracia:

> ¡Oh infelicísima estrella! ¡A cuántos males has traído una mujer afligida! ¡Solo te faltaba golpe para ponerme en el más humilde y abatido estado! ¿A quién, si no es a mí, ocurrieron tantos daños que se estorban para llegar unos a otros? O, ¿a quién como a mí le ha faltado con el marido el gusto, con un hijo el amparo, y ahora finalmente el estimado honor con una hija? ¡Oh engañada hermosura! ¡Oh inadvertida mocedad! ¡Oh fragilidad mujeril! Mas, ¿por qué me quejo de ti, teniendo la culpa de esta pena mi imprudente descuido, mi necia seguridad y mi inadvertido recato? Pena, pues, oh alma mía, padece a manos de estas crueles ansias, pues te faltó prudencia: ¡cieguen mis ojos con la fuerza del

---

[14] Se puede decir que Quintana respeta fielmente las sugerencias que Lope dictaba para el teatro en el *Arte nuevo*: «pregúntese y respóndase a sí mismo» (v. 277); «las figuras retóricas importan, como repetición o anadiplosis / y en el principio de los mismos versos / aquellas relaciones de la anáfora, / las ironías y adubitaciones, / apóstrofes también y exclamaciones» (vv. 313-316).

llanto, no vean del sol la luz, pues que no vieron cuán próximo está a la belleza el peligro, cuán cercano a la juventud el riesgo, y cuánto desvelo es necesario para guardar cosa que muchos apetecen!

El autor recrea la lengua artificial de los monólogos de los personajes altos de las comedias especialmente cuando hablan de amor, calcando tanto el estilo argumentativo de los tratados eruditos como el imaginario de la lírica petrarquista y, sobre todo, su tendencia al oxímoron, como vemos en la disertación sobre el amor de Laura:

> Yo, pues, que aprovechando la prisión suave, los hierros apacibles, los daños breves, y la falta de libertad deleitosa, hallo en el cautiverio gusto, y dicha en las cadenas. En confirmación de cuya verdad tengo varios ejemplos, pues las cosas más hermosas nacen presas. ¿Qué cosa más preciosa que una perla? Ésta pues nace en cárceles de nácar. ¿Qué cosa más resplandeciente que el diamante, que se forma en prisiones de yelo? ¿Qué de más valor que el oro, a quien engendra y guarda el sol entre candados de montes? ¿Qué más perfecta entre las criaturas (si hago excepción de los ángeles) que el alma, que tiene por agradable lazo el cuerpo, del cual parece que se desata penosa y que se ausenta triste? Y cuando todo esto faltara por mi parte, no amor, pena dulce, hierro hermoso y cautiverio suave.

Una de las técnicas favoritas de Quintana consiste en alinear una lista de elementos, como ejemplifica el siguiente fragmento, sacado de la relación de Carlos:

> La vida es una alegría de los dichosos, una tristeza de los miserables, siendo el hombre entre la vida y la muerte una centinela de aquella, un esclavo de esta, una fantasma del tiempo, un caminante que pasa, un huésped que en llegando se parte, un alma para sentir, y una habitación de breve edad.

A veces este afán retórico lleva a la construcción de arquitecturas muy calibradas, que recuerdan el compás, la sinteticidad y los efectos expresivos de los versos, y culminan, según una técnica que se sublimará en Calderón, en la correlación:

> de suerte que si solamente era esta la causa de tu tristeza, ya será injusta; si esa tu melancolía, ya la harás imprudente; si ese tu disgusto, estará ya excusado; y,

finalmente, por tristeza injusta, melancolía ignorante y escusado disgusto, será razón que tengas alegría grande, gloria apacible y increíble regocijo.

aunque cuando percibo, a costa de mis ya cansadas imaginaciones, y recuerdo a mis confusos discursos, el amor, las finezas y fe constante suya cesan las dudas de su parte, auméntanse de parte mía, califico su causa, ignoro la de mis males, doy crédito a su inocencia, acredito mi ignorancia, y finalmente quedo en tantas diversiones cansado, corrido, dudoso, castigado y ignorante.

3. EL MODELO DE LA COMEDIA DE CAPA Y ESPADA

La influencia teatral no se limita a este cuadro general, sino que puede rastrearse de una forma más concreta: en la fiel reproducción de elementos tomados directamente de las obras dramáticas. Así, analizando la novela desde esta perspectiva nos damos cuenta de que Quintana saca inspiración de un modelo preciso, la comedia de capa y espada. Se puede llegar a decir que sus novelas son la transposición en prosa de este subgénero, ya que respeta los parámetros y los caracteres que los contemporáneos atribuían a estas representaciones. Así se expresaba a finales del siglo XVII Bances Candamo en una definición de cita acostumbrada que, como veremos, podría aplicarse perfectamente a la novela que estamos estudiando:

> Las de capa y espada son aquellas cuyos personajes son sólo caballeros particulares, como don Juan, o don Diego, etc. Y los lances se reducen a duelos, a celos, a esconderse el galán, a taparse la dama, y, en fin, a aquellos sucesos más caseros de un galanteo [...] (1970: 33).

De las comedias de capa y espada la novela comparte, en primer lugar, el intento de verosimilitud, entendiendo esta palabra según las convenciones del tiempo, o sea en una aproximación al mundo del lector a través de la cercanía geográfica, cronológica y onomástica. Imita también su estructura y, sobre todo, la manera de desarrollar la acción. Quintana, pues, a pesar de los citados pasajes líricos a los que a veces se abandonan los personajes, le impone a su novela un ritmo apresurado y una rapidez en los cambios de cuadro más propia de las comedias de esta categoría que de los prototipos novelescos en los que supuestamente tendría que inspirarse. Se sirve entonces de todos los recursos utilizados por los dramaturgos para complicar la trama como, por ejemplo, ocultamientos de personajes, trueque de nombres, huidas, malentendidos, disimulos, duelos, citas clandestinas, cruces de parejas, llegada inesperada de alguien, etc.[15]

Todo esto nos da también la clave de cuáles eran los objetivos perseguidos por el autor, y permite también aclarar el sentido que el lector de la época les daba a los episodios de la novela, a medida que individuaba normas de funcionamiento y convenciones. Como para las comedias de capa y espada, pues, el lector sabe que no tienen cabida elementos verdaderamente trágicos, sino que todos los episodios, que rozan el incesto e incluyen prostitución, incendios, espadazos, caídas de las ventanas y hasta la muerte de unos personajes, no son más que una estrategia dramática, una manera para bosquejar y prolongar las aventuras que desembocarán, a ciencia cierta, en un final positivo (cf. Arellano 1988: 41-45). Esta dimensión «lúdica» nos confirma que el autor mira como modelo principal no tanto a los dramas de honor o a la novela clásica, sino a la comedia de entretenimiento.

El ambiente

Fue Lope, con su *Peregrino*, quien inauguró el ambiente español, normalmente reservado a las novelas cortas, para el género bizantino. De este modo, el mundo heroico o bucólico, irreal y fantástico heredado de las novelas de caballería, se ve desplazado por un contexto más real. Quintana va más allá; llega a calcar con más precisión la ambientación típica de las comedias de capa y espada: hallamos, pues, un contexto urbano y, en concreto, las cortes de ciudades populosas como Valencia, Sevilla, Barcelona, Madrid o Toledo. El autor reproduce incluso sus espacios habituales: los palacios de los nobles (los balcones, las ventanas y los jardines para las escenas de amor), el campo (para los duelos) o los barcos, como teatro del naufragio y de las batallas con los piratas.

---

[15] Estos elementos de enredo en general se hallan también en las novelas cortas, pero son menos frecuentes en las novelas bizantinas.

Sin embargo, es en la manera de presentar estos ambientes donde más se aprecia el influjo teatral. Quintana no ofrece largas descripciones: utiliza los espacios sólo a modo de telón de fondo, como si fueran el decorado intuitivo, estilizado con pocas pinceladas, de los corrales. A diferencia de muchas novelas del género, no encontramos detalles coloristas ni siquiera cuando los personajes salen de las fronteras españolas, hacia Italia, Flandes o Argel. Aun en estas ocasiones hay paisajes esenciales, sin ningún interés de reproducción documental ni deseos de resaltar lo exótico o lo localista. Al contrario, el narrador nos proporciona imágenes muy esenciales, que nos recuerdan otra vez las acotaciones teatrales.[16]

Otro elemento que acerca la novela al mundo de la comedia de capa y espada es la contemporaneidad de los hechos. Hay que decir que Quintana no es muy innovador, ya que a principios del siglo XVII este tipo de ambientación se había extendido también a la novela bizantina. Las referencias históricas exactas son muy escasas, pero contribuyen a crear una ilusión de actualidad o, por lo menos, a aludir a una realidad muy próxima al presente. Así, hay una rápida referencia al reinado de Felipe II, Madrid es llamada varias veces «corte de España»[17] y son varias las alusiones a las guerras de Flandes.

Los personajes

La onomástica sufre un mismo proceso de actualización, reflejo de una tendencia que en esos mismos años se iba produciendo también en las comedias de capa y espada con el progresivo abandono de los nombres exóticos.[18] En Quintana si bien resisten unos cuantos de ascendencia más bien literaria –Feniso, Leonardo, Eufemia, Jacinta, Cardenio, Sil-

---

[16] De Italia se destaca simplemente la belleza («bella Italia») del que parece ser un «fértil e ilustre reino». Muchas ciudades se tildan simplemente de «antiguas», adjetivo que iguala Barcelona a Aquitania y Valencia. De ésta el solo detalle costumbrista es la obvia presencia de «espesos naranjos».

[17] Madrid se convirtió en sede imperial a partir de 1561, pero Quintana podría aludir a una realidad más cercana, o sea, la vuelta de la corte después del paréntesis en Valladolid entre 1601 y 1606.

[18] Sobre este aspecto en la novela bizantina, cf. González Rovira 1996: 215, 226 y 276.

vio, Estacio, Laura, Violante, Teodora, Feliciana, Lesbia, Narcisa–, la mayoría de los personajes tienen nombre y apellido típicamente españoles: Jerónimo, Marcelo, Luis, María, Carlos de Velasco, Juan Velázquez, Antonio de Velasco, Ana, Ambrosio, García, Constanza, Baltasar de Orozco, Martín de Elizalde, Inés, Alberto, Matilde, Vicente de Ávalos, Alonso de Ulloa, Pedro, Celia, Íñigo Orozco, Jaime, Leonor, Fernando de Figueroa, Rufina, Octavio, Matilde, Juana, Alejandro, Beatriz, Rodrigo, Eugenia, Paula, Diego, Beltrán, María Jiménez.

En los rasgos generales, Quintana imita también el esquema de los personajes del mencionado subgénero dramático: protagonistas son, pues, el galán y la dama, o, mejor dicho, una serie de parejas nobles, con sendos criados, y un galán rival. De esta manera, el «peregrino», arquetipo cristiano de las novelas bizantinas, se sustituye con otro prototipo, ahora cortesano. Aunque nos presente las andanzas de Feniso, es significativo que la palabra *peregrino* no figure nunca en la novela y que el narrador se refiera siempre al protagonista llamándole «amante caballero» o «noble caballero». Destacan, además, los personajes que podríamos identificar, siguiendo la clasificación de las compañías de autores, como «barbas»: los padres de las damas en el acostumbrado papel de guardas del honor o de tiranos que quieren casar a sus hijas en contra de su voluntad. Muy escasa, casi imperceptible, es, en cambio, la presencia de tipos frecuentes en las novelas, cuya ascendencia hay que buscar en la picaresca, tales como frailes, truhanes, buscavidas, etc.

La huella teatral, sin embargo, no se reduce a este simple trasvase: como en las comedias lopescas, Quintana no quiere ofrecernos un drama de personajes, ni pretende individuar sus matices psicológicos. Al contrario, centra su atención en tejer una rica orquestación de episodios. La necesidad de construir un enredo es pues superior a la búsqueda de coherencia interior de los personajes. El resultado de este planteamiento es que éstos actúan y piensan de manera fija, respetando fielmente las convenciones de su *status* por como se había fijado en la tradición. Quintana traza figuras apenas esbozadas, sin entidad propia y muy estereotipadas. Así, no se aprecian diferencias entre los varios nobles que Feniso encuentra en su camino: todos igual de valerosos y enamorados, y expresándose en el mismo estilo adornado y rico. En resumen, no queda nada de los cambios, del camino autónomo, de la interioridad cambiante de personajes novelísticos como don Quijote o Lázaro de Tormes. El autor parece no aprovechar las oportunidades que le da el género que trabaja, la posibilidad de detenerse en descripciones o de pintar personajes redondos con evolución autónoma. Los únicos cambios que sufren son determinados por las circunstancias exteriores y se reducen, en todos, a adquirir el sentimiento del desengaño y la falsedad de la condición humana. Así, los galanes antes movidos por el amor, el honor y sometidos a la apariencia del mundo, encuentran en el final de la obra su colocación: unos con las bodas, otros con la elección de la vida apartada. Sin embargo, Quintana no se preocupa nunca de explicar las razones de esto, ni de investigar las causas de sus sentimientos, limitándose a enunciar unos cambios que parecen determinados sólo por las casualidades exteriores.

Cuando encontramos otros personajes, su carácter estereotipado es aún más evidente. Muy lejos de apuntar hacia una individualidad, se reducen a representantes de una «máscara» literaria y en particular teatral: todas las damas brillan por su hermosura y su ingenio, los aldeanos y los pastores oscilan entre la simpleza y la ignorancia de los *rústicos* de la tradición de los entremeses y la imagen idílica de la literatura pastoril, etc. Es como si Quintana simplificara el esfuerzo de comprensión que le exige al lector, presentando personajes que responden a tipos que éste puede individuar en seguida, evitando toda posible ambigüedad en su interpretación.

La acción

La rapidez en la presentación de personajes y ambientes hace que el autor pueda dedicarse a lo que más le interesa: por un lado, la búsqueda formal y, por el otro, el ensamblaje de la mayor cantidad posible de episodios ingeniosos y edificantes. La novela se presenta, pues, como una continua yuxtaposición de aventuras que se suceden con extrema velocidad una tras otra, en un obsesivo mecanismo de relojería. A menudo el narrador ata los diversos episodios con oraciones temporales como «apenas [...] cuando», para ejemplificar escenas con personajes que salen al mismo tiempo que otros entran.[19] Así da la sensación de que

---

[19] Como simple muestra se pueden leer los siguientes ejemplos «Con este fin se apartó Silvio, quedando el ilustre caballero solo, si bien apenas le pudo ver ausente cuando, por la misma parte que él había venido, sintió un pequeño ruido que brevemen-

todo pasa en secuencias inmediatas, como si tuviera que respetar las reglas impuestas por el tiempo teatral. Es una puesta en práctica del ideal barroco del *horror vacui* que parece remitirnos a los preceptos que para el teatro dictó Lope en su *Arte nuevo*.[20] Este desenfrenado dinamismo se traduce en un enredo alambicado constituido por la acumulación de situaciones que parecen no llegar nunca a una solución, ya que nada más terminar una aventura surge de manera inesperada una «novedad» que se convierte en arranque de otro episodio. La novela de Quintana manifiesta, en resumidas cuentas, el gusto intelectual del autor y su habilidad en la construcción de tramas laberínticas; y para despertar la atención del lector que ya conoce la tipología de personajes y situaciones, tiene que sorprenderle con ingeniosidad y complicación cada vez mayores. Estamos, como se ve, en la misma esencia de la comedia de capa y espada, género que en el Siglo de Oro, identificaba precisamente la agudeza y el artificio en la realización del enredo.

Lo mismo que en novelas bizantinas y cortesanas de otros autores, también la construcción de la novela refleja la división general de las comedias, aunque las proporciones entre las partes sea diferente. El inicio *ex abrupto* sitúa al lector dentro del primer episodio, sin que éste conozca todavía a los personajes. A continuación viene el nudo que, inevitablemente, en la novela se potencia, ya que el autor puede incrementar el número de escenas y de personajes, complicando también la red de relaciones que los une. Sin embargo, como en las comedias, el desenlace suele ser acelerado: se corta el asunto advirtiendo simplemente que Feniso «solucionó» sus negocios en Toledo. Sólo en la hoja final, pues, igual que en la última escena de las representaciones, se atan, por fin, todos los cabos sueltos y los cuentos interrumpidos.

---

te hizo a su sobresalto confirmado temor de perder la vida»; «Obligado de esta causa, entré dentro, y hallé a Octavio que acababa de llegar entonces»; «Comencé a obligar a mi remedio con mi desgracia, acudió gente, huyó el agresor del delito, fui llevado a mi casa y curado en ella con algunas esperanzas de salud»; «Mas poco después que comenzaron a caminar con esta determinación, sintieron que en su seguimiento […]»; «Feniso a su parecer solo, aunque no tanto que brevemente no oyese suspiros de un lastimado pecho».

[20] «Quede muy pocas veces el teatro / sin persona que hable... / y gran rato la fábula se alarga / que, fuera de ser esto un grande vicio, / aumenta mayor gracia y artificio» (vv. 240-245).

Los recursos dramáticos

Quintana utiliza también los mismos recursos necesarios para densificar la trama y multiplicar los engaños. Entre ellos el más común es el de ocultar o cambiar la identidad de los personajes, un medio no exclusivo del teatro, ya que no falta en otras formas narrativas como, por supuesto, la novela corta. Sin embargo, el automatismo y la innumerable casuística de los disfraces que encontramos en la novela nos sugieren que Quintana mira a los corrales como fuente primaria. La técnica, pues, parece llegarle al autor a través del filtro del teatro, donde escenas de personajes engañados por la falsa identidad gozaban de consolidada tradición. En ambos casos el resultado es un mundo donde todo se hace espejismo, según apunta un personaje –«unos nos desconocíamos a otros, y muchos a sí mismos»– que bien describe la confusión entre ser y parecer. Aquí hay otro elemento muy propio de las escenas: entre personajes perdidos en la oscuridad de las ilusiones, sólo el lector tiene una visión completa y general de lo que está pasando, y desde esta posición privilegiada (que comparte con el narrador) puede ver el frenético movimiento de los hombres y el engaño que rige sus vidas.

La sustitución de la identidad es, por ejemplo, el hilo conductor del largo cuento de Carlos, que encuentra en su juventud un caballero en todo igual a él, episodio que llegará a su clímax, como el lector puede fácilmente prever, cuando el noble se haga pasar por el amigo con el fin de salir ganador en un duelo. Este tipo de equívocos complica a menudo el enredo: así, Feniso hiere a su amada Laura (que cree que es el hermano de ella) y Leonardo persigue y llega a batirse con Feniso, confundiéndole con un primo de su enemigo Pedro. Otro recurso muy usual en las comedias, y que aparece en la novela, es el diálogo entre dos personajes que no se reconocen (o solo uno de los dos conoce al otro), como el protagonizado por Feniso y Laura en la cárcel, con ésta «rebozada». En innumerables ocasiones el narrador nos cuenta también de personajes que ocultan, por razones muy variadas, su aspecto. Así, vemos mujeres tapadas u hombres que se ponen bandas en la cara, se ocultan bajo el yelmo, salen con capa y sombrero, o, simplemente, se dejan crecer la barba para que no se les reconozca. La tendencia a cubrir la identidad culmina en la descripción de los festejos de la boda de Luis, cuando todos los que acompañan al protagonista (o sea siete personajes) salen disfrazados para poder enterarse de lo que está pasando sin ser identifi-cados. Otro caso frecuente de disfraz es el de las mujeres en hábitos masculinos, que revela una cierta complacencia por la ambigüedad sexual, y que Quintana aprovecha sabiendo, una vez más, que el lector puede revivir en su memoria la multitud de escenas de este tipo que había visto en los corrales[21].

Los cambios de traje llegan al paroxismo en Argel, donde Feniso y Mahomet cambian de identidad simplemente vistiéndose a la manera cristiana o mora. El detalle de la vestimenta es tan importante que el narrador se preocupa de informar que Feniso, al llegar a la playa, escon-de en una caja su ropa, que luego va sacando según las circunstancias; vestido de cristiano puede despertar la atención de la española María fingiendo ser su hermano y, en cambio, en traje turco puede ejercer tran-quilamente de *subaji*, como si fuera de verdad un turco forastero según va diciendo. Este simple cambio, además, les permite al protagonista y su séquito escaparse de Argel engañando a los piratas.

Una verdadera sustitución de identidad es la de Leonardo, que se hace pasar por don Martín –el prometido de su amada– antes de que este llegue de Vizcaya. Solo así se pueden celebrar las bodas no autoriza-das, engañando al padre y a toda la servidumbre. Cuando Leonardo toma la identidad del rival empieza una verdadera representación delan-te de la corte, con el lector mirando con complicidad los hechos, al ser consciente del truco. El engaño es tan acertado que el mismo Leonardo llega a dudar de su misma identidad, cuando dice: «Amaneció el tercer día, y ya a mí mismo me desconocía: miraba al espejo y dudaba si era otro».

Con frecuencia se dan también situaciones que remiten a una técnica habitual en las comedias: el «quedarse al paño», con un personaje que escucha a otros sin que éstos lo sepan. El mecanismo se convierte en un verdadero *Leitmotiv* de la novela: sobre todo en la «confusa máquina» de la corte vemos a innumerables personajes que espían a otros. Así se desdobla la escena en dos planos, estableciendo un pacto tácito entre

---

[21] Sobre el tema la bibliografía es especialmente vasta; véase, al menos, los trabajos clásicos de Bravo-Villasante 1955 y Romera Navarro 1935. El hecho de que fue Lope el dramaturgo que más utilizó ese recurso (cf. Homero Arjona 1937) parece comprobar que fue aquí donde Quintana se inspiró.

autor y lector que aumenta la tensión dramática, ya que, una vez más, sólo éste tiene todos los cabos de la situación.

En conclusión, podemos decir que todas las influencias teatrales en la obra de Quintana se deben, por supuesto, a la popularidad alcanzada en el siglo XVII por la comedia de capa y espada, y sobre todo por la de Lope, cuya fama empujó a la imitación aún fuera de las fronteras dramáticas. Sin duda la amistad de Quintana y su devoción hacia el maestro favoreció esta asimilación. A esto hay que añadir que la interferencia entre géneros que el Fénix había llevado a cabo en el *Peregrino* y en las *Novelas a Marcia Leonarda* representaban para Quintana un imprescindible punto de partida. Sus obras, sin embargo, nos documentan un fenómeno de alcance más general, que se puede comprender sólo evaluando la «teatralización» del sentir de la vida barroca, que afecta a todo el universo estético. Las novelas de Quintana, en resumidas cuentas, nos ejemplifican hasta qué punto pudo llegar la contaminación en las obras narrativas, y nos muestran cómo, a la altura de la segunda década del siglo, el género de más éxito del Siglo de Oro, el teatro, entra en una forma joven como la novela, que mucho se prestaba a acoger nuevas sugerencias. Esta tendencia es responsable del distanciamiento de la novela de sus orígenes bizantinos y determina, finalmente, un cambio de rumbo definitivo en su historia, llegando a diferenciarla de las coordenadas que presentaba al comienzo del siglo.

BIBLIOGRAFÍA

ARELLANO, Ignacio (1988): «Convenciones y rasgos genéricos en la comedia de capa y espada». En: *Cuadernos de Teatro Clásico*, I, pp. 27-49.

BANCES CANDAMO, Francisco Antonio de (1970): *Theatro de los theatros de los pasados y presentes siglos*. Ed. Duncan W. Moir. London: Tamesis.

BAQUERO GOYANES, Mariano (1983): «Comedia y novela en el siglo XVII». En: Alarcos Llorach, Emilio *et al.* (eds.): *Serta philológica F. Lazaro Carreter: natalem diem sexagesimum celebranti dicata*. Madrid: Cátedra, vol. II, pp. 13-29.

BOURLAND, Carolina Brown (1927): *The Short Story in Spain in the Seventeenth Century*. New York: Burt Franklin.

BRAVO-VILLASANTE, Carmen (1955): *La mujer vestida de hombre en el teatro español (siglos XVI-XVII)*. Madrid: Revista de Occidente.

CAYUELA, Anne (1993): «La prosa de ficción entre 1625 y 1634: balance de diez años sin licencias para imprimir novelas en los Reinos de Castilla». En: *Mélanges de la Casa de Velázquez*, XXIX, 2, pp. 51-78.

CHENOT, Beatriz (1983): «Vie madrilène et roman byzantin dans l'oeuvre de Francisco de Quintana». En: Chevalier, Maxime (ed.): *Traditions populaires et diffusion de la culture en Espagne*. Bordeaux: Presses Universitaires de Bordeaux, pp. 131-148.

COTARELO Y MORI, Emilio (1904): *Bibliografía de las controversias sobre la licitud del teatro en España*. Madrid: Revista de Archivos, Bibliotecas y Museos.

DIXON, Victor (1961): «Juan Pérez de Montalbán's "Segundo tomo de las comedias"». En: *Hispanic Review*, 29, 2, pp. 91-109.

ENTRAMBASAGUAS Y PEÑA, Joaquín (1947): *Estudios sobre Lope de Vega*. Madrid: CSIC, vol. II.

FRENK, Margit (1997): *Entre la voz y el silencio*. Alcalá de Henares: Centro de Estudios Cervantinos.

GONZÁLEZ ROVIRA, Juan (1996): *La novela bizantina de la edad de oro*. Madrid: Gredos.

HOMERO ARJONA, Jaime (1937): «El disfraz varonil en Lope de Vega». En: *Bulletin Hispanique*, 39, pp. 120-145.

MAZZOCCHI, Giueseppe (2007): «La cuestión de la lengua en las tablas». En: Romera Pintor, Irene/Sirera, Josep Lluís (eds.): *Relación entre los teatros español e italiano: siglos XVI-XX*. Valencia: Universitat de València, pp. 71-78.

MOLL, Jaime (1974): «Diez años sin licencia para imprimir commedia y novelas en los reinos de Castilla». En: *Boletín de la Real Academia Española*, LIV, pp. 97-103.

OROZCO DÍAZ, Emilio (1969): *El teatro y la teatralidad del barroco: ensayo de introducción al tema*. Barcelona: Planeta.

PROFETI, Maria Grazia (1970): *Montalbán: un commediografo dell'età di Lope*. Pisa: Università di Pisa.

RIPOLL, Begoña (1991): *La novela barroca: catálogo bio-bibliográfico (1620-1700)*. Salamanca: Universidad de Salamanca, pp. 131-135.

QUINTANA, Francisco de (1626): *Experiencias de amor y fortuna*. Madrid: Alonso Martín.

— (1627): *Historia de Hipólito y Aminta*. Madrid: Viuda de Luis Sánchez.

RUANO DE LA HAZA, José María (2000): *La puesta en escena en los teatros comerciales del Siglo de Oro*. Madrid: Castalia.

RUTA, Maria Caterina (1992): «La escena del Quijote: apuntes de un lector-espectador». En: *Actas del X congreso de la Asociación Internacional de Hispanistas*. Barcelona: PPU, vol. I, pp. 703-711.

SÁNCHEZ MARTÍNEZ, Rafael (2006): «El teatro en el arte narrativo de Lope de Vega». En: *Tonos digital*, 12.

TALENS, Jenaro (1977): *La escritura como teatralidad: acerca de Juan Ruiz, Santillana, Cervantes y el marco narrativo en la novela corta castellana del siglo 17.* Valencia: Universitat de València.

VAL, Joaquín del (1953): «La novela española en el siglo XVII». En: Díaz Plaja, Guillermo (ed.): *Historia general de las literaturas hispánicas*. Barcelona: Barna, vol. III, pp. LXXIII-LXXIV.

YNDURÁIN, Francisco (1969): *Relección de clásicos*. Madrid: Prensa Española.

YUDIN, Florence L. (1968): «The novela corta as comedia: Lope's *Las fortunas de Diana*». En: *Bulletin of Hispanic Studies*, XLV, 3, pp. 181-188.

ZAMORA LUCAS, Florentino (1941): *Lope de Vega, censor de libros*. Larache: Artes Gráficas Bosca.

ZIMIČ, Stanislav (1975): «Francisco de Quintana, un novelista olvidado, amigo de Lope de Vega». En: *Boletín de la Biblioteca de Menéndez Pelayo*, LI, I-II-III-IV, pp. 169-232.

ZUGASTI, Miguel (1998): «De enredo y teatro: algunas nociones teóricas y su aplicación a la obra de Tirso de Molina». En: Pedraza, Felipe B./González Cañal, Rafael (eds.): *La comedia de enredo. Actas de las XX Jornadas de teatro clásico*. Almagro: Universidad de Castilla-La Mancha/Festival de Almagro, pp. 113-141.

EL DIVINO PORTUGUÉS, SAN ANTONIO DE PADUA DE JUAN PÉREZ DE MONTALBÁN, DESDE SU VERTIENTE PRAGMÁTICA

Sagrario del Río Zamudio
Università di Udine

1. INTRODUCCIÓN

Juan Pérez de Montalbán, al igual que otros contemporáneos suyos, no se pudo sustraer a escribir comedias de variopinta temática: de santos, heroicas, de capa y espada, devotas, caballerescas, etc., que gozaron de gran popularidad, e incluso llegó a escribir algunas de ellas en colaboración con otros autores, lo cual era bastante habitual en la época. De hecho, según la crítica, Montalbán debe sus mayores aciertos al género dramático aunque también cultivó el narrativo y el poético.

No obstante nos centraremos en las denominadas comedias de santos dado que el texto que hemos tomado como base es *El divino portugués, San Antonio de Padua* (1623). Para realizar el estudio empezaremos tratando la cuestión de los géneros literarios –la misma comedia de santos es tratada como subgénero dramático; ahora bien las representaciones no estaban integradas tan sólo por la comedia o bien el auto sacramental, sino que iban acompañadas de otros géneros dramáticos del teatro breve– para pasar posteriormente a la de la teatralidad, muy relacionada con la pragmática, disciplina la cual tiene en cuenta tanto las circunstancias en que se produce una comunicación como el lenguaje en relación con los usuarios. Se ocupa igualmente del modo en que el contexto influye en la interpretación del significado. Contexto que debemos entender como "situación" que acoge diferentes elementos extralingüísticos que condicionan el uso del lenguaje. Como señala Díez Borque, hasta los años setenta no era muy corriente estudiar el teatro como teatro y lo mismo sucedía con la pragmática.

Al hilo de lo anterior veremos cuáles de las características de la comedia de santos están presentes en nuestro texto. Por lo que se refiere al público que asistía a estas representaciones hay que suponer que solían conocer la biografía de los santos de oídas, sobre todo, a través de la predicación. Normalmente el cometido de estas obras era el de aleccionar al pueblo, que era el público más numeroso, pero no siempre ocurría así.

Ante lo apenas visto podemos decir que el objetivo primordial de este texto es demostrar cómo la pragmática y la teatralidad logran comunicar con el espectador/lector estableciendo una relación donde lo que queda relegado por una de ellas de alguna manera lo restituye la otra.

Como conclusión añadiremos que *El divino portugués, San Antonio de Padua*[1] fue objeto de polémica porque Ramón de Mesonero Romanos lo llamó *auto* al comentar las obras del madrileño, razón por la que Jenaro Alenda, en la recensión del manuscrito 15.222, la denominó de este modo. Del error se percató Julián Paz, cuando se ocupó de la impresión del *Catálogo* de Alenda –a este propósito hay que comentar que Ignacio Arellano (1995: 712-729) dentro de su clasificación de los autos recoge, entre otros, los bíblicos, los marianos y, dentro de la variedad de los llamados autos de circunstancias incluye a los de dimensión teológica y política–. Luego nuestra obra no puede considerarse un auto sacramental porque aun estando presente la alegoría, no hay un único acto, sino tres, y el tema predominante no es el eucarístico, aunque a esto se nos puede objetar que los autos que escribió Pérez de Montalbán no eran religiosos como se puede deducir ya desde sus títulos: *Las formas de Alcalá, El socorro de Cádiz,...*

En la Biblioteca Nacional de España se conservan asimismo dos manuscritos con el mismo título que el de nuestra obra: uno a nombre de Antonio Fajardo y Acevedo de 1683 y el otro atribuido a Bernardino de Obregón, de 1701.[2]

2. LOS GÉNEROS LITERARIOS

Como es sabido los géneros literarios son cada una de las diferentes categorías en que se pueden ordenar las obras literarias, lógicamente,

---

[1] En estos momentos estamos llevando a cabo la *collatio* de todos los testimonios manuscritos e impresos de la obra, cuya transmisión textual es bastante complicada.

[2] Cf. Antonio Fajardo y Acevedo, *El divino portugués san Antonio de Padua,* Biblioteca Nacional, ms. 14.883 y Bernardino de Obregón, *El divino portugués san Antonio de Padua,* Biblioteca Nacional, ms. 15.222.

según rasgos comunes tanto de forma como de contenido. Como no puede ser de otro modo a lo largo de la historia ha habido diversas clasificaciones y hay obras, como *La Celestina*, que no son fáciles de adscribir a éstas y fundamentalmente a partir del modernismo –ya en el siglo XX–, y ello porque no existen características formales que determinen qué obras pertenecen a uno o a otro género.

Ante esto la llamada pragmática literaria tiene que empezar explicando una teoría sobre dichos géneros e instituir una serie de modelos de práctica comunicativa. Sólo así se puede llegar a comprender que una novela, por ejemplo, no es un acto de lenguaje, sino un mundo con coherencia que permite discernir el confín de su propia credibilidad. En cuanto al teatro no se deben confundir las categorías dramáticas con las categorías escénicas porque si bien la primera está compuesta por la acción, el tiempo, el espacio, etc., propios de la estructura del drama, el autor no siempre tiene en su mente la realización escénica. De hecho algunas obras han nacido para ser leídas aunque en estos casos se recomienda la «lectura dramática», es decir, modulando la voz y en grupo.

Por su parte en el Siglo de Oro el término «comedia» puede significar: a) obras teatrales de una duración 'normal' –quedaría excluido todo lo que más arriba hemos señalado como acompañantes de la representación en sí y que se conoce como teatro breve, o sea, mojigangas, entremeses, etc.–; b) las «comedias cómicas» en contraposición a las serias o «dramas» y a las tragedias. El punto a) se refiere a la preceptiva donde Luis Alfonso de Carvallo, Ricardo de Turia o Francisco de Cascales serían los precursores de Lope de Vega y su *Comedia Nueva*. El punto b) se refiere en cambio a los géneros literarios que al menos desde un enfoque teórico pueden ser trágicos y cómicos. Todo lo anterior nos sirve para llegar a otros niveles donde podríamos incluir a las señaladas por la crítica como comedias de santos.

Pérez de Montalbán tenía cierta afición a este tipo de comedias y escribió entre otras: *La gitana de Menfis, Santa María Egipcíaca* o *El divino portugués, San Antonio de Padua*, que gracias a sus numerosas reimpresiones sabemos que fueron de gran éxito. El madrileño poseía también dos facultades esenciales en todo dramaturgo: fantasía creadora y arte para expresarla.

Por lo que concierne a su argumento, este tipo de comedia combina dos tramas: 1) la vida del santo y 2) las vicisitudes de otros personajes

–que suelen ser de tipo amoroso–. En el primer caso puede ser una síntesis biográfica o la representación de un momento relevante de ésta y
en el segundo, se suele tratar un conflicto de manera similar al de otro
tipo de comedias. Francisco Ruiz Ramón al hablar sobre la trilogía de la
Santa Juana de Tirso de Molina, las describe con gran precisión:

> Tal vez ninguna pieza teatral mejor que ésta para introducir al lector con-
> temporáneo en ese mundo extraño, pintoresco, contradictorio, rico, ingenuo,
> polifacético de la «comedia de santos», donde lo profano y lo religioso, la «natu-
> ralidad» y la sobrenaturalidad, la intrascendencia y la trascendencia, la supersti-
> ción y la fe se superponen mediante una técnica teatral compleja y, a la vez, ele-
> mental (1971: 230).

Su éxito llegó hasta el siglo XVIII puesto que diversos autores siguieron cultivándola e incluso introduciendo innovaciones como José de
Cañizares, pero tampoco estuvo exenta de críticas, las cuales se basaban
en razones de índole moral. Las repetidas censuras hicieron que se ter-
minaran por adoptar decisiones de tipo político y ya durante el reinado
de Fernando VI fueron prohibidas, pero el incuplimiento de ésta hizo
que Carlos III la renovara en 1765, junto a la de los autos sacramentales.
Estos decretos supusieron, realmente, el punto final de este género tan
consolidado en el panorama del teatro español.

Al mezclarse en estas comedias lo sacro y lo profano se pretendía que
fueran al mismo tiempo edificantes y divertidas. Aparte de las hagiogra-
fías, las fuentes a las que recurrían los autores eran las comedias de santos anteriores y la iconografía para la escenificación.

El divino portugués... está dividido en tres jornadas y combina, como
hemos visto más arriba, dos tramas: 1) se trata más que de una síntesis
biográfica de San Antonio de Padua, de un momento relevante de su
vida en que, gracias a un milagro, salva la vida de su padre; 2) se narran
las vicisitudes de otros personajes que de una forma u otra acaban por
relacionarse con nuestro protagonista.

Entre los personajes destacan el santo y el lego. De santos se reconocen cuatro tipos: mendicante, convertido, mártir y hacedor de milagros,
y a nuestro santo paduano bien podríamos integrarlo dentro de la tipología de los mendicantes y del hacedor de milagros. En cambio el lego,
Angelo, tiene rasgos derivados del gracioso. Podemos situarlo entre la

humanidad, de carácter limitado, y el santo sobrehumano que sirve de contrapunto al protagonista desde un punto de vista emocional y humorístico. Además, dicho lego suele acompañarle asiduamente en su camino hacia la santidad. Wardropper (1967) señala que éstos suelen trivializar incluso los momentos más extraordinarios del santo, haciendo que la santidad escénica sea más accesible al espectador. Asimismo los diferentes defectos de éste, como la glotonería en el caso de Angelo, no nos lo hace antipático.

Otros dos elementos propios de este tipo de comedias son: el arrepentimiento y el perdón de Dios.

El arrepentimiento, en la jornada III, nos lo hace ver como algo edificante. Guiomar se confiesa a San Antonio quien le dice que debe esperar el veredicto divino, el cual le será favorable. A su vez y por lo que se refiere al perdón de Dios, aprendemos que los pecados que podamos cometer lo ofenden y si no nos enmendamos, se vengará de nosotros.

El código del honor es, por consiguiente, determinista: el personaje de Guiomar se ha visto abocado a vivir en el error y solamente el azar le ha presentado la posibilidad de salvarse. Otro ejemplo sería, como hemos visto, el del padre de San Antonio, cuyo fin era el de ser ajusticiado, a pesar de ser inocente. La confesión se presenta, a lo largo de la comedia, como medio para obtener la salvación; la eucaristía, al final de la obra, como medio para bien morir.

En cuanto a las acotaciones o didascalias presentes en el texto hemos de decir que salvo raras excepciones, son muy breves. Estos dos términos que muchos estudiosos dan como sinónimos, para otros no lo son y clasifican las acotaciones en 6 apartados que engloban 57 tipos diferentes de éstas. Amén de que consideran la noción de didascalia más amplia que la de acotación. En realidad se trata de intervenciones del autor dentro del texto, que no suelen demostrar para nada su subjetividad, aunque en algunos casos advierte y explica todo lo relativo a la acción o movimiento de los personajes, en función de la escena. Pongamos algunos ejemplos: «Salen Leonida, Diana y Doña Guiomar, prima suya, como alborotada» (II, didascalia entre vv. 912-913);[3] «Entranſe por una

---

[3] Aunque es lo habitual, no vamos a modernizar ni la grafía ni la puntuación aunque sí se hará en la edición crítica que estamos preparando. Para este trabajo hemos utilizado la *suelta* de Juan Pérez de Montalbán (1743).

puerta, y ʃalen por otr[a] / un Alguacil, y Eʃcrivano, y acompaña- / mien-
to, que traen con capuz de luto / y ʃoga, y Cruz al padre del Santo» (II,
didascalia entre vv. 1276-1277).

3. LA TEATRALIDAD

Por lo que concierne a la teatralidad, ésta sería todo aquello que no se
expresa con palabras o, dicho de otro modo, todo aquello que no cabe
en el diálogo. Dentro de las comedias de santos habría que evidenciar,
entre otras características, la inclusión del elemento fantástico, unido, en
este caso, a un rápido cambio de escena, como sucede en el siguiente
ejemplo:

> *Ang.*   ¿Como efecto? Fue un portento:
> aqui estaba con nosotros
> à las diez, si bien me acuerdo,
> y à las once en Portugal,
> haciendo hablar à los muertos;
> estuvose alli dos dias
> con sus padres, y sus deudos;
> y luego se bolviò à Padua,
> como en efecto su centro
> […].
> (III, vv. 1513-1521)

Ángel Gómez Moreno (2008) analiza también como elementos fantásticos: a) la resurrección del muerto que narra cómo lo asesinaron; este
elemento no es privativo del cristianismo, ni del universo religioso. Al
mismo tiempo dicho muerto salva con su testimonio a un personaje inocente que estaba destinado a morir, el padre de San Antonio:

> *Muert.*   A tu precepto obediente;
> vengo de mi eternidad
> à decir como es verdad,
> que tu padre esta inocente:
> quien la vida me quitò
> porque en su casa me hallò;

à la tuya me passò,
donde me dexò en un huerto;
de que yo doy testimonio,
como testigo mas cierto,
porque en abono de Antonio,
quiere Dios, que aun hable un muerto.
A Dios, con esto os quedad,
que en diciendo esta verdad,
en prueba de su inocencia,
no me ha dado mas licencia
(II, vv. 1404-1419).

b) la iconografía de los peces[4] y la mula (III, vv. 1822-1911) a los que predicó y logró convencer, gracias a su sabiduría, su facilidad de palabra y la gracia recibida del cielo.

Con la iconografía de este santo se relaciona otro elemento teatral que aparece en las diversas partes de la pieza, el Niño Jesús: «Suena muſica, baxa una nube, y dentro un / Niño Jesvs en trono y à los pies un / deſcanso donde ſe ponga el Santo» (II, didascalia entre vv. 1236-1237); quien, hacia el final de la obra, anuncia la muerte de Angelo (III, vv. 2108-2116); y está presente en la última didascalia del texto: «Apareceſe el Niño Jesvs enmedio» (III, didascalia entre vv. 2245-2246), completando la frase que su madre ha pronunciado en la réplica anterior: «Jeſus: Y yo quiero que la tengas, / como siempre la tuviſte, / Antonio, por verdadera.» (III, vv. 2246-2248).

No podemos afirmar que la obra contenga un gran aparato escenográfico, como ocurre con otras comedias de santos o en las de magia. Sin embargo, a través de las didascalias vemos todo esto: «Sube el muerto por un eſcotillon» (II, didascalia entre vv. 1402-1403), una tramoya hace volar al ángel en «Quédase elevado, y ſale el Ángel» (I, didascalia entre vv. 829-830), «Abrela, y ſale de ella una llamara- / da de fuego, y eſpantaſe» (I, didascalia entre vv. 615-616). Por lo que se refiere al vestuario, no es un elemento esencial aunque curiosamente Angelo aparece

---

[4] Esta noticia la proporciona Ángel Gómez Moreno (2008: 61) que cita a Pedro Ribadeneira, el cual recoge esta estampa sobre San Antonio de Padua en su *Flos sanctorum o Libro de las vidas de los santos*.

con diferentes atuendos: «Sale Angelo de Labrador» (I, didascalia entre vv. 57-58); «Salen San Antonio y, Angelo de / Frayle Lego» (I, didascalia entre vv. 434-435); «Sale Fray Angelo en pañ[i]tes y almilla; / con el cordon en la mano, y poneſe / el Abito» (I, didascalia entre vv. 529-530). La soberbia también se «disfraza»: «Sale la Sobervia en Abito de Dama» (I, didascalia entre vv. 270-271). El personaje femenino de Guiomar se describe de la siguiente manera: «[…] Mas ay! que à nosotros viene / un demonio con manteo / un patillas con chapines, / y un tiñoso de buen gesto!» (III, vv. 1522-1525).

Lo que sí se produce es cierta ambigüedad entre lo real y lo ficticio, porque aparecen personajes sobrenaturales[5] como la riqueza, el demonio, etc., cuyo fin es tentar al santo, pero al no conseguirlo dirigen sus miradas al lego. También se halla detrás de una cortina un Cristo crucificado que se mueve con naturalidad y ofrece un papel en blanco al santo, que significa el perdón de la citada Guiomar.

La música está presente en el texto, sobre todo en la jornada I, y parece más bien estar como telón de fondo y son unos pastores los encargados de hacerla sonar.

Para finalizar veremos cómo algunos elementos pequeños como una carta pueden ser de gran trascendencia en el juego escénico: San Antonio escribe a San Francisco de Asís una y un ángel es el encargado de llevársela y traer la respuesta.

4. Aproximación a la pragmática

A partir de la pragmática, que analiza «el significado completo que adquieren durante su funcionamiento [los signos], que depende tanto del lenguaje como de los principios que explican las interacciones entre los hablantes» (Reyes/Baena/Urios 2005: 14), examinaremos nuestro texto. De hecho, la citada pragmática no se ocupa del estudio de unidades discretas como hacen la morfología, la sintaxis o la misma fonología,

---

[5] Para Tzvetan Todorov (1977) lo que distingue a lo «fantástico» narrativo es nuestra perplejidad ante un hecho que es totalmente increíble, es decir, la vacilación entre una explicación racional y realista y la aceptación de lo sobrenatural.

sino que observa cómo se comporta y habla la gente y, por ello, sólo propone algunos principios que son capaces de explicar por qué nos entendemos. Por otra parte, al ser tan diferente de otras disciplinas lingüísticas, ha sido considerada hasta no hace mucho tiempo como «un cajón de sastre» y, por consiguiente, como otra manera de hacer lingüística o incluso como un complemento de ésta.

A pesar de todo y debido a que está relacionada con otras ramas del saber lingüístico, algunos investigadores han pensado que se debería dejar su estudio en manos, precisamente, de dichas ramas, aunque se sabe que ésta es imprescindible para explicar no sólo la forma, sino el contenido del lenguaje. Los primeros que se ocuparon de esta disciplina, los filósofos del lenguaje, estudiaron ciertos aspectos de su forma oral y crearon una serie de teorías sobre su interpretación.

En cuanto a la relación pragmática/literatura, María del Carmen Bobes Naves entiende que «no hay que perder de vista que estamos estudiando literatura, y ésta, por más que su enfoque sea pragmático, es el texto» (1993: 249). Por otro lado, los aspectos que se refieren a la producción de este texto han llamado la atención de la historia literaria y de lo que se conoce como «crítica autorial» que, al centrarse en la obra literaria como producto del hombre, supone que al investigar a este hombre y a sus circunstancias se obtendrá el correcto significado de la obra.

Según José María Pozuelo Yvancos, un buen escritor sabe cómo conciliar las fábulas con el entendimiento de quien lee, de forma que la mentira se convierta en verdad en el proceso de lectura. Para él, «esa verdad ficticia, esa ficción que se siente verdadera en el acto de lectura, esa construcción del mundo es el espacio donde la Literatura reina» (1993: 72). Y, de hecho, a través del lenguaje el hombre logra traspasar el territorio de la imaginación, tan parecido a sus sueños más que a su cotidianidad.

Las mismas «figuras», como generalmente se conocen o «figuras retóricas», están más presentes en el lenguaje diario de lo que se pueda imaginar y son importantes para poder explicar la relación entre significado y uso.

Dentro de la pragmática, una pregunta bastante común es la que se interroga sobre cómo se interpreta este lenguaje figurado. La respuesta sería que es más bien la regla que la excepción, dentro del uso que hacemos habitualmente del lenguaje. En efecto, ya no se consideran como algo privativo de la lengua escrita o de los lenguajes especiales, ni son exclusivamente literarias, ni ornamentales. En general, suelen enriquecer el contexto como sugiere la teoría de la relevancia o suponen ciertas tomas de posición.

Las figuras más utilizadas en el lenguaje habitual son la ironía y la metáfora, aunque también son frecuentes la metonimia y la repetición. En el texto llama la atención el elevado número de éstas, pero hemos escogido tan sólo algunos ejemplos significativos.

La metonimia, curiosamente, está muy cerca de la metáfora por lo que algunos investigadores han propuesto estudiarlas juntas creando el término «metaftonimia». Desde el punto de vista pragmático la citada metonimia se asemeja a la metáfora ya que puede provocar, por parte del oyente, reacciones diversas como puede ser la solidaridad, la complicidad, etc.

De entre las metáforas hemos escogido la siguiente: «*Leon.* Ya Juana esta à la ventana, / sossiegate. *Guiom.* Vengo muerta. / *Leon.* Assientate» (II, vv. 915-918). En este caso se producen asociaciones de tipo cultural porque *venir muerta* significa «estar muy cansada», pero no todas las personas de otras culturas utilizan una expresión parecida porque, entre otros motivos, la muerte puede ser un tema tabú.

Normalmente con la metonimia se establecen relaciones de contigüidad entre los elementos: «*Ang.* Què quieres, hermana, / si este Santo me ha mirado / por la cara el corazón?» (I, vv. 202-204); aquí se trataría de la causa por el efecto, ya que «corazón» debemos entenderlo como equivalente de nuestros sentimientos. En realidad, cuando nos enamoramos de alguien decimos que nos duele el corazón u otras expresiones de este tipo.

En cambio, con la hipérbole la exageración rebasa llamativamente los límites de lo verosímil: «[...] innundò el llanto los prados, / y llevòse los pecados [...]» (III, vv. 1753-1754).

Entre los ejemplos de repetición, la Soberbia al hablar de San Antonio repite el demostrativo «este», que funciona asimismo como deíctico:

Sov. Dadme atento oìdo
Después de la conversion
de este Mercader del Cielo,
de este Francisco, de este hombre,

de este Angel, de este Lucero,
de este nuevamente Christo,
pues con el rostro cubierto [...]
(I, vv. 324-330)

En cuanto al sentido de la vista, vemos que lo presenta a través de una sinestesia, que hoy día sigue teniendo mucha aceptación: «*Ant*. Mira / lo que te digo, Diana» (I, vv. 177-178).

La presencia del oxímoron es bastante notable y se permite jugar con la homofonía de «serenas»/«sirenas». Asimismo podemos recuperar el significado de «sirenas» pensando en Ulises y en el desasosiego que le producía su canto. Destacamos: «[...] y sus tormentas parecen / mas serenas, que Sirenas» (I, vv. 21-22); o bien: «[...] montañas de agua enarbolas, [...]» (I, v. 25), donde se enumeran dos de los cuatro elementos. Igualmente aparecen epítetos bastante conocidos como el de «[...] rojos corales ofrecen [...]» (I, v. 20). Estos últimos ejemplos pertenecen todos a la jornada I.

La personificación «gran fuerza tiene la olla» (II, v. 1144) atribuye a un objeto inanimado cualidades de un ser racional. La glotonería de Angelo está patente a través de la olla que lo atrae irresistiblemente.

Por otra parte la pragmalingüística se ocupa, especialmente, de los signos lingüísticos como elementos de comunicación. No en vano en cada lengua hay una serie de signos que están diseñados para no tener un significado fijo, sino para cambiarlo según las circunstancias. Éstos son los llamados deícticos. Por lo que los pronombres «yo» y «tú» designan a la persona que habla y a la que se habla, respectivamente, pero a su vez hay algunas parejas de expresiones cuyos elementos solamente se distinguen porque uno de ellos no es deíctico. Veamos algunos ejemplos:

1) *ahí* (el lugar donde sucede un diálogo) es deíctico, mientras que *allá* no lo es: «*Ant*. ¿Què es esso que tiene aì» (I, v. 595);
2) *ayer* (la víspera del día en que hablamos) es deíctico, mientras que no podemos decir lo mismo del sustantivo *víspera*: «[...] Señor mio, un memorial, / lleno de principio à cabo, / puse ayer en vuestro clavo, / que es vuestra Audiencia Real [...]» (III, vv. 1654-1657);
3) *agora* (el momento en el que hablamos) es deíctico, mientras que en *aquel momento*, no: «[...] No me consienta agora mi agonía / deste amor referirte verdadero, [...]» (II, vv. 944-945).

Émile Benveniste (1971 y 1977) sostiene que los deícticos son una irrupción del discurso dentro de una lengua, porque su mismo sentido (el método que usamos para encontrar su referente), aun proviniendo de la lengua, sólo podemos definirlo por alusión a su empleo. Por ejemplo: el nombre propio Antonio se refiere a un Antonio específico que es el protagonista de la pieza teatral. De lo anterior se deduce que los nombres propios son deícticos y que éstos son aquellos términos o expresiones cuya referencia es variable, fijándose cada vez que cambian el hablante, el oyente o las coordenadas espacio-temporales de los actos del enunciado, etc. Ahora bien, los tiempos gramaticales también poseen esta característica deíctica y esto hace raro que leamos una nota del tipo: «*Ant*. Señor, a Francisco scrivo, / cosas de importancia son [...]» (I, vv. 662-664). La frase, gramaticalmente correcta, pierde todo su sentido si no sabemos cuándo se está escribiendo la nota, motivo por el que no podemos interpretarla plenamente.

Otro caso que, desde el punto de vista gramatical, nos puede llevar a interpretaciones erróneas puede ser:

> *Ant.*   Ángel, què cosas son estas;
>   figuras de **Monumento**
>   por Navidad en la Iglesia?
> *Ang.*   Padre, no me lo mandò?
> *Ant.*   Yo?
> *Ang.*   No me dixo que fuera,
>   y que aquel **passo del huerto**
>   limpiasse por penitencia?
> *Ant.*   **El passo del huerto**, hermano,
>   es donde el agua se queda,
>   que sale de la cocina
>   para que el lodo barriera,
>   que estorva à pasar los Padres.
> *Ang.*   Padre, como mas se piensa
>   en passos de la Passion,
>   que en passos que vàn à huertas,
>   entendì el passo del Huerto.
>   Y à la fe, que saquè fuera
>   los Judios, que han llevado,
>   hasta quebrar las linternas
>   con el **cabo** de los **zorros**;
>   pues a Judas, o si viera

> qué pescozones le he dado;
> pues la **cara buena queda**,
> parece **planta de pie**,
> que como pasta es tierna;
> no le han quedado narices.
> (I, vv. 868-894)

El primer malentendido surge de dos palabras homógrafas, señaladas en negrita, de las que se proporciona el significado en los versos posteriores: «paso del huerto: especie de desagüe»; y por el contrario: «paso del Huerto: grupo escultórico que representa un momento de la Pasión». De la escena podemos colegir que hemos de tener en cuenta el contexto y no las palabras o frases aisladamente; con relación a lo anterior, José Manuel González Calvo (1998) nos aconseja que observemos cómo influyen los factores extralingüísticos en el hecho lingüístico, no que investiguemos los fenómenos extralingüísticos en sí mismos.

La palabra «zorros» también nos puede llevar a un segundo malentendido porque los «zorros son: tiras de piel […] que unidas y puestas en un mango sirven para limpiar el polvo», pero del mismo modo las palabras «cabo y monumento». En todos estos casos dependemos de los supuestos culturales sobre qué y cómo puede ser el mundo.

En esta última réplica de Angelo nos encontramos con dos versos en que se habla de dos partes de nuestro cuerpo diametralmente opuestas y donde la ironía queda reflejada en el claro tono de burla: «pues la cara buena queda, / parece planta de pie».

Por lo que atañe al saber enciclopédico del lector aparecen claras referencias intertextuales como es el caso, entre otros muchos, de *El conde Partinuplés*, comedia caballeresca que quizá se escribió para ser representada en un teatro de corte o de fasto cortesano. La autora, Ana Caro Mallén de Soto, presenta el mito de Eros y Psique de forma invertida, ya que aquí el personaje de Leonor se traviste de hombre para recuperar el honor. Otra ejemplo sería la Biblia tanto en lo concerniente al Nuevo como al Antiguo Testamento o la alusión a San Francico cuando se cita directamente o bien a través del hábito pardo de los franciscanos.

Por otro lado a la cortesía lingüística, la cual no es solamente un problema de normas sociales variables, sino de pragmática general, sería necesario procurarle su lugar en la descripción de los principios que guían la comunicación humana. De hecho, decir la verdad puede ser descortés en determinadas circunstancias.

En nuestro texto hay una serie de pasajes que pueden ser considerados descorteses y ello no tanto por el tono de la conversación sino por el contenido. Por ejemplo: Angelo es azotado por su glotonería, pero utiliza atenuantes para evitar el castigo «*Ang.* Como vì, / que el Obispo se reìa / y no se le daba nada, / en su risa, disculpada / hallé la ignorancia mía; y dixe: -» (I, vv. 474-479).

5. CONCLUSIONES

En este artículo hemos podido observar cómo la teatralidad y la pragmática caminan juntas entablando un diálogo con el mundo exterior representado por el público, ya sea espectador o lector, y en el que, la primera, observa todo lo que de «no verbal» hay en la comunicación y la segunda, en cambio, todo lo verbal.

Con referencia a esto hay que señalar que en el teatro del siglo XVII se multiplicaron los lugares de la acción y esto hacía difícil cambiar constantemente las escenas. Para ello se usaron una serie de signos escénicos que podían hacer entender al público lo que estaba sucediendo:

a) en el diálogo se narraba lo que estaba ocurriendo como si se tratara de algo real. En nuestro texto es el caso de: «Deſapareceſe» (II, didascalia entre vv. 1258-1259) y «Deſaparece» (II, didascalia entre vv. 1419-1420);

b) un personaje desde DENTRO contaba lo que los espectadores no VEÍAN;

c) hablaban como si se tratara de otro género literario, pero como si estuviera presente el objeto de la descripción.

Ahora bien, así como se conocen estos signos escénicos y los distintos espacios en que se representaban estas piezas teatrales, no se puede decir lo mismo de todo lo concerniente a la pronunciación, como puede ser la entonación o el declamado, que están poco estudiados.

Sería interesante que en próximos trabajos se abarcaran estas deficiencias para colmar un gran vacío, y por nuestra parte deberíamos haber analizado la métrica del texto, pero queda emplazado para un futuro no muy lejano.

Bibliografía

ARELLANO, Ignacio (1995): *Historia del teatro español del siglo XVII*. Madrid: Cátedra.

BENVENISTE, Émile (1971): *Problemas de lingüística general I*. México: Siglo XXI.

— (1977): *Problemas de lingüística general II*. México: Siglo XXI.

BLASCO, F. Javier/CALDERA, Ermanno/ÁLVAREZ BARRIENTOS, Joaquín/FUENTE, Ricardo de la (eds.) (1992): *La comedia de magia y de santos*. Madrid: Júcar.

BOBES NAVES, María del Carmen (1993): *La novela*. Madrid: Síntesis.

CALVO PÉREZ, Julio (1994): *Introducción a la pragmática del español*. Madrid: Cátedra.

CARO MALLÉN DE SOTO, Ana (1998): *Las comedias de Ana Caro. El Conde Partinuplés y Valor, agravio y mujer*. Ed. María José Delgado. New York: Peter Lang.

CASA, Frank P./GARCÍA LORENZO, Luciano/VEGA GARCÍA-LUENGOS, Germán (dir.) (2002): *Diccionario de la comedia del Siglo de Oro*. Madrid: Castalia.

CASTILLA PÉREZ, Roberto/GONZÁLEZ DENGRA, Miguel (eds.) (2005): *Escenografía y escenificación en el teatro español del Siglo de Oro (Actas del II Curso sobre teoría y práctica del teatro, organizado por el Aula Biblioteca Mira de Amescua y el Centro de Formación Continua, celebrado en Granada (10-13 noviembre, 2004)*. Granada: Universidad de Granada.

DASSBACH, Elma (1997): *La comedia hagiográfica del Siglo de Oro español: Lope de Vega, Tirso de Molina y Calderón de la Barca*. New York: Peter Lang.

DÍEZ BORQUE, José María (2002): *Los espectáculos del teatro y de la fiesta en el Siglo de Oro*. Madrid: Laberinto.

EGIDO, Aurora (ed.) (1989): *La escenografía del teatro barroco*. Salamanca: Universidad de Salamanca.

ESCANDELL VIDAL, María Victoria (2006[2]): *Introducción a la Pragmática*. Barcelona: Ariel (Lingüística).

FAJARDO Y ACEVEDO, Antonio (1683): *El divino portugués san Antonio de Padua*. Biblioteca Nacional de España, ms. 14.883.

— (2000): *Comedias*. Ed. Diego Símini. Lecce: Adriatica.

GÓMEZ MORENO, Ángel (2008): *Claves hagiográficas de la literatura española (del Cantar de mio Cid a Cervantes)*. Madrid/Frankfurt: Iberoamericana/Vervuert.

GONZÁLEZ CALVO, José Manuel (1998): *Variaciones en torno a la gramática española*. Cáceres: Universidad de Extremadura.

MAROTO, Mery (1990): *Escenografía y vestuarios. Cuadernos de iniciación teatral*. Valladolid: Diputación Provincial de Valladolid.

MENÉNDEZ PELÁEZ, Jesús (2004): «El teatro hagiográfico en el Siglo de Oro español: Aproximación a una encuesta bibliográfica». En: *Memoria Ecclesiae*, XXIV, pp. 721-802.

MORRISON, Robert R. (2000): *Lope de Vega and the Comedia de santos*. New York: Peter Lang.

OBREGÓN, Bernardino de (1701): *El divino portugués san Antonio de Padua*. Biblioteca Nacional de España, ms. 15.222.

OROZCO DÍAZ, Emilio (1969): *El teatro y la teatralidad del Barroco. Ensayo de introducción al tema*. Barcelona: Planeta.

PÉREZ DE MONTALBÁN, Juan (1743): *El divino portugués, san Antonio de Padua: comedia famosa*. Madrid: Antonio Sanz.

— (2006): *Palmerín De Oliva*. Ed. Claudia Demattè. Viareggio/Lucca: Mauro Baroni.

POZUELO YVANCOS, José María (1993): «Pragmática y literatura». En: González Calvo, José Manuel/Terrón González, Jesús (eds.): *Actas III Jornadas de Metodología y Didáctica de la Lengua y Literatura Españolas: Lingüística del texto y Pragmática*. Cáceres: Universidad de Extremadura, pp. 53-72.

REYES, Graciela (2009[8]): *El abecé de la pragmática*. Madrid: Arco/Libros.

— /BAENA, Elisa/URIOS, Eduardo (2005[2]): *Ejercicios de pragmática I y II*. Madrid: Arco/Libros.

RUIZ RAMÓN, Francisco (1971): *Historia del teatro español I (Desde sus orígenes hasta 1900)*. Madrid: Alianza.

TODOROV, Tzvetan (1977): *La letteratura fantastica*. Milano: Garzanti.

WARDROPPER, Bruce W. (1967): *Introducción al teatro religioso del Siglo de Oro: evolución del auto sacramental antes de Calderón*. Salamanca: Anaya.

LAS EMOCIONES TRÁGICAS Y EL PARADIGMA DE LA TRAGEDIA EN EL TEATRO DEL JOVEN CALDERÓN: UNAS CALAS

Fausta Antonucci
Università di Roma III

I

El Calderón poco más que veinteañero, que hacia 1623 empieza a escribir para el teatro, no es todavía el genial creador de comedias de capa y espada cuya perfección de enredo, cuya «viveza y gracia» elogiará décadas más tarde Bances Candamo en su *Theatro de los theatros*. En sus comienzos, el dramaturgo madrileño parece más bien interesado por intrigas, personajes y temáticas que recaen en el ámbito del drama: entendiendo por «drama», con Joan Oleza (1981), un macrogénero de tono fundamentalmente serio, con marcada vocación didáctica, con mayores dosis de espectacularidad con respecto a la comedia. Recaen en este ámbito todas las piezas calderonianas de cuya fecha de representación tenemos noticia certera, entre 1623 y 1625: *Amor, honor y poder, Judas Macabeo* (ambas de 1623), *El sitio de Bredá, La gran Cenobia* (ambas de 1625). Estas cuatro piezas se encuentran recogidas en la *Parte primera de comedias de Calderón* (*La gran Cenobia* y *El sitio de Bredá*) y en la *Parte segunda* (*Amor, honor y poder* y *Judas Macabeo*), publicadas en 1636 y 1637 respectivamente, después de que se levantara en 1635 la prohibición de imprimir comedias y novelas en el reino de Castilla que duraba desde 1625.[1]

Si observamos el argumento de estas cuatro piezas, veremos que, de una forma u otra, las cuatro elaboran una temática histórica: bíblica en *Judas Macabeo*, romana en *La gran Cenobia*, contemporánea en *El sitio de Bredá* y medieval en *Amor, honor y poder*, aunque en este último caso muy mediatizada por reelaboraciones novelescas (cf. Fernández Mos-

---

[1] Las ediciones modernas de las que sacaré todas las citas están al cuidado de Iglesias Feijoo (2006) y Fernández Mosquera (2007). La paginación se refiere a estas ediciones.

quera 2007: LXXIV-LXXV). En la preceptística heredada de la Edad Media, cuyos ecos no dejan de escucharse en los comentarios surgidos a raíz del redescubrimiento de la *Poética* aristotélica, la temática histórica es uno de los caracteres que define la tragedia.[2] Nadie, de hecho, en España y en la época de Calderón, habla nunca de «drama» como género teatral, sino de tragedia frente a comedia, aunque la mayoría de las veces para negar que en el teatro español contemporáneo existan tragedias. Pero, el que la fórmula de la *comedia nueva* se caracterice por una mezcla de trágico y cómico no quiere decir que los dramaturgos no sepan o hayan olvidado en qué consiste una tragedia según la preceptiva más comúnmente recibida:[3] como escribe Lope en el *Arte nuevo*, la tragedia trata «acciones [...] reales y altas» (vv. 59-60), se caracteriza por la «grandeza» de estilo (vv. 107-108) y «por argumento [...] tiene / la historia» (vv. 111-112). Otras marcas genéricas que se consideran propias de la tragedia son las «mil miserias, llantos y tristezas»[4] de que se compone la acción y el final desgraciado; aunque también se admite la tragedia llamada *morata* –la que termina con un final desgraciado para los personajes negativos y con un final feliz para los personajes positivos, al estilo de la *Odisea*, que es el ejemplo que aduce Aristóteles en su *Poética*–, y la tragedia de final feliz –al estilo de las dos *Ifigenias*, muy citadas por Aristóteles, modelo éste que empieza a cobrar nueva vigencia en el Renacimiento italiano con Giovan Battista Giraldi Cinzio.[5]

---

[2] Un buen resumen reciente de los distintos contenidos del concepto de *tragedia*, elaborados por la Antigüedad clásica, la Edad Media y el Renacimiento, con amplia bibliografía, en Guastella 2006. También muy útil la reciente edición de la traducción castellana (1577) del *De comoedia et tragoedia* de Donato-Evancio por Rubiera 2009, con bibliografía más manejable.

[3] Defiende lo mismo, en su estudio sobre el modelo trágico en el teatro de Lope de Vega, Artois 2009.

[4] López Pinciano, *Philosophía antigua poética* (1596), en Sánchez Escribano/Porqueras Mayo 1972: 100.

[5] Tanto los caracteres definitorios de la tragedia frente a la comedia (esquema opositivo éste heredado de la Edad Media) como los tipos de final propios de la tragedia (de los que habla Aristóteles en su *Poética*) se discuten en el tratado de López Pinciano (en Sánchez Escribano/Porqueras Mayo 1972: 98-102).

II

Volvamos ahora la mirada a las cuatro piezas primerizas del dramaturgo madrileño que he mencionado al comienzo. Dejemos de lado la definición de *drama*, instrumento terminológico muy útil para los investigadores de hoy pero extraño a la cultura literaria de Calderón, y consideremos la posible funcionalidad de la noción de *tragedia* para dar cuenta de las intenciones del joven dramaturgo a la hora de componer estas obras.

Sin duda, algunos elementos del modelo trágico consolidado en la preceptiva de la época se rastrean en *Amor, honor y poder*: protagonistas históricos y de altísima alcurnia, temas como el conflicto entre amor y honor, y entre amor y poder, que originan tensiones graves entre vasallos y monarca y cuajan en una agresión sangrienta en escena (final de la segunda jornada), y en una amenaza de suicidio (final de la tercera jornada). Es de observar además que en este clímax Calderón acude –por primera vez en la pieza– al léxico de las emociones trágicas por excelencia según Aristóteles, es decir, piedad y miedo («pasmo, horror, miedo y tragedia», «muerte, horror, miedo y afrenta», «conmoviendo a piedad», «voz, gemido, llanto y pena», 984-985); y que a continuación invoca para Estela, la mujer que acaba de amenazar el suicidio en defensa de su honor, el parangón con heroínas trágicas como Porcia y Lucrecia. Pero la tensión se deslíe en seguida cuando el rey proclama su intención de casarse con Estela. Es el típico final feliz e integrador de comedia, en el que se satisfacen los deseos amorosos sin menoscabo de las exigencias del honor; pero no es sólo cuestión del final, sino que toda la acción dramática presenta dinámicas de comedia más que de tragedia, con el enredo, basado en los equívocos y en los amores silenciados y cruzados, que toma la delantera sobre las problemáticas «políticas» del honor y el poder.

Por el contrario, *Judas Macabeo, El sitio de Bredá* y *La gran Cenobia* se caracterizan por un marcado desequilibrio entre el componente amoroso de la intriga –que aparece como episódico y, sobre todo, pegadizo– y el hilo argumental dominante, histórico con un componente épico importantísimo. Empezaré por considerar *El sitio de Bredá*, aunque en el plano cronológico no sea la más temprana de las tres piezas mencionadas, porque la distancia cero que existe con respecto a los sucesos teatralizados (la rendición en 1625 de la ciudad flamenca de Breda tras el sitio del ejército español) llevaría a excluir de antemano el horizonte genérico de la tragedia, que normalmente se ambienta en un pasado más o menos remoto; por el contrario, la pieza se inscribe fácilmente en ese conjunto bastante amplio de obras del teatro áureo dirigidas a la celebración de sucesos contemporáneos, con un sello laudatorio y cronístico muy marcado, evidente en *El sitio de Bredá* en lo que su editor más reciente define «cansada relación de las fuerzas combatientes y sus despliegues sobre el terreno» (Iglesias Feijoo 2006: XLII), y también, añadiría yo, en la minuciosa relación de los términos del acuerdo que lleva a la rendición de la plaza fuerte. Sin embargo, no creo que podamos excluir totalmente el influjo del modelo trágico en la configuración dramática de *El sitio de Bredá*. Claro que hay que entenderse sobre el tipo de modelo trágico de que se habla: el que puede haber influido en *El sitio de Bredá* no es el que propone Aristóteles en su *Poética*, ni mucho menos, sino más bien el que el Renacimiento heredara de la Edad Media, y que tiene entre sus caracteres definitorios la materia histórica, los personajes elevados, la presencia importante del componente épico y, consecuentemente, del estilo elevado, «sublime», que en la *rota Vergilii* es propio de la épica.[6]

Notamos entonces que cada jornada de *El sitio de Bredá* presenta una larga secuencia en octavas, de carácter marcadamente épico tanto por el tipo de estrofa como por el tema: la llegada, repaso y disposición de los distintos cuerpos militares que se reúnen al ejército del general Espínola, con exaltación de las virtudes militares españolas; la llegada al campo español del príncipe de Polonia, su recibimiento por Espínola, sus alabanzas a los sitiadores; una desgarradora descripción de la penuria de los sitiados y de su desesperación, con la que Madama Flora, una dama flamenca refugiada en Breda, trata de convencer al gobernador de la ciudad para que se rinda a los españoles. En este último pasaje, es evidentísima la acumulación de elementos que buscan la conmoción de los espectadores, así como del destinatario interno de la larga tirada: el moribundo que busca a su esposa entre los cadáveres, el hambriento

---

[6] Es el que Artois (2009) llama el «patrón trágico», un conjunto de marcas de género perfectamente reconocible, elaborado a partir de la producción de los tragediógrafos de la década 1575-1585.

que parte su ración de pan con el anciano padre, la mujer que se tuerce con desesperación las manos y los cabellos, los suicidas, los que beben tratando en vano de aplacar el hambre… Los recursos emocionales del discurso retórico de tipo deliberativo son aquí, de hecho, los mismos que en una tragedia irían dirigidos a provocar la compasión y el miedo de los espectadores. Sin embargo, el modelo trágico de este relato conmovedor, es decir, la desesperada resistencia de Numancia que Cervantes dramatizó en el último cuarto del siglo XVI, se niega explícitamente en la secuencia inmediatamente sucesiva (caracterizada por el paso a las más «prosaicas» redondillas), con estas palabras de la misma Flora: «¿Es Bredá acaso Numancia? / ¿Pretende tan necia gloria? / […] / Que no hay libertad perdida / que importe más que la vida» (1026).

El dramaturgo, tras evocar la posibilidad de la tragedia, la aborta a favor de una solución menos heroica y más conciliadora, de la que se hace intérprete Madama Flora, que, entre otras cosas, está enamorada de un militar español.[7] De lo que se trata, en este caso, no es de llegar a esa culminación del horror y de la piedad que busca la tragedia, sino de aplacar la tensión provocada por el relato de Flora ensalzando la magnanimidad de los españoles, que no buscan la destrucción del enemigo sino sólo su rendición. La prudencia, la falta de soberbia y de arrogancia que Calderón atribuye a los más altos mandos del ejército español, son, en buena lección estoica, las virtudes necesarias a quien conoce lo inestable de la fortuna humana. Por esto, las palabras finales del gobernador de Breda Justino al entregar las llaves de la ciudad al general Espínola nada tienen de la invectiva trágica del vencido contra el cruel vencedor, sino más bien de amonestación que el interlocutor recoge de buena gana:

>   [JUSTINO]   Aquesto no ha sido trato,
>   sino fortuna que vuelve
>   en polvo las monarquías
>   más altivas y excelentes.
>   ESPÍNOLA   Justino, yo las recibo,
>   y conozco que valiente
>   sois, que el valor del vencido

---

[7] Sobre el significado de la mención de Numancia y la posible relación con la tragedia cervantina, véase Arellano 1999: 136-138.

hace famoso al que vence.
(1052)

Esta conclusión muestra cómo Calderón reutiliza uno de los núcleos temáticos e ideológicos típicos de la tragedia renacentista, el de la fortuna mudable y de sus estragos, para rematar de forma totalmente a-trágica una pieza en la que, en más de una ocasión, apunta la que llamaría la *tentación* de la tragedia. Todas estas ocasiones están protagonizadas, curiosamente, por el mismo personaje, esa Madama Flora a la que ya hemos visto, en la tercera jornada, convocar las imágenes de la tragedia de Numancia para desactivarlas en seguida abogando por la rendición de Breda a los españoles. Su aparición en la primera jornada se realiza bajo el signo de emociones y situaciones tópicas de la tragedia: el llanto y la melancolía debidas a la reciente muerte de su esposo; el sueño turbado por presagios; el incendio nocturno que amenaza su vida y la de su hijo Carlos y de su anciano padre Alberto; su ruego dolorido al militar español que sale de la oscuridad con la espada desnuda. Tanta acumulación de emociones patéticas se interrumpe cuando el militar, que es el noble don Fadrique, accede de inmediato a ayudar a la dama y a sus familiares, proporcionándoles los caballos para que puedan entrar en Breda. Una dinámica parecida se observa en la segunda jornada. Aquí, la tragedia vuelve a apuntar cuando el gobernador de Breda decide que todos los menores de quince años y los viejos de más de sesenta tienen que salir de la fortaleza, quedando pues a merced del enemigo. Ante la desesperación de Flora, que perdería de un golpe al hijo y al padre, Justino le ofrece elegir a quién salvar entre ambos, colocándola así ante una disyuntiva desgarradora; disyuntiva que Flora, Carlos y Alberto discuten haciendo gala de generosidad recíproca, en la forma retórica del dilema, una de las situaciones de discurso más típicas de la tragedia, aunque por cierto no exclusiva de este macrogénero teatral. La secuencia culmina en la decisión de Flora de entregar a su hijo, y en la conmovedora escena del adiós de éste a su madre y de la maldición que Alberto arroja a Breda, culpable de sus sufrimientos: situaciones ambas de marcadísima intención (y tradición) trágica. Pero, una vez más, la tensión emotiva deja paso a la relajación de los sentimientos gracias a la oportuna intervención de los españoles: en la secuencia sucesiva, el marqués Espínola refiere haber devuelto a la ciudad sitiada los niños y viejos que habían sido desterrados, y Flora puede por tanto salir a la muralla de Breda con su amiga Laura «por ver / a quién he de agradecer / aquella pasada acción de haberme vuelto a mi hijo / a mis brazos» (1008). Lo que sigue es una escena de galanteo entre las dos damas y dos militares españoles, más otro que desempeña el papel del gracioso; escena cuyas dinámicas de comedia de capa y espada apenas esbozada chocan bastante con el tono general de la pieza, pero que sirven para remachar el desleimiento de la perspectiva trágica en aras de la intención integradora que sostiene el proyecto ideológico de toda la pieza.[8]

III

No obstante la distancia histórica que separa sus argumentos, existen notables puntos de contacto entre *El sitio de Bredá* y *Judas Macabeo*, la pieza calderoniana que comparte con *Amor, honor y poder* la fecha documentada de 1623 (cf. Arellano 1983: 205-206). En ambas se dramatiza el cerco de una ciudad, en ambas el ejército sitiador es el portaestandarte de la verdadera religión, en ambas se desarrolla el tema de la justa actitud ante las mudanzas de fortuna, en ambas un enredo amoroso se injerta de forma un tanto extravagante en un contexto épico-trágico.

Judas Macabeo se abre con el sonido militar de «cajas y trompetas», que introducen una secuencia de tono épico donde se mezclan aspectos gloriosos y lastimeros de la guerra, y se acude repetidas veces al léxico trágico («miedo», «horror», «sentimiento», «llanto», «pena», «trágicas glorias», «dolor», «tormentos [...] esquivos»). El anciano Matatías recibe a sus hijos Judas, Simeón y Jonatás que acaban de ganar una batalla contra los asirios, en la que perdieron a su otro hermano Eleazaro: al largo relato de su muerte[9] sigue el llanto de Matatías, lamento retóricamente muy bien elaborado que juega con el contraste entre la alegría por la victoria de sus hijos y el dolor por la muerte de uno de ellos. El mismo, tópico esquema trágico (el relato de la desgracia al que sucede el llanto de los espectadores internos) se repite poco después, cuando el

---

[8] Una opinión análoga expresa Arellano 1999: 138.
[9] Que recuerda el relato análogo de la muerte en batalla de su hermano por don Vicente Pimentel en *El sitio de Bredá* (961-963).

gracioso Chato llega para anunciar la repentina muerte de Matatías: al anuncio del mensajero responde una secuencia en liras-sextinas en la que, por turnos, los tres hermanos Macabeos y la bella Zarés, sobrina de Matatías y pretendida por Simeón y Jonatás, lloran la muerte del anciano. Se renueva aquí el recurso repetido al léxico del dolor y de la muerte: «llanto», «áspero monumento», «eterno desconsuelo», «espinas», «abrojos», «congojas», «sentimiento», «sacrificio», «muerte», «desdicha», «temor», «fiero espanto».

Pero el luto se interrumpe bruscamente con un nuevo anuncio de guerra: el general asirio Lisias, que ha sustituido al vencido Gorgias, acaba de apoderarse de Jerusalén y de profanar su templo sagrado. Si bien cambia el tema –y también el metro, que pasa de liras-sextinas a silvas–, el léxico sigue remitiendo a los mismos campos semánticos propios de la tragedia: «trágicas penas», «sangre», «guerra», «horrible parto de la tierra», «soberbias glorias», «horror». Y en prueba, la secuencia se introduce con un sonido de cajas, análogo al que había introducido el comienzo de la obra: sólo han desaparecido las trompetas, cuyo sonido alegre ya no se considera apropiado para la terrible circunstancia.[10] Los sonidos roncos, desafinados, clara metáfora musical del desorden introducido por los enemigos asirios, se repiten al comienzo de la secuencia siguiente (que conlleva asimismo una modificación del espacio dramático), cuando «con cajas destempladas» salen al tablado Lisias y Gorgias, el general derrotado. En evidente contraste con la actitud prudente del general Espínola en *El sitio de Bredá*, Lisias reacciona con soberbia y crueldad al pedido de clemencia de Gorgias, que invoca la fortuna como responsable de su derrota. Manda pues exponerle en la pública plaza con las manos atadas, todo un deshonor para quien fuera general, a lo que Gorgias contesta con una amonestación que Lisias desprecia: «Soberbiamente has mostrado / el castigo que procuro, / pero tú no estés seguro, / pues no estoy desconfiado» (322).

Como ya ha observado Arellano (1983: 210, 212-213), la fortuna, que Lisias desafía afirmando ser más poderoso que ella, se toma el desquite

---

[10] Como declara Judas Macabeo: «No los vientos veloces / llene el clarín con apacibles voces, / sino bastarda trompa / con horrísono son su esfera rompa. / El parche más suave / ni claro anime ni suspenda grave, / sino con eco bronco / torpe entristezca, compadezca ronco» (320).

inmediatamente después, haciendo que el general asirio se enamore de la hebrea Zarés, de cuya belleza escucha las alabanzas en una canción que cantan unos músicos en su tienda. Deja así descuidada a su esposa, Cloriquea, que le ofrecía un amor seguro y firme,[11] para perseguir a una mujer que lo rechaza porque está enamorada de su enemigo, Judas Macabeo (y por esto desprecia asimismo a Jonatás y Simeón, hermanos de Judas, ambos enamorados de ella). El hecho que acaba definitivamente con la soberbia de Lisias, y lo lleva al borde de la locura y a la autodestrucción, es el engaño del soldado hebreo Tolomeo, que le hace creer en la traición amorosa de su esposa Cloriquea y en la facilidad de Zarés, que estaría esperando en su tienda a Jonatás (al que desprecia, según sabe Lisias). En realidad, Cloriquea no ha traicionado a su esposo, y Zarés, creyendo que iba a pasar la noche con su amado Judas, a quien ha acogido en su tienda es al mismo Tolomeo. Creyendo en el engaño, Lisias sufre en carne propia la inestabilidad de la mujer, que desde su primera aparición en escena había parangonado a la fortuna. El que Zarés le haya preferido otro hombre, y sobre todo el que su esposa Cloriquea, que se había ofrecido a ser para él «fortuna constante», le haya traicionado, no sólo lo lleva a la desesperación, sino que equivale en términos dramáticos a la caída de las fortunas militares del general, que renuncia a sus responsabilidades en una dramática secuencia en silvas, en la que llega a gritar «¡Pierda mi libertad, pierda mi vida / y el sangriento deseo / ejecute en mi sangre el Macabeo!» (367). No por casualidad, después de esta secuencia, Calderón introduce otra, típicamente trágica: Cloriquea escucha «voces funestas» que le presagian la muerte de su esposo y, agitada por «fúnebres temores» (368), discurre por el campo asirio en busca de Lisias. De hecho, tras una larga secuencia que teatraliza el sangriento enfrentamiento militar por la toma de Jerusalén, con gran recurso a los campos semánticos de las heridas, la sangre, el horror y la muerte, los hebreos entran en la ciudad y, en prueba de su victoria, muestran la bandera asiria rendida y la cabeza cortada del general enemigo.

La acumulación de elementos horroríficos destinados a despertar el miedo y la conmoción de los espectadores se aplaca sin embargo en el

---

[11] «Si como mujer amante / la misma fortuna fuera, / en mi firmeza perdiera / la imperfección de inconstante» (324).

final, más bien de comedia («dichoso fin» se le llama en el penúltimo verso), en el que la disputa entre los hermanos Simeón y Jonatás por la mano de Zarés se resuelve, sin ulteriores conflictos, con la revelación del engaño de Tolomeo y la decisión de Zarés de casarse con él para restaurar su honor. Si consideramos además, de acuerdo con Arellano (1983: 207), que la acción de la pieza se desarrolla alrededor de la oposición entre Lisias y Judas, construida con «cuidadoso paralelismo», podremos leer en el final de la pieza la duplicidad típica de la tragedia *morata*: por un lado, la muerte del personaje que concentra en sí los valores negativos, soberbia y paganismo; y, por otro, el triunfo del que representa el héroe positivo, opuesto en todo (hasta en el desinterés por el amor) a su enemigo asirio.

De hecho, *Judas Macabeo* se construye sobre un esquema de oposiciones más neto y maniqueo con respecto a *El sitio de Bredá*, donde Justino, Morgán, Enrique de Nasau, aunque herejes y enemigos desde la perspectiva adoptada, comparten con los españoles un código caballeresco y cortés plenamente contemporáneo, el mismo que informa las acciones de tantos nobles caballeros en piezas de argumento ficticio. Lisias, en cambio, está construido con los caracteres tópicos del tirano de la tragedia renacentista, aunque no llega a las cimas de crueldad del Aureliano de *La gran Cenobia*. El esquema binario adoptado en *Judas Macabeo* lo repite Calderón en esta pieza estrenada en 1625: en ella, la pareja de opuestos está formada por el emperador romano Aureliano y por la reina de Palmira Cenobia. Con respecto a *Judas Macabeo*, los temas políticos y morales son absolutamente dominantes, aunque Calderón no renuncia a esbozar una débil intriga amorosa basada, por una parte, en el amor del general romano Decio por Cenobia y, por otra, en el de Irene por Libio, el sobrino de Cenobia que la vende a los romanos. El enfrentamiento militar que opone a Cenobia y Aureliano ocupa casi toda la segunda jornada y termina con la victoria de Aureliano sólo gracias a la traición de Libio. La tercera jornada, ambientada en Roma, teatraliza la crueldad de Aureliano con los vencidos y su malgobierno, culminando con el tiranicidio realizado por Decio.

Como en *Judas Macabeo*, el tono épico, tradicionalmente adscrito a la tragedia, domina en la pieza, determinando entre otras cosas una insistencia constante en los sonidos militares (cajas, trompetas, clarines), unas veces simplemente referidos, otras veces representados en escena.

Como en *Judas Macabeo*, uno de los temas centrales de la acción es el de las mudanzas de fortuna, relacionado especialmente con las vicisitudes de los poderosos: tema de larga tradición medieval y renacentista en la tragedia, pero que había sido muy explotado también en la *comedia nueva*, sobre todo en los dípticos dramáticos sobre la «próspera» y «adversa» fortuna de algún personaje famoso[12] (alternancia ésta que puede leerse especialmente en las historias cruzadas de Aureliano y de Cenobia). En este ámbito temático, sobre todo una secuencia presenta marcados parecidos textuales con una análoga de *Judas Macabeo*. Cuando en la primera jornada el general Decio, derrotado por la reina de Palmira Cenobia, se presenta ante el recién coronado emperador Aureliano, suplicándole clemencia en su desgracia y tratando de justificarse con la belleza de Cenobia y la fuerza de la fortuna, Aureliano lo ofende, y se jacta de «ni [...] tem[er] ni respet[ar]» la fortuna. En vano Decio le recuerda «que hay en el tiempo engaños, / hay en la suerte venganzas, / en la fortuna mudanzas»; en vano le amonesta con palabras que son casi idénticas a las que empleaba Gorgias en *Judas Macabeo* con Lisias: «Tú confiado no estés, / pues no estoy desconfiado, / que puede ser que el estado / trueque la suerte que ves» (323). Análogas amonestaciones le dirige a Aureliano Cenobia, cuando se ve prisionera del emperador romano: ninguna piedad, sin embargo, le merece ante Aureliano ni el ser mujer, ni la consideración de que la fortuna podrá un día dar un giro a su rueda. Así, se verá obligada a seguir el triunfo de Aureliano, encadenada y postrada a sus pies en el carro triunfal, mostrada al desprecio de la muchedumbre y a la compasión de los espectadores, debidamente preparados por las palabras de Decio que abren la tercera jornada: «a Roma llegas a tiempo / de ver la mayor tragedia / que en el teatro del mundo / la fortuna representa» (372).

La mención explícita de la «tragedia» no hace sino rematar una serie de situaciones que convocan deliberadamente el recuerdo de la tragedia renacentista –como ya ha notado Novo (2003)– con la representación en el tablado de hechos sangrientos, traiciones, crueldades, presagios funestos... En la segunda jornada, a punto de ser derrotado por Cenobia, Aureliano la emprende con Astrea, la profetisa de Apolo, culpable

---

[12] Para un repaso del tema, véase Gutiérrez 1975.

de haber interpretado mal un oráculo del dios relativo al resultado de la batalla, y la despeña a vista de los espectadores. Astrea, malherida, se quejará desde «dentro» durante las escenas sucesivas, hasta que Decio por fin la rescate «toda herida y llena de polvo, y el rostro lleno de sangre» (353). La sangre desempeña un papel central en otra escena importante de la segunda jornada, en la que Cenobia se siente invadida por «una oculta tristeza», «un miedo», «una pasión» (363), determinados por una serie de agüeros (el caballo muerto, la voz misteriosa, la tienda caída) que culminan en el más espectacular de los presagios: al ir a escribir el nombre del sobrino traidor, Libio, la pluma vierte sangre. A continuación, sale la sombra de Abdenato, el marido muerto (víctima también, como sabe el espectador, de Libio), a cuya visión Cenobia se desmaya para despertarse presa.

La secuencia final de la tercera jornada, en romance -é, remata la pieza acumulando una situación trágica tras otra: primero, la actuación soberbia e irresponsable de Aureliano como monarca, desinteresándose por completo de las exigencias de sus súbditos; luego, el intento de Libio y de su cómplice Irene, y a continuación de Astrea, que tratan de matar al emperador dormido; el sobresaltado despertar de Aureliano, que cree ver fantasmas (pues creía haber matado a Astrea y había mandado matar asimismo a Libio), y siente presagios de muerte; una muerte que por fin realiza Decio, apuñalándole en escena y dejando allí su cadáver hasta el final de la pieza. Una vez más, la obra presenta un final doble: en vez de matar a Decio por haber asesinado al emperador, los soldados que acuden a palacio consideran que esa muerte es «justa venganza de todos», por lo que «en vez / de matarte, te nombramos / césar nuestro por haber / librádonos de un tirano» (394). Decio ofrece entonces su mano a Cenobia, y manda ajusticiar a los traidores Libio e Irene. Es evidentemente, como ya en *Judas Macabeo*, el final propio de la tragedia *morata*: castigo de los malos, premio de los buenos.

IV

La mención del término *tragedia* y sus derivados, la materia alta (política, militar), los signos del horror relatados o mostrados en el tablado, y sobre todo la profusión del léxico que remite a los campos semánticos de las emociones que desde Aristóteles se consideran propias de la tragedia (compasión y miedo): parece evidente que Calderón, al componer piezas como *El sitio de Bredá*, y aún más *Judas Macabeo* y *La gran Cenobia*, que tratan de historia antigua y agitan importantes temáticas políticas y morales, tenía muy presente el modelo de la tragedia renacentista, declinado en su modalidad *morata*. Pero, como observaba ya Aristóteles (*Poética*, 1453a) y repiten puntualmente los comentadores del XVI y del XVII, si, por una parte, el castigo final del malvado y el premio del bueno son indudablemente aleccionadores (*morata* quiere decir «que enseña buenas costumbres», como traduce López Pinciano en su *Philosophía antigua poética*), por otra, no determinan compasión y miedo en los espectadores, sino más bien satisfacción, que no es una emoción trágica sino cómica.[13] Asimismo, no basta la insistencia en el léxico del miedo y la compasión, ni la acumulación de situaciones horrendas y sobrecogedoras, para provocar en los espectadores esas emociones profundas y duraderas capaces de producir la catarsis, la purificación de esas mismas emociones que nace de la identificación con los protagonistas de la acción dramática. Aunque el concepto de catarsis es uno de los más resbaladizos y oscuros en la reflexión aristotélica sobre la tragedia, las palabras de Aristóteles (*Poética*, 1453a) sobre el tipo de protagonista más apto para una tragedia son clarísimas, como muestra el buen entendimiento que manifiestan de ellas los comentaristas del Renacimiento. Este protagonista no deberá ser ni demasiado bueno, ni demasiado malo: precisamente para que el espectador pueda identificarse con él. Y deberá caer en desgracia por algún error suyo, pero no un error voluntario o derivado de su maldad intrínseca (como la soberbia), sino un error «hecho sin malicia, por imprudencia».[14]

---

[13] «[...] si es buena la persona, para ser morata la acción y que enseñe buenas costumbres, ha de pasar de infelicidad a felicidad, y, pasando así, carece la acción del fin espantoso y misericordioso; carece, al fin, de la compasión, la cual es tan importante a la tragedia como vemos en su definición; y, si es la persona mala, para ser morata y bien acostumbrada la fábula, al contrario, pasará de felicidad en infelicidad, la cual acción traerá deleite con la venganza y con la justicia, mas no con la miseración tan necesaria a la patética» (Alonso López Pinciano, *Philosophía antigua poética*, en Sánchez Escribano/Porqueras Mayo 1972: 82-83).

[14] «Según esto, las personas que son en parte buenas y en parte malas son aptas para mover a misericordia y miedo; y es porque le parece al oyente que aunque el que padece

Es evidente que los protagonistas de *Judas Macabeo* y *La gran Cenobia* no responden a estas características: o son buenos sin defectos (como Judas Macabeo o como Cenobia y Decio) o son intrínsecamente malos, por soberbios y arrogantes (como Lisias y Aureliano). A pesar de su «grandeza», no mueven esa identificación en la que agudamente señalaba Aristóteles la raíz de la eficacia emotiva de la tragedia. Es muy posible que Calderón reflexionara sobre estas afirmaciones, nunca ocultadas ni obliteradas por los neoaristotélicos, ni siquiera en esa España que muchos estudios recientes muestran reacia a la penetración de la *Poética* y a su recto entendimiento.[15] De hecho, a partir de cierto momento, Calderón empieza a ensayar una fórmula trágica nueva, que se aleja del modelo renacentista (basado en la acumulación de elementos estilísticos y temáticos más que en la estructura de la fábula) para acercarse más al paradigma aristotélico. El abandono del maniqueísmo y, paralelamente, la distinta cualidad de los errores trágicos; la presencia de la peripecia en conexión con la anagnórisis, como recomienda Aristóteles (*Poética*, 1452a), para dar un giro inesperado a la acción; el progresivo abandono de la teatralización ostensiva de hechos sangrientos y crueles, a favor de una construcción de la intriga que, por sí sola y por las situaciones que determina, sea capaz de producir esa compasión y ese miedo que se consideran las finalidades emotivas de la tragedia (*Poética*, 1453b): todas estas novedades las encontramos progresivamente en obras que, a pesar

---

merece pena, pero no tanta ni tan grave. Y esta justicia mezclada con el rigor y gravedad de la pena induze aquel horror y compassión que es necessario en la tragedia. *Reliquum est* (dize Aristóteles) *ut ad haec maxime idoneus is habeatur, qui medius inter tales sit; is autem erit, qui nec virtute, nec iustitia antecellat, minimeque per vitium pravitatemve in ipsam infoelicitatem lapsus fuerit, verum humano quodam errore ex magna quidem existimatione, atque foelicitate quemadmodum Aedipus, Thyestes, caeterique ex huiusmodi generibus illustres viri.* Si uno, siendo excelente en virtud y bondad, padece o es castigado, mueve a indignación contra la justicia de la tierra. Y si el facinoroso y malo padezca calamidad, siendo aquella calamidad y miseria por sus pecados, no es digno de conmiseración. Serálo, pues, aquel que padece por algún pecado hecho sin malicia, por imprudencia y por algún error humano» (Francisco Cascales, «Tabla tercera. De la tragedia», *Tablas poéticas*. Edición digital «Cervantes virtual» a partir de la de Murcia, Luis Beros, 1617; las citas latinas proceden de las *Explicationes* de Robortello. Agradezco a Mercedes Blanco el haberme señalado este texto, que falta tanto en Sánchez Escribano/Porqueras Mayo 1972, como en Newels 1959).

[15] Cf., por ejemplo, Sánchez Laílla 2000.

de lo incierto de la datación calderoniana, pueden fecharse con seguridad después de 1625. No quiero avanzar ahora afirmaciones concluyentes, tratándose de una investigación todavía en marcha; pero cualquiera que conozca la dramaturgia calderoniana se dará cuenta de que estos rasgos novedosos se encuentran en *El médico de su honra,* en *Las tres justicias en una,* en *La devoción de la cruz* y, sobre todo, en *La vida es sueño.* Especialmente la comparación entre *Judas Macabeo* y *La gran Cenobia,* por un lado, y *La vida es sueño,* por otro, arroja resultados interesantísimos –que ya he presentado en otra ocasión–[16] por la analogía de los temas tratados en las tres piezas, que permite observar con absoluta nitidez el cambio que se opera en la fórmula trágica manejada por Calderón.

El que el dramaturgo maneje una «fórmula trágica» al ir a estructurar sus creaciones, no quiere necesariamente decir que tales creaciones sean, en sentido esencial, tragedias. Véase si no el ejemplo de *El sitio de Bredá,* y más aún de *Amor, honor y poder,* que a nadie se le ocurriría clasificar como tragedias y que, sin embargo, como espero haber mostrado, utilizan recursos y situaciones tradicionalmente considerados como trágicos. Diré más: desde la perspectiva que he elegido adoptar en este estudio –y que no es sino la natural continuación de otra aportación mía sobre el mismo tema a la que me referido unas líneas más arriba–, el problema de la «esencia» macrogenérica de las piezas calderonianas estudiadas es, en definitiva, irrelevante. Como manifestaba Mercedes Blanco en un estudio pionero de 1998, lo que realmente importa no es «si estas obras son efectivamente tragedias en un sentido esencial», sino «buscar pruebas de que sus autores las concibieron como tragedias, de que tuvieron conciencia de escribir obras que pertenecían a un género peculiar». Porque es ahí, profundizando en el modelo (o los modelos) genéricos que pueden haber sido la referencia de los dramaturgos, en este caso de Calderón, sin obsesionarnos por las taxonomías «esenciales», que podremos por fin entender y percibir la evolución diacrónica de su dramaturgia. Un trabajo, éste, que en

---

[16] En la sesión del 4 de febrero de 2009 del seminario de la Casa de Velázquez «Creación y crisis en la literatura áurea. Hacia una periodización de la historia literaria del Siglo de Oro», coordinado por Mercedes Blanco. Mi intervención se titulaba «Algunas calas en el tratamiento del modelo trágico por el joven Calderón» y examinaba comparativamente *Judas Macabeo, La gran Cenobia, La devoción de la Cruz, La vida es sueño*; las actas del seminario están actualmente en prensa.

parte ya ha sido realizado para Lope, por Oleza (1981, 1997, 2004) y, más recientemente, por Florence d'Artois, que ha estudiado precisamente las modificaciones que sufre el modelo trágico en la dramaturgia lopiana (2009), pero que queda por hacer en lo relativo a Calderón. Sin que esto signifique desestimar en lo más mínimo los importantes estudios de quienes, como Parker (1962), Vitse (1980, 1988) y Ruiz Ramón (1984, 2000), han reivindicado y argumentado la esencial cualidad trágica de tantas piezas calderonianas, creo que ya es tiempo de dar un paso más adelante, para abordar otros aspectos tanto o más importantes, como los tipos de modelo trágico a los que acude el dramaturgo y sus cambios en una perspectiva diacrónica. Así pues, mientras compartimos totalmente la afirmación de Ruiz Ramón (2000: 33-41) de que la dramaturgia trágica calderoniana tiene raíces genuinamente aristotélicas, sabremos ver al mismo tiempo que este aristotelismo es una lenta conquista, pues su teatro de signo trágico empieza de forma distinta, influida por el paradigma trágico renacentista, del que quedarán residuos más o menos importantes en su producción más madura, diversos según la obra que examinemos.

BIBLIOGRAFÍA

ARELLANO, Ignacio (1983): «Un drama temprano: *Judas Macabeo* o *Los Macabeos*». En: *El escenario cósmico. Estudios sobre la Comedia de Calderón*. Madrid/Frankfurt: Iberoamericana/Vervuert, pp. 205-218.

— (1999): «Cervantes en Calderón». En: *El escenario cósmico. Estudios sobre la Comedia de Calderón*. Madrid/Frankfurt: Iberoamericana/Vervuert, pp. 123-152.

ARTOIS, Florence d' (2009): *La tragedia et son public au Siècle d'Or (1575-1635). Introduction à l'étude d'un genre: le cas de Lope de Vega*. Tesis de doctorado dirigida por Jean Canavaggio.

BLANCO, Mercedes (1998): «De la tragedia a la comedia trágica». En: Strosetzki, Christoph (ed.): *Teatro español del Siglo de Oro: teoría y práctica*. Madrid/Frankfurt: Iberoamericana/Vervuert, pp. 38-60.

FERNÁNDEZ MOSQUERA, Santiago (ed. e introd.) (2007): Calderón de la Barca, Pedro: *Segunda parte de comedias*. Madrid: Fundación José Antonio de Castro (Biblioteca Castro).

GUASTELLA, Gianni (2006): *Le rinascite della tragedia. Origini classiche e tradizioni europee*. Roma: Carocci.

GUTIÉRREZ, Jesús (1975): *La «Fortuna bifrons» en el teatro del Siglo de Oro*. Santander: Sociedad Menéndez y Pelayo.

IGLESIAS FEIJOO, Luis (2006): «Introducción». En: Calderón de la Barca, Pedro: *Primera Parte de comedias (Comedias, I)*. Madrid: Fundación José Antonio de Castro (Biblioteca Castro).

NEWELS, Margarete (1974): *Los géneros dramáticos en las poéticas del Siglo de Oro*. Trad. esp. de Amadeo Sole-Leris. London: Tamesis [edición original en alemán (1959): Wiesbaden: F. Steiner].

NOVO, Yolanda (2003): «Rasgos escenográficos y reconstrucción escénica de *La gran Cenobia* (1636), una tragedia histórica de la *Parte primera*». En: Tietz, Manfred (ed.): *Teatro calderoniano sobre el tablado. Calderón y su puesta en escena a través de los siglos. XIII coloquio anglogermano sobre Calderón (Florencia, 10-14 de julio de 2002)*. Stuttgart: Franz Steiner Verlag, pp. 359-390.

OLEZA, Joan (1986): «La propuesta teatral del primer Lope de Vega». En: Canet Vallés, José Luis (ed.): *Teatro y prácticas escénicas. II. La Comedia*. London: Tamesis, pp. 251-308 [publicado originalmente en *Cuadernos de Filología*, III, 1-2, 1981, pp. 153-223].

— (1997): «Del primer Lope al *Arte nuevo*», estudio introductivo a Vega, Lope de: *Peribáñez y el Comendador de Ocaña*. Ed. Donald McGrady. Barcelona: Crítica (Biblioteca Clásica, 53).

— (2004): «Las opciones dramáticas de la senectud de Lope». En: Díez Borque, José María/Alcalá Zamora, José (eds.): *Proyecciones y significados del teatro clásico español*. Madrid: Seacex, pp. 257-276.

PARKER, Alexander A. (1976): «Hacia una definición de la tragedia calderoniana». En: Durán, Manuel/González Echevarría, Roberto (eds.): *Calderón y la crítica: historia y antología*. Madrid: Gredos, pp. 359-387 [versión original en inglés, 1962, *Bulletin of Hispanic Studies*, 39, pp. 222-237].

RUBIERA FERNÁNDEZ, Javier (2009): *Para entender el cómico artificio. Terencio, Donato-Evancio y la traducción de Pedro Simón Abril (1577)*. Vigo: Academia del Hispanismo.

RUIZ RAMÓN, Francisco (1984): *Calderón y la tragedia*. Madrid: Alhambra.

— (2000): *Calderón nuestro contemporáneo*. Madrid: Castalia.

SÁNCHEZ ESCRIBANO, Federico/PORQUERAS MAYO, Alberto (1972): *Preceptiva dramática española del Renacimiento y el Barroco*. Madrid: Gredos.

SÁNCHEZ LAÍLLA, Luis (2000): «"Dice Aristóteles": la reescritura de la *Poética* en los Siglos de Oro». En: *Criticón*, 79, pp. 9-36.

VITSE, Marc (1980): *Segismundo et Serafina*. Toulouse: Institut d'Études Hispaniques et Hispano-Américaines/Université de Toulouse-Le Mirail.

— (1988): *Éléments pour une théorie du théâtre espagnol du XVIIe siècle*. Toulouse: Presses Universitaires du Mirail/France-Ibérie Recherche.

CALDERÓN, EDUCADOR DE PRÍNCIPES

Erik Coenen

Universidad Complutense de Madrid

Sabido es que Calderón, en los últimos treinta años de su larga vida, fue ante todo dramaturgo de palacio, tanto en el reinado de Felipe IV como en el del joven Carlos II, pasando por la regencia de Mariana de Austria. Hay que señalar, empero, que ya desde el principio de su carrera como poeta dramático parece haber orientado su labor hacia un público palatino antes que al de los corrales. El momento fue propicio para ello: Felipe IV subió al trono en marzo de 1621 y el joven Calderón se encontró sin duda entre los muchos nobles que procuraban aprovechar el cambio de monarca y la ascensión del conde de Olivares para conquistar una posición en la Corte. La afición del nuevo rey para la comedia era de todos sabida, y bien puede ser que fuera éste el motivo de Calderón para probar su mano como poeta dramático. La primera comedia suya conocida, *La selva confusa*, fue representada en palacio entre finales de 1622 y la primera mitad de 1623, y no puede ser casualidad que empiece con una larga alabanza de aquella otra gran afición del rey, la caza. Este pasaje, que en el manuscrito autógrafo de Calderón abarca no menos de 89 versos, fue omitido en los dos testimonios impresos que se conservan, y se entiende muy bien por qué: dan una lentitud indeseable al inicio de la comedia, que sin estos versos gana mucho en fuerza, pasando directamente a la representación de un grave conflicto entre hermanos. Colijo que Calderón no los incluyó por motivos dramáticos, sino con el único fin de agradar al rey.

Entre las primeras comedias fechables de Calderón brillan por su ausencia las de capa y espada propiamente dichas. Son comedias cortesanas, cuyos protagonistas no son caballeros urbanos sino nobles titulados y reyes. Pienso en *La selva confusa*, en *Amor, honor y poder*, en *Judas Macabeo* –todas representadas en palacio entre finales de 1622 y finales de 1623–, y también en cuatro comedias de fecha insegura pero que cabe sospechar muy tempranas, *Lances de amor y fortuna*, *El alcaide de sí mismo*, *Nadie fíe su secreto* y *Amigo, amante y leal*, así como en una come-

dia que ha quedado siempre fuera del canon calderoniano pero que, como
ha propuesto Germán Vega, debe ser incluida en él, *Cómo se comunican
dos estrellas contrarias*. En todas estas obras, se encuentran entre los protagonistas uno o más príncipes en los que el rey pudo, en cierto sentido,
reconocerse. En varias de ellas, se plantea el problema del abuso del
poder. En *Saber del mal y del bien*, se trata el tema de la privanza real y de
las arbitrariedades del poder. En un monólogo de *Como se comunican dos
estrellas contrarias*, Calderón expresa con tacto pero con inconfundible
espanto su horror ante los actos de tiranía, poniendo en boca de don Vela
esta relación de la suerte del príncipe don García a manos de su hermano:

> el Rey D. Sancho [...]
> (¡oh ley tirana y cruel!)
> hizo, Ramiro, con él
> la más rigurosa acción
> del mundo, contra las leyes
> de Dios, divinas y humanas...
> pero no es dado a mis canas
> el murmurar de los reyes;
> sólo os diré –sin decir
> que hizo mal ni que hizo bien–
> que a quien quitó el reino, a quien
> le dio tanto que sentir,
> porque sin ver sus enojos
> viviese más consolado,
> en la prisión ha mandado [...]
> que le cieguen los ojos
> con una barra de fuego.
> ¡Qué pena, qué confusión,
> ver un Infante en prisión,
> abatido, pobre y ciego!
> No puedo pasar de aquí;
> ¡qué ahogo!, ¡qué pena tan rara!,
> creo que más que a él la barra,
> me cegará el llanto a mí.[1]

---

[1] Cito por la desautorizada *Quinta parte de comedias*, supuestamente impresa en Barcelona por Antonio La Cavallería, 1677, fol. 145r. Modernizo la ortografía y la puntuación.

Pasaje éste de claro estirpe antimaquiavélico, de acuerdo con otros en otros lugares de la obra de Calderón (piénsese también en otra comedia temprana, *La gran Cenobia*, que trata precisamente el tema de la tiranía). La actitud de Calderón ante los reyes y la que tiene ante la monarquía como institución (que son dos cuestiones diferentes que a menudo se confunden) se suelen entender, desde los estudios de José Antonio Maravall, como una relación de servilismo propagandístico, suponiendo que los dramaturgos se dejaron utilizar para engrandecer y exaltar a los reyes y a la monarquía de cara al pueblo. Pero quien habla de la realeza a los reyes mismos no lo hace con fines propagandísticos. Precisamente en las comedias plausiblemente escritas para representación en palacio, nos encontramos una y otra vez con los temas del poder, de sus abusos y de las responsabilidades asociadas a él; y también, con consejos sobre aspectos del ejercicio del poder. Mi propósito aquí es concretar esta afirmación en una serie de ejemplos y, con ello, cimentar la necesidad de reconsiderar las exitosas tesis de Maravall sobre el servilismo propagandístico del teatro cortesano.

No sabemos nada sobre las representaciones tempranas de *La vida es sueño*, pero creo que hay razón de sobra para suponer que fue escrita pensando en un público palatino y, por tanto, para suponer que la vio representada Felipe IV. Pues bien, entre las cosas que Calderón hace a este distinguido espectador escuchar figura ésta:

> Ha de verse
> desvanecida entre sombras
> la grandeza y el poder,
> la majestad y la pompa.
> (vv. 2950-2953)

O, expresando en el fondo la misma idea, pero con una dureza extraordinaria:

> Sueña el rey que es rey y vive
> con este engaño mandando,
> disponiendo y gobernando;
> y este aplauso que recibe
> prestado en el viento escribe

> y en cenizas le convierte
> la muerte […].
> (vv. 2158-2164)

Sobre la relación del señor con sus vasallos, Calderón recuerda que «más a un príncipe le toca / el dar honor que quitarle» (vv. 2997-2998); e insiste finalmente en la doctrina estoica del vencerse a sí mismo, poniendo en boca de Segismundo estas palabras:

> Pues que ya vencer aguarda
> mi valor grandes victorias,
> hoy ha de ser la más alta
> vencerme a mí […].
> (vv. 3255-3258)

Desde luego, quien gobierna no debe dejarse guiar por sus pasiones, sino por el bien común, noción que Calderón defiende aduciendo una sentencia del «Séneca español» según la cual es «humilde esclavo […] de su república un rey» (vv. 840-841).

«La vida es sueño» no es la conclusión sino la premisa de *La vida es sueño*. El público contemporáneo sabe perfectamente que el título se refiere al carácter temporal, efímero, transitorio de la vida humana frente a la eternidad del Más Allá. Lo que sucede es que se trata de una verdad sólo conocible por la razón pero no por la experiencia, al menos, hasta que muramos. A diferencia de los demás mortales, Segismundo tiene la oportunidad de conocer esta verdad abstracta empíricamente, por medio de la experiencia («la experiencia me enseña / que el hombre que vive, sueña / lo que es, hasta despertar», vv. 2155-2157). Es este conocimiento empírico de su mortalidad lo que le enseña el arte de gobernar sin dejarse guiar por su gusto ni por su anhelo de gozos pasajeros. En el momento clave de la obra, cuando se decide a aplicar lo aprendido, exclama: «acudamos a lo eterno» (v. 2982), frase que he visto en varios estudios explicada erróneamente como una alusión al Más Allá. En realidad, Segismundo identifica «lo eterno» explícitamente con «la fama vividora». He aquí una de las enseñanzas principales no sólo de Calderón sino de todos los educadores de príncipes: si la fama, es decir, la reputación, es más duradera que la vida, lo aconsejable es procurar realizar tales acciones que serán admiradas por la posterioridad. Es uno de los argumentos que con más insistencia ofrece Calderón al príncipe, y al noble en general, para instarle a cultivar las virtudes caballerescas: el valor, la generosidad, la magnanimidad, la honradez, etcétera.

También en algunos de sus autos sacramentales más célebres, Calderón insiste en recordar a los reyes el carácter meramente «prestado» de su poder. En *El gran teatro del mundo*, Dios reparte los papeles a los mortales y el mundo reparte sus atributos para luego quitárselos «porque dados no fueron, no: prestados / sí, para el tiempo que el papel hiciste» (vv. 1297-1298); y el Rey, que no para de vanagloriarse de su poder y de protestar ante su pérdida, acaba siendo mandado al Purgatorio (vv. 1467-1485).

Por supuesto, el *véncete a ti mismo* es un tópico neoestoico, pero no por eso se produce su enunciación en el vacío; y su aplicación particular al ámbito amoroso en las comedias de la época de Felipe IV tampoco parece carecer de significado, pues pocos reyes ha habido en Castilla menos capaces de dominar sus impulsos sexuales. Hay indicios documentales de al menos doce amantes extramatrimoniales (Díaz-Plaja 1991: 269-270) y, aunque nunca supo «vencerse» del todo, su fama de mujeriego se debe sobre todo a sucesivos escándalos en su juventud. Escándalos que coinciden en el tiempo con los primeros años de la carrera literaria de Calderón, y en el que éste muestra tener cierta preferencia por el tema del príncipe esclavo de sus pasiones libidinosas, como atestiguan *Amor, honor y poder*, *Nadie fíe su secreto*, *Amigo, amante y leal*, *Para vencer a amor, querer vencerle* e incluso *La vida es sueño*. En una comedia atribuida a Calderón en todos los testimonios textuales conservados pero habitualmente excluida del canon, *Enseñarse a ser buen rey*, nos encontramos incluso con el personaje de un rey que vaga en las calles por la noche en busca de mujeres, conducta que está documentada en el joven Felipe IV (ibíd.: 269). Por supuesto, el motivo del príncipe libidinoso no es exclusivo de Calderón, pero su predilección por él en la década de los 1620 parece exigir una explicación, y éste bien puede que haya que buscarlo en los excesos del joven rey.

Si bien con los años disminuyeron los escándalos amorosos en torno a Felipe IV, nunca desaparecieron del todo. Están documentados, por ejemplo, unos amoríos con la Duquesa de Veragua fechables en los años 1653-1656 (Deleito y Piñuela 1988: 18, n. 13). Un poco anterior a estas fechas es una comedia de Calderón que me parece de especial interés como comentario a los amoríos del rey, *Darlo todo y no dar nada*.

Recordemos que por aquel entonces Felipe se acababa de casar con Mariana de Austria, que a sus 14 años había venido desde Viena a Madrid a contraer matrimonio con un su tío, treinta años mayor que ella, al que no había visto nunca. Difícil es hoy calibrar la dimensión afectiva de tales matrimonios de conveniencia, pero cabe sospechar que algún sentimiento habrá producido en Mariana el hecho de que su marido siguió buscando sus placeres fuera del matrimonio. Calderón parece haber tomado cartas en el asunto.

Fue en diciembre de 1651 cuando se representó en palacio *Darlo todo y no dar nada*, tal vez la primera comedia que escribió Calderón como dramaturgo de la Corte. Sabemos la fecha aproximada gracias al encabezamiento de la loa de Solís en las ediciones impresas tempranas: «Loa para la comedia de Don Pedro Calderón, intitulada Darlo todo, y no dar nada. Representóse en la fiesta de los años, del parto y de la mejoría de la Reina nuestra Señora, del accidente que le sobrevino estando el Rey nuestro señor en las Descalzas, y con su presencia volvió del desmayo».[2] Como la propia loa pone a la recién nacida el nombre de Margarita, el parto al que se hace referencia no puede ser sino el primero que tuvo Mariana de Austria, el 12 de junio de 1651, cuando dio luz a una niña que sería bautizada así y que un día ocuparía el centro de *Las meninas*.[3] El cumpleaños habrá sido el del mismo año, el 23 de diciembre 1651, cuando Mariana cumplió 17 años. Sobre el tercer motivo aducido por Solís para la representación, el «accidente» o «desmayo» de Mariana, los detalles podrían explicar mucho, pero no he podido encontrar más alusiones documentales al suceso. Imposible no preguntarse qué hacía el rey en el Convento de las Descalzas; el motivo pudo ser intranscendente, pero entonces, ¿cuál es la relación entre su presencia allí y el desmayo de la reina?

Sabemos que el convento era habitualmente el destino final de las amantes del rey, que al parecer no consentía que quien había sido su

---

[2] Antonio de Solís, *Varias poesías sagradas y profanas*. Cito por la edición de 1732, s.n., p. 220.
[3] No se entiende por qué Hartzenbusch, que fue el primero en asociar la loa de Solís con esta comedia, la fecha no en 1651 sino en 1653. El error ya fue corregido por Cotarelo y Mori (1924): 290.

amante llegara a serlo de otro, ni dentro ni fuera del matrimonio. Sabemos también que «la voz pública acusó al rey de llevar sus pasiones hasta los lugares santos, sin detenerse ante la profanación de alguna virgen consagrada a Cristo» (Deleito y Piñuela 1988: 14).[4] ¿Eran acaso tales pasiones las que llevaron al rey al Convento de las Descalzas en algún momento de 1651, provocando el desmayo de su cónyuge? Lo cierto es que el enlace era todavía reciente (7 de octubre de 1649) y que Mariana debe de haberle parecido una niña.

El contenido de *Darlo todo y no dar nada* parece corroborar con fuerza que su razón de ser hay que buscarla en los amoríos del rey. Se basa en una anécdota que refiere Plinio y que ya habían llevado a la escena Lope de Vega en un episodio de *Las grandezas de Alejandro* y otro dramaturgo en *La mayor hazaña de Alejandro Magno*:[5] los amores de Alejandro Magno por Campaspe, la amada de su pintor predilecto, Apeles. Por supuesto, el rey no puede sino haberse visto reflejado en el personaje de Alejandro, pero por si cupiera alguna duda, Calderón relaciona al rey macedón con el águila imperial (vv. 285-286)[6] –fácilmente identificable con el águila bicéfala de la Casa de Austria– e insiste en que también él es «hijo del gran Filipo» (v. 958). El argumento de la obra recoge la lucha de Alejandro por vencer su pasión por la bella joven, hasta que al final la cede a Apeles para casarse con la infanta Estatira de Persia. En la decisión de Alejandro se juntan el tópico del «vencerse a sí mismo» y el imperativo de alcanzar la fama póstuma (vv. 3871-3878):

> ¡Ea, valor! La más alta
> victoria es vencerse a sí.
> ¡No diga de ti mañana
> la historia, que toda es plumas,
> el tiempo, que todo es alas,
> que tuvo en su amor Apeles

---

[4] Díaz-Plaja menciona «que el rey se enamoró perdidamente de una bella monja a quien había conocido a través de las rejas del locutorio» (1991: 280), pero no indica sus fuentes.

[5] Esta comedia mediocre, conservada en manuscrito anónimo, ha sido atribuida a Lope de Vega, pero su autoría ha de ser descartada.

[6] Cito por mi propia edición de la comedia, que permanece inédita.

más generosa constancia
que yo! […]

Al renunciar el concubinato que persigue con Campaspe y aceptar
una esposa de sangre real, Alejandro sirve de modelo ejemplarizante a
Felipe IV; y así, en una comedia escrita, recordemos, para festejar a
Mariana de Austria en su cumpleaños, y representada sin duda ante toda
la Corte, Calderón insta al rey a abandonar sus amoríos extramatrimoniales y dedicar sus afectos a ella. La joven reina, por cierto, parece
haber agradecido el gesto: la obra volvió a ser la elegida para celebrar su
cumpleaños años más tarde en Viena (Coenen 2008b: 196 y 200-203).[7]

En este contexto cobra especial relevancia el episodio más conocido
de esta comedia poco estudiada: el concurso de retratos entre Timantes,
Zeuxis y Apeles. Alejandro censura en el primero el haber corregido en
su retrato de él la malformación de su ojo izquierdo; y, en el segundo, el
haber magnificado este defecto físico. Alaba en Apeles, en cambio, el
haber dejado el ojo izquierdo en la sombra:

> Buen camino habéis hallado
> de hablar y callar discreto;
> pues, sin que el defecto vea,
> estoy mirando el defecto.
> (vv. 547-550)

La cuestión central es cómo hablarle al rey de sus defectos, que es
precisamente lo que hace Calderón al reprenderle artísticamente sus
aventuras extramatrimoniales, dando a su amonestación la forma de una
comedia festiva y equiparando al rey con nada menos que Alejandro
Magno.

El paralelismo entre la ficción cómica y la promiscuidad real de Felipe IV me parece demasiado fuerte para admitir muchas dudas en el caso
de *Darlo todo y no dar nada*; y hace pensar que también en comedias

---

[7] La lujosa edición suelta que se imprimió en Viena a raíz de esta representación está
fechada en 1668, por lo que cabría pensar en una representación en 1667 o 1668. Sin
embargo, el frontispicio parece indicar que estaba Mariana presente, cosa difícil de creer
por esas fechas, recién muerto Felipe IV y con la regencia de Mariana bastante amenazada.

anteriores de tema similar aludía a los impulsos sexuales del rey, que por otra parte era plenamente consciente de su deber de dominarlos.

Pasemos de Venus a Marte, puesto que la guerra es tradicionalmente la tarea fundamental del estamento noble y lo es más aún de quien gobierna un imperio inmenso. Calderón ofrece sobre todo consejos sobre la conducta del príncipe en las victorias militares. En la escena inicial de *Fineza contra Fineza*, Ismenia convence a Anfión de que

> vencer y perdonar
> es ser vencedor dos veces.
> (*Dramas*, 2102)

La misma idea es expresada por Poliodoro en *El mayor monstruo*:

> que es ser piadoso
> vencedor con el vencido,
> ser dos veces victorioso.
> (vv. 570-572, ed. Ruano de la Haza)

Y en *Las armas de la hermosura*:

> en el marcial estruendo,
> mas que un ejército hiriendo,
> vence un héroe perdonando.
> (*Dramas*, 973a)

Pero no basta con ser piadoso con el vencido; en un arte militar verdaderamente noble, hay que honrarle:

> Honrar al vencido es
> una acción que, dignamente,
> el que es noble vencedor
> al que es vencido le debe:
> ser vencido no es afrenta.
> (*El sitio de Bredá*, vv. 3009-3013, ed. Vosters)

Si bien son afirmaciones de personajes y no procede identificarlas sin más con las opiniones del autor, son generalmente aceptadas por los demás personajes, y el actuar en sentido contrario caracteriza precisamente a los príncipes caracterizados de forma negativa por Calderón: es propio de tiranos. Buen ejemplo de ello es el Lisias de *Judas Macabeo*, que se niega a reconocer que «ser vencido no es afrenta» y proporciona un castigo humillante a su general Gorgias cuando es vencido por Judas Macabeo (*Segunda parte*, 321-323); o Semiramís,[8] que hace atar al vencido Lidoro como perro (*La hija del aire*, II, vv. 586-606), en medio de las protestas de su propio general Licas, que aduce, precisamente, que «el vencedor / siempre honra al que ha vencido» (vv. 617-618).

Calderón parece haber sentido una verdadera repugnancia ante la costumbre del saqueo, negándose a aceptar la pragmática postura de que era un aliciente para las tropas y muchas veces la única forma de pagarles. En *El sitio de Bredá*, ensalza la rendición de la ciudad precisamente por su carácter ordenado y respetuoso y la prohibición del saqueo. La Campaspe de *Darlo todo y no dar nada* se queja ante Alejandro Magno de la conducta de sus tropas,

> [...] que, infames,
> califican lo que es hurto
> con nombre de que es pillaje,
> como si mudara especie
> la ruindad por mudar frase.
> (vv. 1055-1059)

El Scipión de *El segundo Scipión*, que parece diseñado como modelo ejemplar para el joven y endeble Carlos II, detiene el saqueo de Carthago Nova una vez que se ha asegurado de la victoria, aduciendo que «ningún valiente fue fiero». Y en *Amar después de la muerte* (o el *Tuzaní*), Calderón emplea todos los medios posibles para despertar en su público una sensación de espanto ante el saqueo de Galera perpetrado bajo el mando de don Juan de Austria.[9] El rechazo del saqueo aparece también, por cierto, en otra comedia que siempre ha sido excluida del canon cal-

---

[8] Adopto esta acentuación, y no la habitual (*Semíramis*), pues el cómputo silábico en varios lugares del texto demuestra que Calderón acentuaba así el nombre.

[9] He examinado esta cuestión mucho más a fondo en Coenen 2008a.

deroniano pero que en todos los testimonios textuales lleva su nombre, *El escándalo de Grecia*:[10]

> No entréis en la ciudad a saco;
> ningún soldado se atreva
> a la injuria que ocasionan
> las militares licencias.
> (fol. 174r)

Sea de Calderón o no esta comedia –y no creo que lo sea–, participa en la misma actitud que las comedias citadas frente a una práctica militar que era el pan de cada día. En el fondo, es la resistencia que ofrece una ética anticuada, caballeresca, a una realidad más pragmática y maquiavélica. El que esta resistencia se ofreciera ante los ojos de los corresponsables políticos de esa realidad le proporciona un peso mayor.

BIBLIOGRAFÍA

COENEN, Erik (2008a): «Calderón y la guerra: del *Sitio de Bredá* al sitio de Galera». En: *Nueva Revista de Filología Hispánica*, 56, pp. 31-51.
— (2008b): «Sobre el texto de *Darlo todo y no dar nada*». En: *Criticón*, 102, pp. 195-209.
COTARELO Y MORI, Emilio (2001 [1924]): *Ensayo sobre la vida y obras de D. Pedro Calderón de la Barca*. Ed. facsímil al cuidado de Ignacio Arellano y Juan Manuel Escudero. Madrid/Frankfurt: Iberoamericana/Vervuert. [1ª ed. Madrid: Tipografía de la «Revista de Archivos, Bibliotecas y Museos».]
DELEITO Y PIÑUELA, José (1988): *El Rey se divierte*. Madrid: Alianza.
DÍAZ-PLAJA, Fernando (1991): *Vida íntima de los Austrias*. Madrid: EDAF.
MARAVALL, José Antonio (1986): *La cultura del Barroco*. Barcelona: Ariel.

---

[10] Cito por la *Oncena parte* de *Escogidas*, 1659.

ENTRE EL ESPANTO Y LA RISA: LA ESCENIFICACIÓN DE LA MAGIA EN *EL HECHIZADO POR FUERZA* Y *DUENDES SON ALCAHUETES* DE ANTONIO DE ZAMORA

Renata Londero
Università di Udine

Es cierto que tanto en las postrimerías como en los períodos de transición el arte literario se inclina hacia la reescritura y la postura irónica o ridiculizante del autor ante el mundo. A esta tendencia no se sustrae Antonio de Zamora, que vive entre el ocaso del Barroco y el alba de la Ilustración (Martín Martínez 2002), heredando el patrón calderoniano pero también anticipando atisbos del teatro neoclásico. Refundidor hábil de géneros y textos dramáticos áureos por un lado y de fértil ingenio entremesil por otro, Zamora estrena con pocos años de diferencia dos comedias de gran fortuna, donde su talento hipertextual y cómico se enfrenta a un tema tan controvertido y polifacético en el teatro del Siglo de Oro como es el de la superstición, decretando su muerte por los dardos de la risa y de la tramoya. Me refiero a *El hechizado por fuerza* (1697)[1] y a *Duendes son alcahuetes y el Espíritu Foleto* (I parte, 1709),[2] botones de muestra de dos subgéneros teatrales muy frecuentes en las carteleras españolas a caballo de los siglos XVII y XVIII: es decir, la comedia de figurón y la comedia de magia. En ambas piezas, pues, el dramaturgo madrileño ataca el edificio de la creencia en magos, diablillos y fantasmas, ya débil en su tiempo, esgrimiendo el arma de la parodia y de la espectacularidad, en el marco de una expresividad carnavalesca, aparencial, emocional; o sea, «teatral» (Orozco Díaz 1969).

De ahí que tanto *El hechizado...* como *Duendes...* partan de un mismo hipotexto principal, *La dama duende* de Calderón, no sólo para

---

[1] La comedia se estrenó el 26 de mayo de 1697 «en el Real Sitio del Buen Retiro, ante Carlos II y su segunda esposa Mariana de Neoburgo» (Londero 2004: 1178).

[2] «[...] el estreno de la primera parte –*Duendes son alcahuetes y el Espíritu Foleto*– tuvo lugar el 22 de enero de 1709 en el Teatro del Príncipe por la compañía de José Garcés, mientras que la segunda parte –*Duendes son alcahuetes, alias el Foleto*– llegó al Teatro de la Cruz el 11 de noviembre de 1719, interpretada por la compañía de Sabina Pascual» (Londero en prensa).

criticar erróneos conceptos de lo sobrenatural sino también para reformular paródicamente los cimientos temáticos y estructurales de la comedia de capa y espada, en nombre del puro entretenimiento. Por lo tanto, siguiendo su intención de «divertir tres horas al docto, engañar otras tantas al ignorante» y «empedrar de chistes la seriedad», como declararía en el *Prólogo* a la primera edición de sus *Comedias nuevas* (Zamora 1722: s.p.), Zamora construye dos obras dinámicas y desenfadadas, suspendidas entre la realidad y la apariencia, el ver y el oír, apelando a la emotividad del auditorio a través de un texto verbal y espectacular basado en una acción bulliciosa y mudable, en el habla perlocutiva de los personajes, en acotaciones intensamente visuales y cinéticas, y en breves pero significativos intervalos sonoros y musicales.

Como decía, el modelo textual más importante al que ambas piezas remiten –de forma más o menos encubierta– es *La dama duende*, que tanto éxito se granjeó en los escenarios europeos de los siglos XVII y XVIII (Doménech Rico 2005: 284 y ss.). Si ya en esta comedia calderoniana la superstición se convierte en una forma «de la ignorancia de las clases inferiores» (Antonucci, en Calderón de la Barca 1999: LXII), personificada por el gracioso Cosme, en *Duendes son alcahuetes* quien se deja atemorizar por «foletos» y demoncillos es otro gracioso, Chicho, y, en *El hechizado por fuerza*, Claudio es el necio figurón que piensa estar enduendado porque rehúye de la boda con su prometida Leonor. Además, Zamora enlaza la magia (ficticia en *El hechizado...*, efectiva pero fútil en *Duendes...*) con el amor, como lo hacía Calderón en sus comedias caballerescas y mitológicas, acorde con el trinomio *amor/encanto/hermosura*.

A este respecto Zamora transfiere a sus obras el motivo del engaño por amor, que vertebra *La dama duende*, centrándose sobre todo en el elemento de la burla (con su serie de embustes, trucos y disfraces), y también reelabora recursos simbólico-escénicos y episodios específicos de la pieza calderoniana. Aludo, en primer lugar, al pasaje secreto como puente de comunicación entre los amantes (Antonucci 2000): de la alacena calderoniana se pasa, en *Duendes son alcahuetes*, a la entera casa del Foleto, que se sitúa entre los domicilios de Genaro y de Irene, y, en segundo, a que Zamora aprovecha en sentido lúdico dos célebres escenas de *La dama duende*, o sea, el escrutinio de las maletas de Manuel y Cosme por parte de Ángela e Isabel (I, vv. 817-877), y la incursión del asustado Cosme en el cuarto de Ángela-duende (II, vv. 1520-1585). Mientras que la primera escena se caricaturiza con el banal registro que de su propia ropa realiza Chicho en *Duendes...* (II, vv. 985-1014; Doménech Rico 2005: 286-287), la segunda se amplifica y se enreda enormemente en el clímax dramático de *El hechizado por fuerza* (II, vv. 1571-1811), donde se muestra el aparatoso hechizo fingido que la criada-falsa maga Lucigüela y sus ayudantes llevan a cabo para obligar al crédulo Claudio a que se case con Leonor.

Sin embargo, mientras que en *La dama duende* Calderón trata el sentimiento amoroso con respeto (si bien con sonriente humor), en *El hechizado...* la pasión degenera grotescamente, transformándose en los celos desaforados del doctor Carranque por los amoríos convencionales entre Luisa y Diego, o sale maltrecha tras las conversaciones entre Claudio, reacio al matrimonio, y Leonor, que sin estar enamorada de su futuro esposo, defiende una idea del honor anticuada y absurda (Londero 2000: 91-92 y 95). La cima se alcanza en *Duendes son alcahuetes*, donde el Foleto protagonista urde mil malabarismos divertidos pero insignificantes para favorecer las relaciones entre los estereotipados galanes Octavio y Genaro, y sus damas Irene y Julia. Aparte de la pareja temática amor/honor, otra marca del subgénero de capa y espada que Zamora retoma es el personaje del galán suelto (Serralta 1988): no cabe duda de que en *La dama duende* se satiriza al antipático don Luis, maniático del pundonor (Antonucci, en Calderón de la Barca 1999: LVI, y 2005: 31), pero esta figura resulta aún más degradada tanto en el doctor Carranque de *El hechizado por fuerza*, con sus ínfulas de médico fanfarrón y su exagerada devoción a Luisa, como en el Ludovico de *Duendes son alcahuetes*, rival amoroso de Genaro, que destaca por su escasa presencia escénica y su falta de caracterización psicológica.

Veamos primero cómo se manifiesta la teatralidad en *El hechizado por fuerza*, y después en *Duendes son alcahuetes*, de la que voy a analizar sólo la primera parte, ya que en la segunda se repiten y abultan el desarrollo, los temas y los motivos de su antecedente en un contexto geográfico distinto.[3] Para empezar, en *El hechizado...* el chispeante ritmo de la

---

[3] Mientras que la primera parte está ambientada en Florencia, la acción de la segunda se sitúa entre Trípoli y Rodas.

acción se realza con rápidos cambios de escena y con el habla vivaz de todos los personajes, salpicada de modismos, coloquialismos y vulgarismos (Londero 2004: 1181). Por lo que atañe al texto espectacular, las numerosas y a menudo detalladas didascalias indican una puesta en escena movediza, y en algunos momentos incluso arrebatada, como cuando, por ejemplo, se señalan las carreras del airado Claudio tras Lucigüela: «Lucía, huyendo de don Claudio, con un palo de escoba en la mano» (II, ac./v. 1387).[4]

Un papel relevante también lo juega el vestuario de efectos cómicos: si don Claudio se describe como «ridículamente vestido de color» (III, ac./v. 2426) y la guatemalteca Lucigüela sale pintorescamente «a la andaluza con un clavo en la frente» (I, ac./v. 127), en la tercera jornada el doctor Carranque aparece vestido «de mujer, tapado de medio ojo» (ac./v. 2532), para poder asistir al paño a los encuentros de Diego y Luisa en el popular barrio madrileño de San Blas. No sorprende, pues, que una indumentaria tan multicolor e histriónica se haya adoptado y enriquecido con toques frívolos y *kitsch*, en una reciente y eficaz adaptación de *El hechizado…*, muy fiel al original con respecto a las acotaciones: la que dirigió Rafael Cea para la compañía «José Estruch» de la RESAD, y que se estrenó el 15 de julio de 2003 en el XXIV Festival de Teatro Clásico de Almagro.[5] A ella volveré más adelante.

El mismo disfraz femenino de Fabián Carranque, bufo y transgresivo, reenvía a una componente considerable de *El hechizado…*, y más aún, como veremos, de *Duendes son alcahuetes*: el carácter festivo-carnavalesco de ambas piezas. De hecho, el cambio de sexo en el atavío del médico ridículo, personaje carnavalesco y entremesil por excelencia, se asocia a otros cambios de identidad en la comedia –como el de la sir-

---

[4] Para las citas utilizo el texto presente en la edición de 1744 (en dos tomos) de *Comedias* del autor (Madrid, Joaquín Sánchez, t. I, pp. 99-144), ecdóticamente fidedigno y completo. En cuanto a la enmarañada situación textual de la pieza con vistas a una edición crítica, véase Londero 2004: 1182-1185.

[5] El figurinista Luis Matas, que se encargó de realizar el vestuario de esta dramaturgia, habla de un *look* «ecléctico», «divertido y fresco», encaminado más bien a ridiculizar a los personajes (Matas 2004: 76-77). Las didascalias de la versión de la RESAD reproducen con casi absoluta fidelidad las de Zamora, mientras que el texto verbal aparece reducido y lingüísticamente simplificado, como se acostumbra en las adaptaciones contemporáneas del teatro clásico español.

vienta Lucigüela, que se camufla de hechicera para espantar al figurón–, y, por lo general, al vaivén cambiante de la intriga dramática. Al ser una pieza caracterizada por la ambigüedad entre lo real y lo ficticio y por la subversión de los roles, arraigada en el engaño y la burla, dominada por el afán de evasión y la deformación paródica,[6] *El hechizado...* está imbuida de cosmovisión carnavalesca.[7] No es ninguna casualidad que sus dos protagonistas (un hombre cobarde y una mujer recia) celebren su boda forzada en «Martes de Carnestolendas» (III, v. 2755), y que en el *explicit* Carranque sostenga que «[...] todo / ha sido embuste y cautela» (III, vv. 2792-2793), en fin, todo un «incendio de teatro» (Machado 2010: 462).[8]

En consecuencia, dado que el 'contrato de amor' entre Claudio y Leonor no puede considerarse ni sincero ni profundo, la magia simulada que debe fomentarlo se sirve de enredos y espejismos. Para que el figurón maleficiado piense que se morirá si no concede su mano a Leonor, las criadas le dan polvos que le producen hipo, frío y picores, y Lucigüela le mete en la faltriquera un muñeco-simulacro «lleno de agujas, vidrios, y alfileres» (III, v. 2364).[9] Así pues, bajo el signo de la ilusión engañosa, se articula toda la escena central de la comedia, rebosante de teatralidad, que presenta el postizo embrujamiento de Claudio. Para comunicar emoción al espectador, incidiendo en los difuminados confines entre verdad y mentira que impregnan esta pieza, Zamora escoge el sentido más ilusorio y teatral, la vista, y el arte que se construye con ella: es decir, la pintura. Asimismo, la extensa escena de la lamparilla constituye un acertado ejemplo de teatro *en abyme*, habitual en las metateatrales escenas barrocas.

Zamora fue amigo del pintor Antonio Palomino, autor del *Museo pictórico y escala óptica* (1715-1724), «la mejor síntesis enciclopédica, ecléctica y conciliadora sobre la teoría pictórica en el Barroco» (Egido 1990: 175), y con frecuencia emplea metáforas y trata argumentos ligados a la pintura en sus piezas, desde comedias palatinas como *Amar es saber ven-*

---

[6] Sobre el ludismo carnavalesco de la parodia, véase Genette 1982.

[7] Acerca del estrecho vínculo entre el Carnaval y el teatro áureo, véase Huerta Calvo 1999 a y b.

[8] «Proverbios y cantares», LXXXIX, en *Nuevas Canciones*.

[9] En 2003, la compañía de la RESAD eligió como símbolo de la comedia precisamente un muñeco al estilo vudú.

cer y el arte contra el poder (1718; Londero 2011) hasta zarzuelas mitológicas como *Matarse por no morirse* (1728; Londero 2008). De ahí que en la escena de la vela de *El hechizado por fuerza*, las acotaciones sobresalgan por su pujanza figurativa y cromática, como ésta, eficazmente metateatral: «Vanse por un lado y por el contrario salen Lucía, Isabel y Juana y otras mujeres, y van colgando algunas pinturas de mascarones, sierpes y otras cosas ridículas, y poniendo en medio un velador y en él una lamparilla, se esconden en diciendo los versos» (II, ac./v. 1571).

En el montaje de la RESAD, además, «las actrices aparecen tras una cortina negra» (Zamora 2004: 142), enseñando sólo sus caras, para potenciar el efecto de pavoroso claroscuro que reina en el tablado. Tras preparar el teatro de la farsa, Lucigüela entra en acción y «sale [...] vestida de negro, con velo en el rostro, y una hacheta en la mano» (II, ac./v. 1672), mientras que, poco antes, Claudio «enciende una cerilla y va con ella [...] reparando en todas las pinturas» que lo horrorizan (II, ac./v. 1618).

El impacto de las imágenes también se refuerza por medio de las palabras icónicas de los personajes, que ilustran deícticamente lo que están haciendo y viendo. Así, por un lado, Lucigüela dice: «[...] Pues ya es bien / colgar aquí estas pinturas, / cuyas extrañas figuras, / espantoso horror le den» (II, vv. 1571-1574), y, por otro, Claudio las describe con términos pictóricos y escultóricos: «Y no miras (¡ay de mí!) / [...] / pintadas dos mil visiones / de diablos y matachines?» (II, vv. 1605-1608) –«[...] Lindo retablo / el de esta figura es: / yo conozco un ginovés / que se parece a este diablo. / Aqueste es un mascarón / con mil vestigios horrendos, / y ésta una sierpe [...]» (II, vv. 1619-1625)– «Una danza aquí se alcanza / a ver, [...] / de borricos [...]» (II, vv. 1631-1633).

No asombra que Francisco Goya se haya inspirado en esta escena de *El hechizado...*, para pintar *La lámpara del diablo* (1797-1798; Londres, National Gallery),[10] que muestra en primer plano al clerizonte envuelto en una larga, negra sotana, con la boca cubierta por una mano y los ojos

---

[10] El cuadro forma parte de un grupo de seis lienzos «de temas de brujas y diablos, que Goya realizó para el gabinete de la Duquesa [de Osuna] en el palacio de recreo El Capricho [...] hacia los años 1797-1798». Todas estas obras «anuncian a voces sus pinturas negras por los asuntos y la actitud crítica asumida», caracterizándose por «la denuncia irónica, y tal vez escéptica muchas veces, de la hipocresía, de las supersticiones populares, fruto de la incultura y de la explotación» (García Melero 1998: 126).

desencajados por el terror, mientras vierte una gota de aceite de su alcuza sobre la llama que simboliza su vida en peligro. Detrás, al lado y alrededor de él, aparecen una cabra con vagas formas femeninas y tres asnos encabritados, que apenas se distinguen del tétrico fondo pardo circunstante (Calvo Serraller 2009: 178). Abajo, en el margen derecho del cuadro, se impone a la vista un libro donde se leen la primeras letras de la súplica que Claudio dirige a su aceitera prodigiosa: «Lámpara descomunal, / cuyo reflejo civil / me va a moco de candil, / chupando el óleo vital» (II, vv. 1647-1650).[11]

Para impresionar aún más a los destinatarios, Zamora recurre al refuerzo acústico y, en especial, al otro arte no verbal y emotivo que prefiere: la música, potente instrumento de *amplificatio adfectus* tanto en el sistema dramático áureo como en su propia producción finisecular, tan rica en zarzuelas. De ahí que a la iconografía y a la iluminación siniestras se asocien efectos sonoros espeluznantes para el tonto figurón, como reza esta didascalia: «Suena dentro ruido de cadena, asústase don Claudio y suelta la aceitera» (II, ac./v. 1658). La pantomima culmina cuando Lucigüela grita «¡Tronad, tronad, esferas!» (II, v. 1806), después de haber cantado su hilarante evocación a los demonios, donde se cita *El jardín de Falerina* (1686), caballeresca fantasía calderoniana con magia y música:

> O vosotros comuneros
> genios, que airados vivís
> al diabólico desván
> del postrer zaquizamí,
> venid, pues, rompiendo el aire,
> al encantado jardín
> de Falerina, […].
> (II, vv. 1675-1681)

> La mágica Lucigüela
> os llama, ¿no venís?
> (II, vv. 1685-1686)

---

[11] El director de la puesta en escena de 2003, Rafael Cea, declara al respecto: «para las escenas de hechicerías nos inspiramos en los colores de Goya» (en Zamora 2004: 58).

Imágenes y notas musicales, cajas chinas metateatrales, disfraces y mutaciones, bailes y artificios triunfan en *Duendes son alcahuetes*, la primera comedia de magia escenificada en España. De acuerdo con los códigos conceptuales y formales del subgénero al que pertenece, esta obra se configura como un capricho espectacular donde la trama amorosa está al servicio del *coup de théâtre*.[12] A los recursos de teatralidad que he examinado en *El hechizado por fuerza*, se añade aquí una peculiaridad que distingue tanto a ésta como a otras comedias y entremeses de Zamora y de Cañizares. En efecto, *Duendes son alcahuetes* es una «trova», o sea, una pieza compuesta a imitación de los italianos *scenari dell'arte* (Doménech Rico 2007). En la unión de su raigambre italiana y de su ameno talante carnavalesco estriba, pues, el interés principal de *Duendes son alcahuetes* y de su desbordamiento teatral.

La «fuente probable» de *Duendes…* son tres *scenari* (versiones diferentes de una misma comedia) titulados *Lo spirito folletto*, escritos entre 1675 y 1682 (en Ferrara, Génova y Venecia), y conservados en el Archivio di Stato de Módena (Doménech Rico 2007: 255). Tal vez los escribió Gennaro Sacchi, aclamado dramaturgo y actor cómico de la compañía *dell'arte* de los Trufaldines, que actuaron en la España de Felipe V desde 1703 hasta 1725 (con varias interrupciones), cosechando un inmenso éxito de público (ibíd.: 135-141). Las referencias a Italia, a lo italiano y a los Trufaldines en particular, abundan en *Duendes son alcahuetes*: la acción se desarrolla en Florencia y todos los personajes son italianos, incluso, naturalmente, el extravagante protagonista, el Foleto (*folletto*), quien a veces habla en *itañol*. El gracioso Chicho, criado de Octavio Colona [*sic*], se presenta como «Chicho Trufaldín Batocho» (II, v. 1322):[13] ahora bien, uno de los más apreciados actores de los Trufaldi-

---

[12] Del consistente caudal bibliográfico dedicado a la comedia de magia, entresaco sólo tres significativos trabajos muy adecuados al enfoque de este estudio: Caldera 1983, Álvarez Barrientos 1989, y Fuente Ballesteros 1991-1992. Pormenores sobre la transmisión textual de *Duendes…* y la historia de sus puestas en escena se hallan en Londero en prensa.

[13] Para las citas que introduzco en este trabajo, utilizo el texto impreso de *Duendes son alcahuetes* (I parte) editado en las *Comedias* de Zamora de 1744 (II, 95-152), que he cotejado con el texto publicado por Fernando Doménech Rico (Zamora 2008: 49-178), quien reproduce el testimonio manuscrito 15.491 (letra del XVIII) conservado en la Biblioteca Nacional de España. En cuanto a la atormentada situación filológica de la comedia, véase Londero en prensa.

nes en su primera etapa fue Francesco (Ciccio) Bartoli, que solía perso-
nificar al *zanni* Truffaldino, llevando a menudo en la mano un *batocchio*,
o sea, un bastón «típico de los espectáculos carnavalescos» (Doménech
Rico 2007: 132). Truffaldino era una variante de Arlequín, que en *Duendes...* califica al Foleto (III, v. 2654) como figura algo diabólica en la
comedia por sus travesuras y embrollos constantes, justamente como
Arlecchino, derivado del alto-alemán Hellequin, «el rey del infierno»
(Huerta Calvo 1999b: 38). Otras máscaras carnavalescas asiduas en la
commedia all'improvviso y presentes en *Duendes...* son el vejete-Panta-
lone (Gavino y Nicola), el doctor (de quien se disfraza Octavio para ver
a Irene), el soldado bravucón, en quien se transforma el Foleto en una
de sus innumerables metamorfosis jocosas (I, ac./v. 323). Para finalizar
diré que el continuo uso de caretas y disfraces, los vuelos acrobáticos del
Foleto y de su duendecillo ayudante, los bailes, los juegos de manos y las
apariciones imprevistas que sobresaltan al público en un sinfín de efectos especiales, eran habituales en las puestas en escena *dell'arte* (Doménech Rico 2007: 170 y ss.). Sin contar que todo este fastuoso aparato
espectacular debía darse en un decorado más equipado con respecto al
que ofrecía el clásico corral, donde habría por lo menos «bastidores,
bambalinas», «cortinas» y «telón de boca», de los que seguramente dis-
ponían los Trufaldines (ibíd.: 184).

De hecho, muchos momentos de la comedia de Zamora prevén una
escenificación compleja y majestuosa. Un caso paradigmático lo constituye el amplio paréntesis metateatral y carnavalesco que abarca la mitad
de la segunda jornada (vv. 1576-1991): se trata del minué enmascarado
de Francisquina, en el que participan todos los personajes como actores
y espectadores. A éste le precede una pantomima mágica que el Foleto
monta y protagoniza, vestido de saltimbanqui, ante su maravillado
público *en abyme*. El travestismo escénico y lingüístico impera: entre
saltos, duelos, trucos, *lazzi* y lances tragicómicos, el Foleto chapurrea un
italiano macarrónico, y Genaro e Irene se expresan en una mezcla de
francés y castellano. Y, como colofón, la acotación que introduce el baile
cortesano casi no necesita comentario, en su derroche tramoyista, pictórico y musical (II, ac./ v. 1830):

[...] ha ido bajando otro medio tablado, adornado de abanicos y tafetanes de
varios colores, y cornucopias con hachetas encendidas; en el claro de en medio

vendrán el Rey y la Reina del baile con disfraces de indios; en los dos últimos vendrán dos puertas, saliendo a su tiempo por la derecha el Bastón, disfrazado de calza atacada, y en los dos claros del intermedio vendrán algunos músicos con violines, y el disfraz que pareciere, aunque sea ridículo, como Diablos y Matachines,[14] y el Foleto pendiente de una nube, que viene al pie del rastrillo.

La exuberancia teatral de *Duendes son alcahuetes*, sin embargo, no procede sólo del ámbito italianizante, porque la pieza mantiene evidentes vínculos con la tradición teatral española, concretamente, con las comedias 'con magia' de la escuela calderoniana y con otros subgéneros dramáticos barrocos aún en boga en la época de Zamora, tales como el palatino, el caballeresco, el hagiográfico y el mitológico. Esta obra satiriza algunos de los rasgos característicos de estos subgéneros, como, por ejemplo, los trillados intercambios de cartas y retratos entre los enamorados, que el Foleto-paraninfo complica, jugando con varitas, sortijas y espejos que donan invisibilidad. Asimismo, el pícaro trasgo prefiere moverse para sus maniobras en el jardín, punto de convergencia y divergencia de los amantes en la literatura épica y teatral de tema caballeresco: espía a damas y galanes desde «un nicho de hiedras y flores […] vestido […] de estatua» (II, ac./v. 1185), y se viste «de jardinero con azadón al hombro» para regalar a Julia un tulipán que esconde un mensaje de su amado Genaro (III, ac./v. 2349). En cuanto a lo mitológico-hagiográfico, descuellan las apoteosis burlescas con las que concluyen ambas partes de *Duendes…*, cuando el Foleto asciende a los cielos como una divinidad o un santo, pero en plan infernal: «En una nube oscura va subiendo debajo del tablado el Foleto en traje de demonio, y […] se va elevando en una pirámide de las propias nubes, hasta que a su tiempo se desvanece» (I parte, III, ac./v. 2896) –«Va saliendo del foro un nubarrón oscuro en que se sentarán el Foleto, Amira y Chicho» (II parte, III, ac./v. 2853; Zamora 1744: I, 206).

Además, huelga recordar que *Duendes son alcahuetes* inaugura el subgénero de magia en las tablas dieciochescas españolas, conteniendo

---

[14] Los matachines, que también se detectan entre las imágenes que aterrorizan a Claudio en *El hechizado por fuerza* (II, v. 1608), eran figuras festivas de origen italiano que ejecutaban danzas mímicas cómicas. Habla de ellos el propio Francisco Bances Candamo en su *Teatro de los teatros* (*apud* Doménech Rico 2007: 172).

todos sus elementos calificadores. No es casual que en ella se mencionen Juan de Espina (I parte, II, v. 1839) y Pedro Vayalarde (I parte, I, v. 457), los magos protagonistas de aplaudidas comedias de magia inmediatamente posteriores: *Don Juan de Espina en Milán* (1713), *Don Juan de Espina en Madrid* (1714) de Cañizares, y *El mágico de Salerno, Pedro Vayalarde* (1715) de Juan Salvo y Vela.

Por su visión del cosmos al revés y su deslumbrante carga teatral la comedia de magia se concibió como un subgénero privativo de «la temporada de Carnaval» (Herrera Navarro 1999: 192). Así es que el Foleto, al principio y al final de la primera parte de *Duendes...*, identifica sus embustes juguetones con los festejos de las Carnestolendas (I, v. 386; III, v. 2944), donde conflictos y problemas se disuelven en una carcajada. Como, por otra parte, se disuelven las bromas tramadas por su artífice: si, en definitiva, el Carnaval es un mundo regulado por normas que confirman su existencia al ser violadas (Eco 1990), *Duendes son alcahuetes* acaba desechando las burlas que han tejido su propia urdimbre, y anunciando la doble boda en la que remata toda comedia amorosa del Siglo de Oro.

De la infracción total se pasa a la búsqueda de la moderación. El baile de Francisquina, al desatar tantas sensaciones y emociones, desemboca en un duelo entre Genaro y Ludovico que podría haber tenido consecuencias trágicas: por ello, el Foleto ordena que el teatro del jolgorio se desplome, con sus danzarines y zarandajas («Con truenos sordos se hunde el teatro, y en varios alambres y escotillones todos los máscaras», II, ac./v. 1982).

Si nos desplazamos a la escena de la historia, hay que recordar, por cierto, que en 1707, dos años antes de estrenar esta comedia, Zamora, hombre de entresiglos y artista palaciego, selló su reconciliación con Felipe V, representando en el Buen Retiro su fiesta mitológica *Todo lo vence el amor*, que aclamaba el nacimiento del futuro monarca Luis I. Y pocos años después, en 1713, el Tratado de Utrecht abriría las puertas a la era borbónica y a la Ilustración.

BIBLIOGRAFÍA

ÁLVAREZ BARRIENTOS, Joaquín (1989): «Problemas de género en la comedia de magia». En: *Diálogos Hispánicos de Amsterdam*, VIII, 2, pp. 301-310.

ANTONUCCI, Fausta (2000): «Il passaggio segreto nelle commedie di Calderón: tecnica scenografica e funzione drammatica». En: De Cesare, Giovanni Battista (ed.): *Dal testo alla scena. Atti del convegno di studi, Napoli, 22-24 aprile 1999: drammaturgia e spettacolarità nel teatro iberico dei Secoli d'Oro*. Salerno: Edizioni del Paguro, pp. 196-216.

CALDERA, Ermanno (1983): «Sulla 'spettacolarità' delle commedie di magia». En: Caldera, Ermanno (ed.): *Teatro di magia*. Roma: Bulzoni, pp. 11-32.

CALDERÓN DE LA BARCA, Pedro (1999): *La dama duende*. Ed. Fausta Antonucci. Barcelona: Crítica.

— (2005²): *La dama duende*. Ed. Fausta Antonucci. Barcelona: Crítica.

CALVO SERRALLER, Francisco (2009): *Goya. Obra pictórica*. Barcelona: Electa.

CEA, Rafael (2004): «Definición estética y estilística de nuestra puesta en escena». En: Zamora, Antonio de: *El hechizado por fuerza*. Ed. Luis García Araus. Madrid: Fundamentos/RESAD, pp. 45-62.

DOMÉNECH RICO, Fernando (2005): «Las transformaciones del duende (sobre los orígenes italianos de la comedia de magia)». En: *Cuadernos Dieciochistas*, 6, pp. 279-297.

— (2007): *Los Trufaldines y el Teatro de los Caños del Peral (La «Commedia dell'arte» en la España de Felipe V)*. Madrid: Fundamentos.

ECO, Umberto (1990): «Los marcos de la 'libertad cómica'». En: Sebeok, Thomas A. (ed.): *¡Carnaval!* México: Fondo de Cultura Económica, pp. 9-20.

EGIDO, Aurora (1990): «La página y el lienzo: sobre las relaciones entre poesía y pintura» (1989). En: Egido, Aurora: *Fronteras de la poesía en el Barroco*. Barcelona: Crítica, pp. 164-197.

FUENTE BALLESTEROS, Ricardo de la (1991-1992): «La teatralidad de la comedia de magia». En: *Draco. Revista de literatura española de la Universidad de Cádiz*, 3-4, pp. 167-189.

GARCÍA MELERO, José Enrique (1998): *Arte español de la Ilustración y del siglo XIX. En torno a la imagen del pasado*. Madrid: Encuentros.

GENETTE, Gérard (1982): *Palimpsestes. La littérature au second degré*. Paris: Éditions du Seuil.

HERRERA NAVARRO, Jerónimo (1999): «Teatro y Carnaval en el siglo XVIII». En: Huerta Calvo, Javier (ed.): *Teatro y Carnaval*, número monográfico de *Cuadernos de Teatro Clásico*, 12, pp. 183-197.

HUERTA CALVO, Javier (ed.) (1999a): *Teatro y Carnaval*, número monográfico de *Cuadernos de Teatro Clásico*, 12.

— (1999b): «Aproximación al teatro carnavalesco». En: Huerta Calvo, Javier (ed.): *Teatro y Carnaval*, número monográfico de *Cuadernos de Teatro Clásico*, 12, pp. 15-47.

LONDERO, Renata (2000): «Le maschere del riso: l'amore burlato ne *El hechiza-do por fuerza* (1697) di Antonio de Zamora». En: Rutelli, Romana/Villa, Luisa (eds.): *Le passioni tra ostensione e riserbo*. Pisa: ETS, pp. 87-98.

— (2004): «Hacia una edición crítica de *El hechizado por fuerza* de Antonio de Zamora». En: Lobato, María Luisa/Domínguez Matito, Francisco (eds.): *Memoria de la palabra. Actas del VI Congreso de la Asociación Internacional Siglo de Oro* (Burgos-Logroño, 15-19 de julio de 2002). Madrid/Frankfurt: Iberoamericana/Vervuert, pp. 1177-1185.

— (2008): «Mito classico ed epigoni teatrali tardobarocchi: amori e morte di Ercole in *Matarse por no morirse* (1728) di Antonio de Zamora». En: Serafin, Silvana/Lendinara, Patrizia (eds.): *...un tuo serto di fiori in man recando. Scritti in onore di Maria Amalia D'Aronco.* Udine: Forum, vol. I, pp. 177-186.

— (2011): «Mito e storia sul fondale tardobarocco: le commedie di ambiente tebano di Antonio de Zamora». En: Baldissera, Andrea/Mazzocchi, Giu-seppe/Pintacuda, Paolo (eds.): *Ogni onda si rinnova. Studi di ispanistica offerti a Giovanni Caravaggi.* Pavia: Ibis, pp. 179-192.

— (en prensa): «Formas de teatralidad en *Duendes son alcahuetes...* (1709-1719) de Antonio de Zamora». En: Azaustre Galiana, Antonio/Fernández Mosquera, Santiago (eds.): *Actas del VIII Congreso de la Asociación Interna-cional Siglo de Oro (Santiago de Compostela, 7-11 de julio de 2008).*

MACHADO, Antonio (2010): *Tutte le poesie e prose scelte.* Ed. Giovanni Cara-vaggi. Milano: Mondadori.

MARTÍN MARTÍNEZ, Rafael (2002): «De epígonos y sombras. Antonio de Zamo-ra y Calderón de la Barca». En: Huerta Calvo, Javier/Peral Vega, Emilio/Urzáiz Tortajada, Héctor (eds.): *Calderón en Europa. Actas del Semi-nario Internacional celebrado en la Facultad de Filología de la Universidad Completense de Madrid, 23-26 octubre 2000.* Madrid/Frankfurt: Iberoameri-cana/Vervuert, pp. 45-59.

MATAS, Luis (2004): «Proceso de trabajo». En: Zamora, Antonio de: *El hechiza-do por fuerza.* Ed. Luis García Araus. Madrid: Fundamentos/RESAD, pp. 75-77.

OROZCO DÍAZ, Emilio (1969): *El teatro y la teatralidad del Barroco. Ensayo de introducción al tema.* Barcelona: Planeta.

SERRALTA, Frédéric (1988): «El tipo del 'galán suelto': del enredo al figurón». En: *Cuadernos de Teatro Clásico*, I, pp. 83-93.

ZAMORA, Antonio de (1722): *Comedias nuevas, con los mismos saynetes con que se executaron, assi en el Coliseo del Sitio Real del Buen Retiro, como en el Salón de Palacio, y Teatros de Madrid.* Madrid: Diego Martínez Abad.

— (1744): *Comedias de don Antonio de Zamora.* Madrid: Joaquín Sánchez, 2 vols.

— (2004): *El hechizado por fuerza*. Ed. Luis García Araus. Madrid: Fundamentos/RESAD.

— (2008): *Duendes son alcahuetes y el Espíritu Foleto*. En: *La comedia de magia*. Ed. Fernando Doménech Rico. Madrid: Fundamentos, pp. 49-178.

Teatralidad y poesía épica en el Siglo de Oro. Traducciones poéticas y traducciones (adaptaciones) teatrales de la *Gerusalemme liberata*

Andrea Baldissera

Università del Piemonte Orientale, Vercelli

Udin, vincj e vòt di Maj

Tancredi, che Clorinda un homo stima,
vol ne l'armi provarla al paragone.
(Combattimento di Tancredi e Clorinda,
Ottavo Libro di Madrigali Guerrieri et Amorosi,
Venezia, Alessandro Vincenti, 1638)

La teatralidad es quintaesencia de la civilización barroca, que asoma en cada manifestación social y pública, de forma que muchos géneros literarios (no teatrales) del Siglo de Oro están impregnados por una fuerte teatralidad. Entre ellos destaca la epopeya, un género que posee de por sí un fuerte talante teatral. El héroe épico actúa en un espacio público, donde se mueve como sobre las tablas de un corral: sus gestos, sus monólogos o discursos, y sus emociones se presentan a los lectores con el ritmo, la dicción y la espectacularidad del teatro. También los diálogos y el ambiente responden a menudo a criterios de escenificación teatral.

El multiforme poema épico aurisecular, que es una fuente inagotable de informaciones para comprender la mentalidad de la época, nos ofrece también algunas pistas interesantes sobre el uso de la herramienta poética y retórica (los modelos italianos, la tradición poética clásica y española) empleada para edificar una imagen 'teatralizada' del mundo, en los siglos XVI y XVII.[1] Punto de partida imprescindible para un discur-

---

[1] Lamentablemente el género épico, tan relevante para la cultura de la época puede contar hoy con escasos estudios (los de Pierce y Caravaggi quedan insuperados) y con poquísimas ediciones verdaderamente críticas.

so sobre epopeya y teatro son los poemas de Ariosto y Tasso, el maravilloso épico caballeresco y el maravilloso épico cristiano. Y es justamente la *Gerusalemme* de Tasso la que va a vertebrar esta ponencia; la *Gerusalemme* que se tradujo prontamente en la Península Ibérica y que, naturalmente, llegó también a la escena barroca y luego a la del dieciocho.[2] Sin embargo, no quiero dedicarme a estudiar las imitaciones y reelaboraciones que del poema se han hecho a partir del siglo XVI:[3] un poema convertido a menudo en fuente directa para unas pocas octavas, un episodio o una historia entera. No me refiero, por lo tanto, a las obras construidas sobre un personaje, como las muchas *Armidas* del teatro musical del XVIII. Lo que me interesa, en cambio, es averiguar cómo y cuánto, de la teatralidad del poema, se mantiene en las traducciones poéticas del Siglo de Oro y en una clase especial de traducciones intersemióticas: las adaptaciones teatrales.

La *Gerusalemme Liberata*,[4] según ha subrayado parte de la crítica, es obra que abunda en teatralidad. Mario Costanzo (1964), Giovanni Getto (1968) y otros han resaltado los rasgos teatrales del texto. En la mayoría de los casos, sin embargo, se trata de sugestiones o alusiones, más o menos detalladas, pero que no ahondan en el problema. Marco Ariani (1974) recuerda la profunda teatralidad de los personajes de la *Liberata* y de la mirada del poeta (cita, a este propósito, el célebre dístico «mirò, quasi in teatro od in agone, / l'aspra tragedia di lo stato umano», XX, 73). Scrivano (1980: 213, 222-223) trata de definir la cuestión a partir del concepto de «gran teatro del mundo», y recuerda que la neta separación entre apariencia y realidad, típica de la psicología y cultura manieristas y barrocas, produce en el poema una fuerte tensión hacia la teatralidad, en cuanto a espectacularidad, escenografía y movimiento, y favorece, al mismo tiempo, el teatro de palabra.

---

[2] Cf. Fucilla 1975, Tortoreto 1951 y Farinelli 1929.

[3] No se comentará, por ejemplo, la operación llevada a cabo por Lope en su *Jerusalén conquistada*.

[4] Ni debe sorprendernos que a propósito de este poema se haya hablado de «fabbrica degli affetti» (es el título de un libro de Giovanni Careri, que acaba de publicarse), un crisol que podía ofrecer un catálogo de pasiones y *affecta* a pintores, músicos y autores de obras teatrales en toda Europa: temas fundamentales como amor y guerra, identidad masculina y femenina, la confrontación entre culturas; el titubeo del héroe moderno; la Corte como lugar de pasiones mundanales y políticas, etcétera.

Por otro lado, según se recordaba antes, los protagonistas de la epopeya deben necesariamente poseer una gran estatura teatral, para convencer al público de lectores y 'dignificar' lo épico de sus hazañas. Voy a poner un solo ejemplo entre los muchos: Goffredo (Godofredo de Bullón) es personaje que vive en sus carnes esta teatralidad, ya que sus discursos, soliloquios o monólogos públicos, muestran una indudable atención hacia la exhibición teatralizante de lo más íntimo de su persona. Tasso introduce en la escena a Goffredo valorando opciones o en diálogos que revelan la lucha interior del jefe de los cruzados. Otro carácter que no puede pasarse bajo silencio es la dicción de tipo teatral que Tasso privilegia (Ariani 1974: 232): es faceta que se solapa, a menudo, a la caracterización lingüística cortesana de muchos personajes, que parecen salir de un palacio aristocrático o de una corte, con sus modales (bien) fijados por un *Galateo* social muy teatralizado.

Son muchos, pues, los pasajes del poema que podrían analizarse, en virtud de las premisas enunciadas. Por ejemplo, la exhortación de Gofredo a los cruzados, en el *incipit* de la obra (I, 20-28, magistralmente estudiada por Getto 1968). O el debate con Armida y los jóvenes guerreros, a los que les antojaría seguir las huellas de la hermosa bruja, que finge necesitar ayuda para reconquistar su reino (canto IV, 65-69, 78-83): un debate que recuerda una sesión parlamentaria, con sus piruetas retóricas, o el consejo de gabinete de un príncipe barroco. Finalmente, podría citarse la gran procesión cruzada al Olivete (canto XI, 1-16), un espectáculo dentro del espectáculo de la expedición a Tierra Santa.

Todos estos episodios están colocados en precisos espacios escénicos; sin embargo, en otros momentos topamos directamente con una definición del espacio teatral más marcada, gracias al uso de símiles por parte del autor. No es ninguna casualidad que los dos grandes duelos de la *Liberata* (entre las muchas batallas colectivas e individuales) se efectúen en lugares que tienen la apariencia de escenarios teatrales. En el canto VI (octava 22), Argante y Tancredo se desafían, cerca de la ciudad: «Loco fu tra le mura e gli steccati / che nulla avea di diseguale e d'erto; / ampio, capace e parea *fatto ad arte* / perch'egli fosse altrui Campo di Marte». Y vuelven a encontrarse y a batallar por última vez (ya que Argante muere en el asalto) en el canto XIX (8): «E ritrovano ombrosa valle / tra più colli giacer, non altrimenti / che *se fosse un teatro* o fosse ad uso / di battaglie e di caccie intorno chiuso».

Se inserta en el mismo ámbito el combate entre Clorinda y Tancredi, cuya pelea digna sería de «un pieno teatro» (XII, 53), si la noche no impidiese distinguir a los dos guerreros («Notte, che nel profondo oscuro seno / chiudesti e nell'oblio fatto sì grande, / degne d'un chiaro sol, degne d'un pieno / teatro, opre sarian sì memorande»). Huelga notar que Tasso declara explícitamente la teatralidad de la operación épico-poética, ya que, si bien la noche oculta la acción entre sus sombras, el mundo podrá asistir al espectáculo (una batalla invisible), porque el poeta se encarga de renovar el *theatrum* gracias a sus versos. Tasso monta un escenario iluminado por el sol de la poesía: «piacciati ch'io ne 'l tragga e 'n bel sereno / a le future età lo spieghi e mande. / Viva la fama loro; e tra lor gloria/ splenda del fosco tuo l'alta memoria». ¡Qué situación más teatral!

La teatralidad de los duelos se advierte también en la absoluta implausibilidad de los combates, en su hiperbólico dinamismo y su espectacular desarrollo (que se alejan mucho de la experiencia real): Tasso juega con la imaginación del lector, aunque respete de manera formalmente impecable las leyes de los retos (Waage Petersen/Quarta 1990). En el caso de Argante y Tancredi, llega a construir una verdadera máquina de maravillas: golpe tras golpe, herida tras herida, virtud y furor compiten dramáticamente.

Pero el combate entre Tancredi y Clorinda (en el que voy a centrarme),[5] parece una pequeña suma y un punto de equilibrio entre las diferentes dimensiones de la teatralidad de Tasso: la lucha entre pasiones y normas de comportamiento caballeresco, así como la contraposición verbal feroz y el discurso íntimo, conviven con la acción (retóricamente) exhibida, pero nunca grotesca ni extravagante.

Voy a hacer reseña de algunos de los elementos teatralizantes que pueden evidenciarse en este episodio: 1) el diálogo se ajusta pragmáticamente al momento y a la situación anímica. La retórica y el estilo de los discursos de Clorinda y Tancredi varía a lo largo de la escena, según las pasiones que mueven a los dos personajes. 2) La detallada descripción

---

[5] Más precisamente examinaré las octavas 52-68 del canto XII, es decir, el combate en la extensión, teatralmente perfecta, que Monteverdi usó para su 'pequeño melodrama' insertado en el libro VIII de los *Madrigali amorosi et guerrieri*. En el Apéndice A puede leerse el texto, según la edición crítica de Lanfranco Caretti (1971).

de la dinámica del desafío hace que Tasso pinte al vivo, más que la real evolución de la pelea, la ficción y la imagen teatral del combate. Nótese el espacio cerrado del 'tablado épico' de Tasso, donde los dos campeones se enfrentan a solas:[6] se acercan (en un clima de indeterminación, donde el paisaje se parece mucho a un telón de fondo, muy esencial: «Va girando colei l'alpestre cima [...]»); se desafían; pasan al primer asalto; luego vuelve el diálogo con nuevas invectivas; llega la batalla final con la última discusión y la muerte de Clorinda. 3) La dama disfrazada de hombre, cuya identidad queda oculta hasta la 4) *agnitio* final (un verdadero *coup de théâtre*) y la conversión al cristianismo de Clorinda.

Finalmente, hay que resaltar el estilo y la lengua de Tasso, cuyos rasgos sublimes, es decir, la abundancia de figuras retóricas, de latinismos y epítetos (en general, la actitud magnilocuente), se ponen al servicio de un estilo épico teatralizado. A propósito de la epopeya, en sus *Discursos sobre el poema heroico*, Tasso alaba el estilo heroico, que si bien se acerca al estilo trágico y al lírico (y puede llegar a compartir rasgos con ambos, aunque preferentemente con el primero), destaca por su maravillosa majestuosidad (Tasso 1964: 198).

Pero más que la elección de palabras raras y muy literarias (*oscuro, fosco, profondo, orribilmente, alpestre, memorande*, etc.), que van a colorear el léxico de tintas y matices expresivos y a crear ese aire de indefinición, típico de la *Liberata* (Vitale 2007: 193 y ss.), fundamental es la sintaxis, con su afán de marcar el compás de la acción. Uno de los recursos más eficaces es la bimembración, que tiene función rítmica y de enriquecimiento semántico (son parejas sinonímicas o *en gradatio*), y de contraposición entre personajes, acciones y lugares.[7] Teatral es también la dicción de los guerreros, empeñados en un combate mortal, ahora cansados y faltos de aliento, ahora furiosamente proyectados hacia el duelo y la invectiva. Asimismo, el uso de la parataxis, la progresión acumulativa y la repartición de la octava en bloques métrico-sintácticos

---

[6] Lo mismo ocurre en el duelo entre Tancredi y Argante (cantos VI y XIX).

[7] He aquí algunos ejemplos, rastreados en el episodio, a partir del célebre «e guerra e morte»: «E impugna l'uno e l'altro ferro acuto»; «ed aguzza l'orgoglio e l'ire accende»; «gelosi e d'ira ardenti»; «e infelloniti e crudi»; «e questi e quegli»; «e lode e testimon degno dell'opra»; «il tuo nome e l'tuo stato»; «il tuo dir e 'l tuo tacer»; «ne l'arme e ne le carni»; «e voce e moto», etcétera.

simétricos[8] contribuyen a la agógica y articulación (para usar metáforas musicales) del discurso teatral de Tasso.

Ya se comprende lo ardua que debió de ser, para los traductores de la *Gerusalemme*, la tarea de hispanizar el poema y conservar cuantos más rasgos de esta obra polifacética, en la que se emplean todos los recursos que la lengua (culta) italiana de la época ofrecía. Joaquín Arce, en su clásico estudio sobre *Tasso y la poesía española* resaltó que «la lengua italiana por sus inmensas posibilidades de apócope, elisión y aféresis y por la abundancia de las formas expletivas se adapta con mayor flexibilidad [...] a la dinámica interior del verso [...] con su capacidad de hacer breves o largas las sílabas» (1973: 247). En efecto, los traductores tienen que esforzarse mucho por reproducir, al menos parcialmente, la sorprendente abundancia de medios lingüísticos, estilísticos y retóricos concentrados en los versos de Tasso.

Pasaron sólo unos pocos años, después de la salida a la calle de la *princeps* italiana (seguida inmediatamente por otras ediciones ya en el mismo año), y el exitoso poema empezó pronto a ser traducido al español. En 1587 el poeta soldado Juan Sedeño publica su versión;[9] por aquellos mismos años, a fines del XVI, el poeta canario de orígenes italianos Bartolomé Cairasco de Figueroa se dedica a la traducción de la obra.[10] A primeros del XVII, Alonso de Revenga traduce el canto XVI,[11] y en 1632 aparece el *Fernando o Sevilla restaurada* de Juan Antonio de Vera y Figueroa,[12] una tentativa de adaptar a las medidas de la redondi-

---

[8] Sobre la octava de Tasso, véase Soldani 1999. El ritmo de la batalla favorece la repartición de la estrofa en bloques de dísticos y tetrásticos.

[9] Juan Sedeño, *Ierusalem libertada, poema heroyco de Torquato Tasso* [...]. En Madrid: Por Pedro Madrigal, 1587 (he acudido al impreso de la Biblioteca Nacional de España que lleva signatura R 1048).

[10] Para el texto de Cairasco de Figueroa se tiene en cuenta el ms. 4.272 de la Biblioteca Nacional de España, junto a la edición del manuscrito de Alejandro Cioranescu (Torcuato Tasso, *Jerusalén libertada*. Traducción de Bartolomé Cairasco de Figueroa. Tenerife: Aula de Cultura, 1967).

[11] Ms. 3.887 de la Biblioteca Nacional de España, que ha sido descubierto y estudiado por Luisa María Hermosa en su Tesis doctoral.

[12] Juan Antonio de Vera y Figueroa, *El Fernando o Sevilla restaurada* [...]. En Milán: Por Henrico Estefano, 1632 (he consultado el ejemplar digitalizado de la Universidad Complutense de Madrid, signatura BH FLL 29632).

lla española la octava tassiana y de disfrazar, con trajes hispánicos, el asunto del poema (situado ahora en la época de la Reconquista). Finalmente, hay que mencionar la versión de Antonio Sarmiento de Mendoza, de mediados del seiscientos.[13]

Merece la pena, ahora, analizar los pasajes más significativos del combate entre Tancredi y Clorinda con la lupa de la teatralidad y estudiar las diferentes soluciones encontradas por los traductores.[14] En este duelo poco importa la habilidad de los héroes (expertos en el arte de la esgrima, pero rodeados de tinieblas), así que en las octavas 55 y 56 se presentan los varios y posibles tipos de ataques, estocadas y tretas en una descripción *in abstracto* y a través de la lítote, dado que la noche obliga a una pelea a ciegas. En la segunda cuarteta de la octava 55, Tasso pasa a describir la batalla concreta: los brazos van moviéndose como palas de molinos de viento, al tiempo que los pies quedan fijos en el suelo, lo que constituye, lógica y retóricamente, un *oxýmoron-adýnaton*, con evidentes efectos teatrales. La temperatura del duelo va aumentando en la octava 56, que lleva la pelea hasta el paroxismo final, cuando Tancredi e Clorinda van dándose golpes con cada parte del cuerpo («dansi co' pomi, e infelloniti e crudi / cozzan con gli elmi insieme e con gli scudi»).

El énfasis teatral se consigue no sólo gracias a las muchas repeticiones (*sempre... sempre; novo... nova; d'or in or*, etc.) y a los sintagmas bipartitos que marcan el compás de la acción, sino también en virtud del movimiento anímico espiral de los versos iniciales: «L'onta irrita lo sdegno a la vendetta, / e la vendetta poi l'onta rinova», que exterioriza y visualiza la progresiva irritación y el aumento de la crispación entre los guerreros:

---

[13] Antonio Sarmiento de Mendoza, *La Gierusalemme liberata de Torquato Tasso* [...]. En Madrid: Por Diego Díaz de la Carrera, 1649 (las citas salen del ejemplar R 13.356 de la Biblioteca Nacional de España, que perteneció a la biblioteca de don Pascual de Gayangos).
[14] Me ciño rigurosamente a los que mantienen inalterada la métrica del poema. Se excluye del recorrido *El Fernando* de Vera y Figueroa, quien opta por una (favorable) transformación métrico-sintactica: a cada redondilla del conde de la Roca le corresponden dos versos de la octava del original, de ahí que la brevedad del octosílabo resulte más que compensada por la amplificación.

Non schivar, non parar, non ritirarsi
voglion costor, né qui destrezza ha parte.
Non danno i colpi or finti, or pieni, or scarsi:
toglie l'ombra e 'l furor l'uso de l'arte.
Odi le spade orribilmente urtarsi
a mezzo il ferro, il piè d'orma non parte;
sempre è il piè fermo e la man sempre 'n moto,
né scende taglio in van, né punta a vòto.

L'onta irrita lo sdegno a la vendetta,
e la vendetta poi l'onta rinova;
onde sempre al ferir, sempre a la fretta
stimol novo s'aggiunge e cagion nova.
D'or in or piú si mesce e piú ristretta
si fa la pugna, e spada oprar non giova:
dansi co' pomi, e infelloniti e crudi
cozzan con gli elmi insieme e con gli scudi.

El primer traductor, Juan Sedeño, cae en la tentación de competir con el modelo, pero sus excesos sintácticos y retóricos no consiguen mantener el equilibrio de la *Gerusalemme*: amplía las pluralidades (de tres a cuatro elementos –verbos–, tanto en 55,1 como en 55,3) con escasa eficacia semántica, ya que inserta seudosinónimos; introduce elementos exornativos (*insaciable* mano, 55,7); omite la traducción del adverbio *orribilmente* (que abre al lector el mundo teatralizado de Tasso) y de otros elementos necesarios a configurar el espacio escénico y los movimientos de los personajes (*l'ombra*, 55,4; *a mezzo il ferro*, 55,5, etc.); mal hispaniza los versos 3-4 («fingir, templar, herir o repararse / no quitan el furor ni el uso al arte»). A manera de parcial compensación, el poeta hace suya la estructura bimembre, que emplea también donde Tasso no la ponía («il piè d'orma non parte» se convierte en «y el pié de aquel y d'esta no se parte»). En la segunda octava, desaparece el sistema de relaciones iterativas de Tasso y pierde vigor la imagen inicial, que resulta incapaz de representar el proceso del cambio psicológico. Sedeño, por otro lado, modifica de manera sustancial un par de versos, quebrando la *gradatio* («D'or in or piú si mesce e piú ristretta / si fa la pugna, e spada oprar non giova» deviene «recibe en sí el valor la confianza / y quien se cree dañar el daño lleva»). Concluye con otra *elencatio* decorativa, falta de energía figurativa y dramática. Aquí va su traducción:

Dexar, ceder, parar ni retirarse
no quieren, ni destreza tiene parte;
fingir, templar, herir o repararse
no quitan el furor ni el uso al arte.
Siéntense las espadas dar y darse,
y el pié de aquel y d'esta no se parte;

Incita la vergüença a la vengança
y la vengança crece y se renueva,
donde siempre el herir les da esperança
de alguna cosa más notable y nueva;
recibe en sí el valor la confiança
y quien se cree dañar el daño lleva;

el pie está firme, y la insaciable mano
jamás da a su enemigo golpe en vano.

tópanse con los pomos, fieros, crudos,
con yelmos, con manoplas, con escudos.

Cairasco se defiende bien en la primera octava, donde, sin embargo, dibuja de manera esquemática las tretas («ni pueden dar en lleno ni amagarse») del duelo ideal. Por otro lado, si recupera parcialmente la bimembración final, omite el adverbio *orribilmente*. Con todo, parece que su sensibilidad hacia el lenguaje de Tasso va perdiéndose progresivamente, y en la segunda octava, por ejemplo, se debilita la 'cadena química' de efectos emotivos (versos 1-2) o se introducen inútiles rodeos («la guerra es tan estrecha que la usanza»; «se dan mil golpes crudos», etc.):

Ni esquivar, ni parar, ni retirarse
quieren los dos, ni aquí destreza es parte;
ni pueden dar en lleno ni amagarse,
quitan sombra y furor el uso al arte.
No cessan las espadas de encontrarse,
el pie de su lugar jamás se parte,
que siempre firme está, móbil la mano
ni punta ni hendiente se da en vano.

La afrenta al furor mueve a la vengança,
y con aquésta aquélla se renueva;
donde siempre el herir con más pujança
nuevo estímulo finge o causa nueva;
la guerra es tan estrecha que la usança
de la espada no sirve ni se aprueba:
con los pomos se dan mil golpes crudos
con los yelmos también y los escudos.

Entre los traductores, sólo Sarmiento (que muestra en varias ocasiones haber leído la traducción de Cairasco) es capaz de sostener el ritmo del lenguaje de Tasso, entre anadiplosis y anáforas, encabalgamiento (vv. 55, 4-5), paralelismos sintácticos, artificios fonosimbólicos (palabras y frases breves o largas, que reproducen el efecto teatral del arte del duelo), y finalmente la *gradatio* de la octava 55. Claro está que es imposible un perfecto 'transplante' de estructuras lingüísticas, y que también en la versión de Sarmiento hay pasajes problemáticos, pero en esta traducción (la más fiel al original, según lo ha mostrado Mazzocchi 2004) se hallan huellas muy significativas del estilo y el lenguaje poético-teatral del italiano:

No rehusar, no parar, no retirarse
quieren estos, ni aquí en destreza hay parte;
no con fingidos golpes señalarse,
que la sombra y furor quitan el arte.
Horrriblemente se oyen encontrarse

La injuria irrita a la ira a la vengança,
la vengança después la ira renueva;
con que siempre al herir y a la pujança
junta estímulo nuevo y causa nueva.
No esperan de la espada la tardança,

los medios hierros, ni su pie se parte;   más se mezcla la lid y más se ceva;
siempre está firme el pie, siempre la mano   con los pomos se dan, fieros y crudos,
en movimiento, y no cae golpe en vano   con los yelmos chocando y los escudos.

El duelo entre Tancredi y Clorinda es también un duelo de palabras, donde se enfrentan preguntas y respuestas rápidas, tajantes como los golpes de la espada (XX, 52-53; 61). Fijémonos, por ejemplo, en las últimas palabras de Clorinda (XII, 66), donde de repente desaparecen el tono fiero y agresivo, y las jactancias; la sintaxis se hace rápida pero rica; y la voz tambaleante. Abundan los enunciados breves que reflejan el afán y la prisa, y la falta de aliento de la doncella.[15]

Observemos que en la traducción de Sedeño prevalece un tipo de discurso explicativo («y te demando perdón»; «la cual llorando baptismo pide»; «baxo y grave»), mientras que Cairasco[16] y Sarmiento, cada uno con sus más y sus menos, se acercan al modelo, al mantener encabalgamientos e iteraciones. Sin embargo, Sarmiento es el único en lograr unir la inmediatez rítmica del original a una dicción seca y a veces apresurada («perdona / tú, al cuerpo no; baptismo me concede que las labe»), frente a la mayor discursividad del poeta canario («ruego / perdones tú también: no al cuerpo grave; ruega y luego / me da el baptismo que mis culpas lave»):

Tasso   Sedeño
    Amico, hai vinto: io ti perdon… perdona   Venciste, yo perdono, y te demando
tu ancora, al corpo no, che nulla pave,   perdón: al cuerpo no, que es baxo y grave;
a l'alma sí; deh! per lei prega, e dona   a la alma triste, sì, la cual llorando
battesmo a me ch'ogni mia colpa lave.   baptismo pide, que mis culpas lave.

---

[15] Ya no se trata de un discurso 'cortesano' como, por ejemplo, en el parlamento de Tancredi (XII, 60), quien quiere saber el *status* socio-épico de su adversario, sino de un discurso escueto, basado en una puntuación rigurosamente teatralizante. La cortesana elocuencia de Tancredi suena casi como un examen casuístico de lo que podría ocurrir en caso de muerte o victoria del héroe (una cuestión de honor caballeresco). En este caso, la abundancia de parejas sinonímicas o conceptuales, además de enfocar mejor el discurso, confiere a las palabras del héroe cristiano una tonalidad patética y una dicción sumamente teatral.

[16] En este pasaje el poeta canario no se recata de usar una pequeña cita de Garcilaso («bolvió en piedad del joven los enojos, / y a dulce lamentar movió sus ojos»).

Cairasco de Figueroa
> Venciste amigo. Yo perdono, y ruego
> perdones tú también: no al cuerpo grave,
> al alma sí. Por ella ruega, y luego
> me da el baptismo que mis culpas lave.

Sarmiento de Mendoza
> Venciste, amigo, doy perdón. Perdona
> tú, al cuerpo no, que miedo en él no cabe;
> al alma sí, que en culpas se aprisiona;
> baptismo me concede que las labe.

Análogas conclusiones pueden extraerse del análisis de los versos dedicados a la *agnitio* (XII, 67, 7-8), que confirman la 'feliz literalidad' de Sarmiento, fruto de una percepción más profunda de las razones poético-teatrales de Tasso. La segmentación afectiva de la escena es muy teatral (visión, sorpresa, desesperación) y revela la situación anímica de Tancredi en un *crescendo* marcado por el uso del juego etimológico y del paralelismo (*vide, conobbe… vista, conoscenza*):

Tasso
> Poco quindi lontan nel sen del monte
> scaturia mormorando un picciol rio.
> Egli v'accorse e l'elmo empié nel fonte,
> e tornò mesto al grande ufficio e pio.
> Tremar sentí la man, mentre la fronte
> non conosciuta ancor sciolse e scoprio.
> *La vide, la conobbe, e restò senza*
> *e voce e moto. Ahi vista! Ahi conoscenza!*

Sedeño
> D'este lugar no lejos, blandamente
> manava murmurando un claro río;
> aquí corrió y el yelmo hinchó en la fuente,
> Tancredi, para el caso santo y pío.
> Las manos le temblaron, y la mente,
> cuando sin yelmo vido el rostro frío.
> Viéndola, conociola y quedó mudo:
> ¡Vista y conocimiento estraño y crudo!

Cairasco de Figueroa
> No estaba de allí lexos una fuente,
> que junto al monte murmurar se oía;
> y, lleno el yelmo, triste y diligente,
> bolvió a la gran empresa y obra pía.
> Sintió temblar a mano que la frente
> aun no bien conocida descubría.
> Mira y conoce, y queda como muerto,
> ¡Ay vista! ¡Ay, desengaño, ay dolor çierto!

Sarmiento de Mendoza
> Poco lejos de allí murmurar siente
> en el seno del monte un breve río.
> El corrió allá y el yelmo hinchó en la fuente,
> y tornó triste al grande oficio pío.
> Temblar la mano al descubrir la frente,
> no conocida aún, sintió y sin brío:
> la vio, la conoció y quedó al momento
> sin voz, inmoble. ¡Ay vista! ¡Ay sentimiento!

Finalmente, recordaré el momento de suspensión, entre el primer asalto y el segundo (y último), cuando los dos guerreros, cansados y sangrientos, se paran para respirar un poco y se miran apoyándose en el pomo de sus espadas:

Tasso

    Tornano al ferro, e l'uno e l'altro il tinge
con molte piaghe; e stanco ed anelante
e questi e quegli al fin pur si ritira,
e dopo lungo faticar respira.
L'un l'altro guarda, e del suo corpo essangue
su 'l pomo de la spada appoggia il peso.
Già de l'ultima stella il raggio langue
al primo albor ch'è in oriente acceso.
Vede Tancredi in maggior copia il sangue
del suo nemico, e sé non tanto offeso.
Ne gode e superbisce. Oh nostra folle
mente ch'ogn'aura di fortuna estolle!

Sedeño

    Tornan a la batalla cruda, estrecha,
aunque ella y él, cansado y anhelante,
al fin el uno y otro se retira
y del trabajo bélico respira.
Arrima el cuerpo, débil y cansado,
éste y aquélla al pomo de la espada,
cuando el albor de Oriente encaminado,
principio dava a su gentil jornada.
Mira Tancredi, menos fatigado
de su enemigo el alma fatigada;
y alégrase soberbio (¡oh mente loca!),
donde fortuna en daño más le toca.

Cairasco de Figueroa

    El uno y otro en tácita amenaza
buelve a herir, cansado y anhelante,
y al fin aquél y aquéste se retira
y tras un luengo fatigar respira [ms. suspira].
Mírase el uno al otro, y del cansado
cuerpo da el peso al pomo de la espada.
Ya sobre el horizonte recamado
está la última estrella desmayada.
Tancredi ve al contrario más llagado,
y su persona menos maltratada;
dale gusto y soberbia: ¡Oh suerte humana!
¡Cuán fácilmente l'ambición te allana!

Sarmiento de Mendoza

    Tornan, y el uno y otro el hierro tiñe
de heridas mil; cansado, y anhelante,
al fin éste y aquélla se retiran
y tras del largo batallar respiran.
Míranse, y uno y otro el desangrado
cuerpo apoyan al pomo de su espada.
Ya de la ultima estrella el plateado
rayo espira al que enciende la alborada.
Tancredo se ve menos lastimado,
y la sangre enemiga dilatada,
y se alegra sobervio, ¡oh suerte humana!,
a cualquier aura de fortuna, vana.

Estos ejemplos, si bien no numerosos, ofrecen ya una primera idea de cómo la teatralidad de la *Liberata*, indisolublemente aferrada al lenguaje y el estilo de Tasso, llega a sus mejores interpretaciones, en los ejercicios traductores del Siglo de Oro, cuando más atentamente se respetan las modalidades y las estructuras del código lingüístico y literario original. Todos los traductores tratan de preservar este caudal de joyas épico-literarias, pero se reconoce a las claras una trayectoria evolutiva que lleva de los primeros experimentos a la más madura versión de Sarmiento.

Para concluir mi rápido paseo por los laberintos de la *Liberata*, examinaré dos adaptaciones teatrales auriseculares que toman directa inspiración en el poema italiano. Por lo que sabemos hasta ahora, son dos las piezas teatrales que llevan a la escena española los versos de Tasso, según estilos muy diferentes: *La conquista de Jerusalén*, que Stefano Arata[17] editó y atribuyó a Cervantes –una comedia «de palabra y aparato» (1992: 19), en la definición de su editor–; y la *Jerusalén restaurada* de Agustín Collado del Hierro, poeta gongorino –la obra se atribuye, en varias sueltas, bajo el título de *Jerusalén conquistada*, a Antonio Enríquez Gómez, pero Restori dudaba de esta atribución (Restori 1893: 52)–.[18] Si la experimentación seudocervantina apunta más hacia la tragedia, la comedia de Collado del Hierro sigue tendencialmente la fórmula teatral lopiana, con enredos amorosos, graciosos y algún que otro disparate en el enredo;[19] es una comedia de caballería «completamente desprendida de su originario contexto épico», según Arata (1992: 24). Por lo cual muy interesante será averiguar qué queda de la teatralidad del poema en textos pensados precisamente para la escena y tan diferentes como éstos.

El autor de *La conquista de Jerusalén* rechaza muchos recursos teatrales del poema, sobre todo los más inmediatos, para privilegiar otros aspectos. Así que acaba por perjudicar la variedad dramática del episodio: por ejemplo, el duelo sólo puede intuirse detrás de los bastidores (el ruido de las armas y los breves retos de los guerreros), pero esta secuencia ocupa muy poco espacio.

---

[17] Transcribo cuidadosamente la edición de Stefano Arata, para presentar a los lectores *La conquista de Jerusalén*.

[18] Estoy atendiendo a la edición crítica de la comedia, y espero aclarar el problema de la autoría. Los pasajes de la *Jerusalén restaurada* (o *conquistada*) se editan a partir del impreso de la Biblioteca Universitaria de Valencia (signatura BH T/0095), cuyo texto, en esta fase preliminar a la edición crítica de la obra, parece el más completo, por adherirse más fielmente al modelo italiano.

[19] Por ejemplo, Clorinda no se muere por las heridas recibidas en el duelo y reaparece, milagrosamente recuperada (ya cristianizada), al final de la comedia.

Vansse todos, y dentro suenan golpes d'espadas como que se conbaten,
y diçe Tancredo a voçes:

TANCREDO   Tu vida acabaré con tu denuedo
al filo desta espada, moro fuerte.
CLORINDA   Conbate y calla. Guarda tú tu vida
que bien tienes de qué, si acaso es éste
el braço que mi espada rregir suele.
TANCREDO   ¡Ríndete, acaba ya!
CLORINDA   Primero el alma
saldrá deste mi pecho qu'el esfuerço
qu'en él, con valeroso intento, ençierro.
TANCREDO   Pues desa pertinaçia toma el pago.

Suena un gran golpe dentro, y sale luego Clorinda con la espada rrota
y muy desmayada, y sale tras ella Tancredo con la espada sangrienta.

Se amplía, en cambio, el parlamento entre Tancredi y Clorinda, tras finalizar el combate, y el equilibrio de la escena se encamina decididamente hacia lo patético, pero sin golpes de teatro y la *agnitio* se convierte en una de las muchas fases del tenso diálogo entre los héroes («Antes me le da que rrinda / esta alma de intentos rrica, / que la que te lo suplica / es la nombrada Clorinda»), donde no queda lugar para la sorpresa:

CLORINDA   Venciste, fuerte cristiano,
pero si desta vitoria
quieres llevar mayor gloria,
deten un poco la mano,
que no será honrrosa palma
la que ganarás si adviertes,
en querer darme dos muertes:
una al cuerpo y otra al alma.
Mas antes que el parasismo
último llegue a acabarme,
suplicóte quieras darme
como pudieres bautismo.
Que si me le das, señor,
en esta hora dichosa
yo seré la venturosa
aunque tú eres vencedor.

Antes me le da que rrinda
esta alma de intentos rrica,
que la que te lo suplica
es la nombrada Clorinda.

TANCREDO   Cielos, ¿qué es esto? ¿Qué siento,
santo y poderoso Dios?

CLORINDA   Deçid, señor, quién sois vos,
que ansí os duele mi tormento.

TANCREDO   Soy el que sin vos no puedo
vivir porque sois mi vida,
soy la sombra dolorida
del miserable Tancredo.

CLORINDA   ¡Oh, valeroso guerrero,
si te precias de cristiano,
dame la vida temprano
aunque tan tarde la quiero!
No hagas que más me tarde
si en mi bien te determinas,
puesto que gracias divinas
por jamás vinieron tarde. […]

En cambio la más libre y barroca refundición de Collado del Hierro parece utilizar con mucha atención los elementos de la fuente, tanto retóricos como dramáticos: a) la noche –según las convenciones teatrales adoptadas por Tasso– no impide la visión del duelo, que se despliega a través de sus etapas (asalto, diálogo y suspensión, asalto final) en plena oscuridad; b) es manifiesta la alusión a la dimensión teatral del acontecimiento («que en día más secreto / *un teatro* merecía»); c) asimismo, el combate de palabras se recupera a través de un intercambio de (hiperbólicas) jactancias entre Tancredi y Clorinda:

TANCREDO   Guerra y muerte.

CLORINDA   Pues guerra y muerte hallarás
en aqueste brazo fuerte. (*Empiezan la batalla*)
Presto verás mi furor.

TANCREDO   ¿Quién eres que assí has podido
resistirte a mi valor?

CLORINDA   Quien verá el tuyo rendido,
si el suyo fuera el mayor.

TANCREDO   ¿Sabes que mi pecho encierra
              todo el valor abreviado
              de aquesta sangrienta guerra?
CLORINDA   ¿Sabes que mi azero airado
              es incendio de la tierra?
TANCREDO   Rayos, como el çielo, tira
              mi espada.
CLORINDA   Contra esos rayos
              volcanes mi pecho espira.
TANCREDO   Del infierno soy desmayos.
CLORINDA   De los cielos soy la ira.
TANCREDO   Suspende el brazo, detente,
              que será gran desventura
              que aquesta hazaña tan valiente
              encubra esta noche oscura;
              no tanto valor ardiente,
              que en día más secreto
              un teatro merecía,
              cubra de la noche el seno.

d) La agnición se mantiene con todos sus momentos dramáticos (la sorpresa, la desesperación, pero no –obviamente– el enmudecimiento); e) por último, no hay que olvidar el uso de *imagines* y *verba* directamente tomados de Tasso (por ejemplo, el símil con el que Clorinda describe sus fuerzas: «Mis brazos son / como el roble en la montaña, / al atrevido Aquilón», cf. *Gerusalemme*, XII, 63) o las últimas palabras de Clorinda («Yo te perdono mi vida [...] para que sus culpas lave»)[20] que reproducen exactamente el doliente adiós de la doncella, cargado de tintas espirituales y religiosas:

CLORINDA   Yo te perdono mi vida,
              y en esta batalla grave
              llevas del cuerpo la palma,

---

[20] Hay que notar que el ms. 16.997 de la Biblioteca Nacional de España presenta una versión que difiere bastante del modelo: «Ya que quitas la vida, / y en esta batalla grave / llevas del cuerpo la palma, / antes que a tu acero acabe, / dale bautismo a mi alma, / para que sus culpas lave».

del alma no; antes que acabe,
dale bautismo a mi alma,
para que sus culpas lave.

TANCREDO ¿Ay, despierto corazón,
qué presagios adivinas?
Aclara esta confusión,
¿qué dolores imaginas? (*descubre la cara*)
Muertos mis luzeros son
¡cielos, Clorinda es aquesta!
¡Ay, luz del sol eclipsada
en tanta noche funesta!
Oh victoria desdichada,
pues que dos vidas me cuesta.
¡Cuánto mejor, noche fría,
fue tu silencio profundo!

Los textos examinados pertenecen a géneros y mundos literarios distintos, pero podemos resaltar una fenomenología común: el problema de la traducción interlingüística e intersemiótica de la *Gerusalemme liberata*. Si bien es cuestión de difícil solución, por las razones ya explicadas, sólo parece haberse encontrado una forma de arreglarla en época tardía, es decir, algunos decenios después de la aparición del poema. Todo ello sugiere un largo proceso de 'digestión', tanto en ámbito propiamente poético, como en el mundo de la farándula: la teatralidad desbordante de la *Gerusalemme liberata* no llega a ser aceptada plenamente sino hasta la época barroca, gracias a una sensibilidad y a un sistema cultural que consiguen, por fin, apoderarse del complejo lenguaje épico de Tasso, aunque de manera (necesariamente) incompleta y con todas las modificaciones inevitables, debido a los muchos obstáculos que lengua y estilo del poema oponen. Un lenguaje teatral, el de Tasso, que es a la vez código verbal (retórico y poético, donde *elocutio* y *dictio* se adaptan funcionalmente al *theatrum mundi*), código escénico y repertorio de pasiones humanas.

BIBLIOGRAFÍA

ARATA, Stefano (1992): «La conquista de Jerusalén, Cervantes y la generación teatral de 1580». En: *Criticón*, LIV, pp. 9-112.

ARCE, Joaquín (1973): *Tasso y la poesía española*. Barcelona: Planeta.

ARIANI, Marco (1974): «Tra Manierismo e Barocco: Il Torrismondo di Torquato Tasso». En: *Tra classicismo e manierismo. Il teatro tragico del Cinquecento*. Firenze: Olschki, pp. 231-287.

CARAVAGGI, Giovanni (1974): *Studi sull'epica ispanica del Rinascimento*. Pisa: Università di Pisa.

CARERI, Giovanni (2010): *La fabbrica degli affetti. La «Gerusalemme liberata» dai Carracci a Tiepolo*. Milano: Il Saggiatore.

CASTORINA, Antonio (2002): *Contributi per un'edizione critica della Jerusalén libertada, comedia famosa attribuita ad Antonio Enríquez Gómez*. Tesis doctoral. Bologna: Università de Bologna.

COSTANZO, Mario (1964): *Il gran theatro del mondo. Schede per lo studio dell'iconografia letteraria nell'età del Manierismo*. Milano: Scheiwiller.

FARINELLI, Arturo (1929): «Tasso in Ispagna. Una versione inedita della *Gerusalemme*». En: *Italia e Spagna*. Torino: Bocca, vol. II, pp. 237-286.

FUCILLA, Joseph (1961): «Una riduzione teatrale spagnuola della *Gerusalemme*. (Nota per la fortuna del Tasso all'estero)». En: *Studi Tassiani*, XI, pp. 149-153.

— (1975): «Per la fortuna teatrale delle opere tassesche». En: *Studi Tassiani*, XXV, pp. 169-176.

GETTO, Giovanni (1968): *Nel mondo della «Gerusalemme»*. Roma: Bonacci.

HERMOSA, Luisa María (1999): *La «Gerusalemme liberata» en España: T. Tasso y sus traductores en el siglo de Oro*. Tesis doctoral. Barcelona: Universidad Pompeu Fabra.

MAZZOCCHI, Giuseppe (2004): «*Per ubera ad astra:* il seno femminile nelle traduzioni spagnole della *Liberata*». En: Vuelta García, Salomé (ed.): *Relazioni letterarie tra Italia e penisola iberica nell'epoca rinascimentale e barocca*. Firenze: Olschki, pp. 33-63.

PIERCE, Frank (1968): *La poesía épica del Siglo de Oro*. Madrid: Gredos.

RESTORI, Antonio (1893): «La collezione CC*IV.28033 della Biblioteca Palatina Parmense. Comedias de diferentes autores». En: *Studi di Filologia Romanza*, VI, pp. 1-156.

SCRIVANO, Riccardo (1980): «Tasso e il teatro». En: *La norma e lo scarto*. Roma: Bonacci, pp. 209-248.

SOLDANI, Arnaldo (1999): *Attraverso l'ottava*. Lucca: Pacini Fazzi.

TASSO, Torquato (1964): *Discorsi dell'arte poetica e del poema eroico.* Ed. Luigi Poma. Bari: Laterza.

— (1971): *Gerusalemme liberata.* Ed. Lanfranco Caretti. Torino: Einaudi.

TORTORETO, Alessandro (1951): «Il Tasso in Ispagna e in Portogallo». En: *Studi Tassiani,* I, pp. 67-75.

VITALE, Maurizio (2007): *L'officina linguistica del Tasso epico. La «Gerusalemme liberata».* Milano: LED.

WAAGE PETERSEN, Lene/QUARTA, Daniela (1990): «Appunti sul duello in Ariosto e Tasso». En: *Revue Romane,* XXV, 2, pp. 414-427.

APÉNDICE A (TASSO)

52   Vuol ne l'armi provarla: un uom la stima
      degno a cui sua virtú si paragone.
      Va girando colei l'alpestre cima
      verso altra porta, ove d'entrar dispone.
      Segue egli impetuoso, onde assai prima
      che giunga, in guisa avien che d'armi suone,
      ch'ella si volge e grida: «O tu, che porte,
      che corri sí?» Risponde: «E guerra e morte».

53   «Guerra e morte avrai»; disse «io non rifiuto
      darlati, se la cerchi», e ferma attende.
      Non vuol Tancredi, che pedon veduto
      ha il suo nemico, usar cavallo, e scende.
      E impugna l'uno e l'altro il ferro acuto,
      ed aguzza l'orgoglio e l'ire accende;
      e vansi a ritrovar non altrimenti
      che duo tori gelosi e d'ira ardenti.

54   Degne d'un chiaro sol, degne d'un pieno
      teatro, opre sarian sí memorande.
      Notte, che nel profondo oscuro seno
      chiudesti e ne l'oblio fatto sí grande,
      piacciati ch'io ne 'l tragga e 'n bel sereno
      a le future età lo spieghi e mande.
      Viva la fama loro; e tra lor gloria
      splenda del fosco tuo l'alta memoria.

55   Non schivar, non parar, non ritirarsi
      voglion costor, né qui destrezza ha parte.
      Non danno i colpi or finti, or pieni, or scarsi:
      toglie l'ombra e 'l furor l'uso de l'arte.
      Odi le spade orribilmente urtarsi
      a mezzo il ferro, il piè d'orma non parte;
      sempre è il piè fermo e la man sempre 'n moto,
      né scende taglio in van, né punta a vòto.

56   L'onta irrita lo sdegno a la vendetta,
      e la vendetta poi l'onta rinova;

onde sempre al ferir, sempre a la fretta
stimol novo s'aggiunge e cagion nova.
D'or in or piú si mesce e piú ristretta
si fa la pugna, e spada oprar non giova:
dansi co' pomi, e infelloniti e crudi
cozzan con gli elmi insieme e con gli scudi.

57   Tre volte il cavalier la donna stringe
con le robuste braccia, ed altrettante
da que' nodi tenaci ella si scinge,
nodi di fer nemico e non d'amante.
Tornano al ferro, e l'uno e l'altro il tinge
con molte piaghe; e stanco ed anelante
e questi e quegli al fin pur si ritira,
e dopo lungo faticar respira.

58   L'un l'altro guarda, e del suo corpo essangue
su 'l pomo de la spada appoggia il peso.
Già de l'ultima stella il raggio langue
al primo albor ch'è in oriente acceso.
Vede Tancredi in maggior copia il sangue
del suo nemico, e sé non tanto offeso.
Ne gode e superbisce. Oh nostra folle
mente ch'ogn'aura di fortuna estolle!

59   Misero, di che godi? oh quanto mesti
fiano i trionfi ed infelice il vanto!
Gli occhi tuoi pagheran (se in vita resti)
di quel sangue ogni stilla un mar di pianto.
Cosí tacendo e rimirando, questi
sanguinosi guerrier cessaro alquanto.
Ruppe il silenzio al fin Tancredi e disse,
perché il suo nome a lui l'altro scoprisse:

60   «Nostra sventura è ben che qui s'impieghi
tanto valor, dove silenzio il copra.
Ma poi che sorte rea vien che ci neghi
e lode e testimon degno de l'opra,
pregoti (se fra l'arme han loco i preghi)
che 'l tuo nome e 'l tuo stato a me tu scopra,
acciò ch'io sappia, o vinto o vincitore,

chi la mia morte o la vittoria onore.»

61   Risponde la feroce: «Indarno chiedi
      quel c'ho per uso di non far palese.
      Ma chiunque io mi sia, tu inanzi vedi
      un di quei due che la gran torre accese.»
      Arse di sdegno a quel parlar Tancredi,
      e: «In mal punto il dicesti»; indi riprese
      «il tuo dir e 'l tacer di par m'alletta,
      barbaro discortese, a la vendetta».

62   Torna l'ira ne' cori, e li trasporta,
      benché debili in guerra. Oh fera pugna,
      u' l'arte in bando, u' già la forza è morta,
      ove, in vece, d'entrambi il furor pugna!
      Oh che sanguigna e spaziosa porta
      fa l'una e l'altra spada, ovunque giugna,
      ne l'arme e ne le carni! e se la vita
      non esce, sdegno tienla al petto unita.

63   Qual l'alto Egeo, perché Aquilone Noto
      cessi, che tutto prima il volse e scosse,
      non s'accheta ei però, ma 'l suono e 'l moto
      ritien de l'onde anco agitate e grosse,
      tal, se ben manca in lor co 'l sangue vòto
      quel vigor che le braccia a i colpi mosse,
      serbano ancor l'impeto primo, e vanno
      da quel sospinti a giunger danno a danno.

64   Ma ecco omai l'ora fatale è giunta
      che 'l viver di Clorinda al suo fin deve.
      Spinge egli il ferro nel bel sen di punta
      che vi s'immerge e 'l sangue avido beve;
      e la veste, che d'or vago trapunta
      le mammelle stringea tenera e leve,
      l'empie d'un caldo fiume. Ella già sente
      morirsi, e 'l piè le manca egro e languente.

65   Segue egli la vittoria, e la trafitta
      vergine minacciando incalza e preme.
      Ella, mentre cadea, la voce afflitta
      movendo, disse le parole estreme;

parole ch'a lei novo un spirto ditta,
spirto di fé, di carità, di speme:
virtú ch'or Dio le infonde, e se rubella
in vita fu, la vuole in morte ancella.

66 «Amico, hai vinto: io ti perdon… perdona
tu ancora, al corpo no, che nulla pave,
a l'alma sí; deh! per lei prega, e dona
battesmo a me ch'ogni mia colpa lave.»
In queste voci languide risuona
un non so che di flebile e soave
ch'al cor gli scende ed ogni sdegno ammorza,
e gli occhi a lagrimar gli invoglia e sforza.

67 Poco quindi lontan nel sen del monte
scaturia mormorando un picciol rio.
Egli v'accorse e l'elmo empié nel fonte,
e tornò mesto al grande ufficio e pio.
Tremar sentí la man, mentre la fronte
non conosciuta ancor sciolse e scoprio.
La vide, la conobbe, e restò senza
e voce e moto. Ahi vista! ahi conoscenza!

68 Non morí già, ché sue virtuti accolse
tutte in quel punto e in guardia al cor le mise,
e premendo il suo affanno a dar si volse
vita con l'acqua a chi co 'l ferro uccise.
Mentre egli il suon de' sacri detti sciolse,
colei di gioia trasmutossi, e rise;
e in atto di morir lieto e vivace,
dir parea: «S'apre il cielo; io vado in pace».

EN LA ESCENA DEL MUNDO: LA *PERFORMANCE* DE PREDICADORES Y MISIONEROS EN LA ESPAÑA DEL SIGLO XVII[*]

Luciana Gentilli
Università di Macerata

Si «emocionar escribiendo» es el tema de este congreso, «predicar», o mejor «emocionar evangelizando» será el asunto alrededor del cual tengo pensado estructurar mi comunicación. A fin de evitar todo tipo de equivocación, considero necesario dejar bien en claro cómo mis reflexiones se centrarán en la figura del *missionarius*, muy distinta de la del *concionator* (Majorana 1999), y en su capacidad de suscitar *affectiones* a través de la programática puesta en escena de recursos patéticos y espectaculares. Por consiguiente, no me detendré aquí en la importante contigüidad existente entre los sistemas retóricos de los predicadores y de los concionadores, ni en la fructuosa utilización de la experiencia retórica pagana por parte del orador católico;[1] en cambio, me gustaría enfocar mi investigación sobre la manera de actuar de estos evangelizadores itinerantes y, más en concreto, sobre su habilidad en involucrar emotivamente al auditorio. Los misioneros, en efecto, conocían muy bien los mecanismos de las reacciones que entendían suscitar: la turbación no se conseguía tanto gracias a las palabras o a una expresión físicamente realizada —pienso sobre todo en la vocalidad y en la gestualidad oratoria—, sino más bien a través de una constante teatralización[2] de las distintas

---

[*] Quiero manifestar mi agradecimiento a Nuria Pérez Vicente por su imprescindible ayuda en la revisión de la presente traducción.

[1] Comparto en todo la siguiente opinión de Bernadette Majorana: «Credo [...] che la predicazione missionaria debba essere guardata come una superficie di rifrazione soltanto parziale del sistema retorico classico-umanistico, e che la si debba piuttosto considerare come una situazione con caratteristiche e tradizioni specifiche, in cui singoli individui innestano, di volta in volta, le loro competenze» (1996: 140).

[2] «Nadie, si tiene juicio, puede negar que la representación es una de las más relevantes prendas del púlpito, y de grande utilidad no sólo para deleitar, sino aun para mover», escribía acertadamente en la segunda mitad del siglo XVII el padre Valentín de Céspedes (1998: Azote II, 4, 92).

funciones o ceremonias que vertebraban la organización de las misiones en la España del siglo XVII.

Con el fin de sondear las múltiples posibilidades combinatorias de comunicación verbal y comunicación visual que salpican la praxis misionera, creo que, en vez de volver la mirada hacia los sermones impresos, notoriamente diferentes de los pronunciados oralmente (Del Corno 1995: 280-285), y de cualquier modo pobres en noticias con respecto al elemento escenográfico, resulta más rentable dirigir la atención hacia un restringido abanico de textos, que forman parte de la llamada literatura comportamental (Pozzi 1986: 164-167, Prosperi 1991: 190-191). Me refiero a los tratados destinados a la formación del perfecto misionero y a la elaboración preceptística de su experiencia, en los que las *regulae* se conjugan con enjundiosos consejos para conseguir una adhesión profunda por parte de los fieles a través del dominio de los artificios de la dramatización.

Las distintas soluciones performativas adoptadas se delinearán *per exempla*, puesto que aquí me limitaré a cribar sólo unos cuantos testimonios. Cabe, además, especificar cómo el amaestramiento para un ejemplar activismo misionero no constituía, por aquel entonces, una prerrogativa del instituto ignaciano, ya que la orquestación de la *missio* apostólica *sub specie teatri* pertenecía también al *modus procedendi* de las demás órdenes religiosas, particularmente de los franciscanos y de los capuchinos.

Que los resultados de la misión debieran calcularse –así como nos recuerda Broggio (2004: 329)– no tanto en cada individuo, cuanto en base a la moción producida sobre enteras comunidades, era un requisito básico para fray Llamazares, el cual sugería al predicador que apelara a Dios para conseguir «el don sobrenatural de la moción» (1688: 3). Lo que hoy en día probablemente ya pasa desapercibido es la amplitud semántica del verbo *mover*. Aunque la idea de que el deber del orador cristiano de *flectere* el ánimo del fiel para encauzarle a la acción ya se encontraba cabalmente expuesta en Agustín (*De doctrina cristiana*, IV, XII, 27), en la época barroca este principio se enriquece con nuevas sugestiones conturbadoras. El predominio del *mover* sobre el *enseñar* y el *deleitar* se relaciona, en efecto, con una cultura de la persuasión fundada sobre el convencer afectivamente, sobre una adhesión al mensaje evangélico en la que, como bien explica Bernadette Majorana (2007:

242 y 247), la vía intelectiva y la vía afectiva se cruzan constantemente. La función emotiva resulta, pues, preeminente para asimilar el concepto, puesto que, como se duele el jesuita Juan Antonio Jarque: «pocos son los predicadores que hablan al alma» (en Herrero Salgado 2001: 224). Es, pues, al *mover*, entendido en su triple acepción latina de *movere*, *commovere*, *excitare*, a lo que estos nuevos apóstoles recurrían para asombrar, chocar, pero también para incitar los ánimos al arrepentimiento y a la factiva acogida de la palabra de Dios, consiguiendo de esta manera la eterna salvación.

La fuerza, la productividad del mover la voluntad, daba lugar, a veces, a una verdadera coacción. Fray Francisco Gamboa, catedrático de Teología en Salamanca, y más tarde arzobispo de Zaragoza, nos cuenta lo siguiente a propósito del jesuita Jerónimo López: «Este apostólico varón, aunque no predica cosas que no sepamos, nos tira y llama a su predicación con tal eficacia que parece no nos queda libertad para dejar de oír sus sermones» (en La Naja 1678: 298b). Lo confirma la intensidad emocional de la respuesta dada por los participantes a estos momentos culturales: «Predicaba con tanto espíritu, fervor y fuerza de razones que […] al acabar sus sermones, […] todo era suspiros, lágrimas, golpes de pechos, bofetadas y voces con que pedían a Dios misericordia y perdón de sus culpas» –escribe, por ejemplo, el padre García refiriéndose a las virtudes de Juan Gabriel Guillén–. Incluso en ciertas circunstancias se producía una sucesión casi paroxística de reacciones: «Algunos se arrancaban los cabellos de la cabeza y de la barba, y hacían tales demostraciones de penitencia que era menester que él mismo les mandase templar sus fervores». Los riesgos de degeneración eran altos sobre todo por parte del auditorio femenino: «Muy ordinariamente se desmayaban algunas mujeres con el gran dolor y contrición de sus culpas, y era menester sacarlas del auditorio porque no se ahogasen» (García 1675: fol. 217r). Aún más explícito es el comentario de Tirso relativo a la misión llevada a cabo por él en La Higuera (Extremadura) en 1668:

> La moción en los sermones fue tan grande, que por el mucho suspirar no dejaban se entendiese lo que se decía, y temíamos nos sucediese alguna desgracia de ahogarse algunas mujeres con la fuerza del sentimiento y ahogo de corazón; porque era tanto éste y la apretura del corazón, que para desfogarse lanzaban la respiración con tanta violencia que se oía, no sólo en la iglesia, sino fuera

de ella, y quedaban caídas en tierra con la fuerza del accidente. Fue necesario, para evitar las desgracias que se podían temer, el advertir repetidas veces desde el púlpito, que no viniesen al sermón las mujeres que eran tan blandas de corazón; y no había medio de poderlo conseguir[3] (en Reyero 1913: 136-137).

La búsqueda de una interacción simpatética con los creyentes resultaba, además, particularmente fructuosa en el momento en que el predicador conseguía «moverlos con su ejemplo» (Pascual 1698: 289), a través de una especie de contagio emotivo. Nos cuenta Echeverz y Eyto del mercedario Montagudo que:

En este acto de perdón estaba regularmente tan fervoroso y tierno, que rara vez dejaba de llorar; y por eso se enternecía y prorrumpía en lágrimas todo el auditorio: que los corazones tienen entre sí por una oculta simpatía una maravillosa consonancia en los afectos (1741: 92).

El proceso psicagógico puesto en marcha se completaba después a través del deseo mimético que el religioso suscitaba en el auditorio: «Más influye en la conversión del pecador el ejemplo que la doctrina, porque […] el Predicador debe ser espejo ante quien el pueblo mire y registre sus acciones para componer sus costumbres» (La Naja 1678: 99a y 100b).

Una experiencia rica en impulsos sensibles y afectivos, como la vehiculada por el misionero «hecho espectáculo de todos» (ibíd.: 376b), necesitaba empero de un aparato espectacular[4] que excediese los límites del *sermo corporis* de ciceroniana memoria. Se trataba, pues, de accionar aquellos mecanismos suasorios capaces de hacer morder el anzuelo al

---

[3] El jesuita, aun notando que era sobre todo la plebe rural la que daba más muestras de fragilidad emotiva, no deja de subrayar cómo la distinción entre nobles e innobles tendía en tales ocasiones a atenuarse: «Y estas demostraciones no solamente se veían en la gente del pueblo, sino también hasta en los nobles, hombres de letras, doctores, caballeros, catedráticos, eclesiásticos y religiosos, los cuales todos forzados por la interior conmoción, no sabían, ni podían observar las leyes de la moderación, que aun en tales excesos no parece lícito exceder» (en Reyero 1913: 619).

[4] «Tramoya que acompaña al sermón» es la definición inteligentemente propuesta por Núñez Beltrán 2000: 46-47. Sobre la teatralización de la oratoria sagrada, es todavía fundamental el ensayo de Orozco Díaz 1980.

mayor número de pecadores posible. Y es de esta forma como el primado de la vista en orden a la fijación de las intenciones espirituales encuentra su explícito reconocimiento.[5] Afirma a propósito el jesuita La Naja: «la experiencia enseña que más impresión hacen en el alma las imágenes que entran por los ojos, que las palabras que entran por los oídos» (ibíd.: 564b). La certeza de que la imagen ayudase al fiel a sentir emocionalmente, es decir, en el corazón, el ideal de una vida devota campea ya en buena parte de la cristiandad post-tridentina. Son muy esclarecedoras a este propósito las observaciones de Giuseppina Ledda sobre la «predica a los ojos» (1989: 130 y 2003b: 59-61), especialmente sobre la preeminencia otorgada por Juan Bautista Escardó a las *imagenes agentes*: «piense el orador» –declaraba el jesuita en su *Rhetórica Cristiana*– «y passe por la phantasía imágenes que representen las cosas que se han de tratar». Por esta razón la hispanista italiana localiza en el reto de volver visible lo invisible el objetivo perseguido por Escardó; no obstante, como recuerda Giovanni Pozzi, la «teologia dell'immagine affiancava perennemente la teologia della parola» (1993: 63), diferente es el caso del *medium* figural puesto en juego por los misioneros. Como muchos de ellos sostienen, no se trataba sólo de vivificar mentalmente un texto verbal o, como se lee en los *Ejercicios espirituales*, de «ver con la vista imaginativa»,[6] sino de materializar concretamente una imagen a través de objetos corpóreos (Copete/Palomo 1999: 374-375). La diversidad de los medios representativos aparece del todo clara a La Naja:

> hay grande diferencia entre el Crucifijo oído y el Crucifijo visto, porque el predicado entra por los oídos, el visto por los ojos, y el objeto que entra por los ojos mueve más poderosamente que el que entra por los oídos (1678: 564b).

Del mismo modo, proseguía el religioso:

---

[5] «Quel che penetra attraverso gli occhi, si stabilisce nei fedeli come un primo nucleo essenziale di esperienza trasformativa, che prepara i *rudes* a essere istruiti nella dottrina e ad accostarsi ai sacramenti» (Majorana 2003: 219). Sobre el *topos* de la excelencia de la vista respecto a los otros sentidos, véase Ledda 2003a.

[6] Por lo que atañe al estrecho vínculo existente entre la metodología misionera jesuítica y los *Ejercicios espirituales*, véase Lozano Navarro 2004: 544-549.

[...] si las Sagradas Imágenes, por sí solas son lenguas que, callando mudamente y sin ruido, enseñan, alumbran, mueven y aprovechan las almas que las contemplan, ¿cuánto más poderosamente obraran estos efectos, puestas en manos de un Predicador celoso y fervoroso, que sabe hacerlas hablar, manifestando y declarando los Misterios que representan? (ibíd.: 567a)

Pues bien, esta herramienta comunicativa, capaz de ejercer una atracción casi sirénica en las muchedumbres, figura en la tratadística del tiempo bajo el nombre de «espectáculos». Paradigmática es la explicación ofrecida por Miguel Ángel Pascual: «no son otra cosa que unas imágenes en que se proponen a los ojos, como en su retrato propio, las mismas verdades que se propusieron al oído, para que se introduzca por más puertas, y llegue a hacer más concepto de ellas nuestra alma» (1698: 249). Al éxito en época barroca de estos «adminículos», gracias a los cuales «la Fe entra por los ojos», se han dedicado recientemente algunos estudios,[7] consecuentemente me limitaré aquí a poner de relieve los aspectos más sobresalientes. En primer lugar, vale la pena rememorar con exactitud los artificios espectaculares a los que se encomendaba la traducción visiva y tangible de lo divino: el «retrato de un alma condenada», la «imagen de Cristo Crucificado» y –con una consistencia corporal aún más subyugante– la calavera o una imagen escultórica, las más de las veces lignaria, de Jesús crucificado. El carácter novedoso de estas imágenes materiales era reivindicado, todavía en 1678, por La Naja, el cual atribuía, como se sabe, la invención al padre Jerónimo López. En su opinión, al jesuita se le reconocía hasta el mérito de que los miembros de su misma Compañía aprobaran tales «espectáculos», en ocasión de la Congregación Provincial de Valencia en 1649 (La Naja 1678: 563b). Lo que es cierto es que el método de la visualización se impone hasta tal punto en la praxis del adoctrinamiento apostólico que en las postrimerías del siglo el jesuita Pascual llega a quejarse de los mutables gustos del público:

Antes sólo el nombre de Misión inmutaba los ánimos y movía los espíritus; el ver un Misionero en el púlpito les hacía estremecer y, al hablar cuatro

---

[7] Cf. Rico Callado 2006: cap. VI, Palomo 2007: 244, y, sobre todo, Bernadette Majorana, a la que debemos aportes verdaderamente esclarecedores en la materia, a partir del ensayo pionero de 1996.

palabras, se deshacían en lágrimas los ojos y en demostraciones de dolor los corazones. Ahora para estrujar una lágrima, es menester que al Misionero se le salgan por los ojos hasta las entrañas, haga extremos en el cuerpo, y se valga de mil estratagemas y nuevos modos de mover [...]. ¿Qué prueba esto, si no el que no conviene se repitan a menudo estos santos ejercicios? (1698: 229)

Tomando así distancia de «los primitivos misioneros», formados en la escuela del padre López, Miguel Ángel Pascual exhorta a todos los voluntarios del apostolado *inter fideles* a recurrir constantemente a la «novedad que deleita y atrae, inmuta y mueve» (1698: 247). Con tal fin se dispone, por ejemplo, a catalogar las diversas modalidades según las cuales el acto de ostensión de la Cruz puede ser realizado:

Ya sé que muchos por seguir esta instrucción suelen volver el Santo Cristo de espaldas, dándolas a los oyentes, amenazándoles que, si no se convirtieren, les volverá su Magestad el rostro. Otros llegan a tomarle de lo alto de la cabeza de la Cruz, y la juegan o vibran contra el Pueblo, al modo de una espada para moverles a temor, y no falta quien lo tiene prevenido con tal arte que le hace mover la cabeza, u desenclavar el brazo, para manifestar afecto, u de piedad, u de justicia: pero esto déjolo a la prudente consideración de cada uno. Lo que a mí me parece es que puede haber en algunos de esos medios mucho inconveniente [...] y no es de los menores el que el pueblo lo murmura [...]. Lo que no escandesce tanto es sacarle cubierto con un velo negro [...] para denotar que los pecadores endurecidos no merecen ver su rostro por sus graves culpas, ingratitud y rebeldía; y excitarles con el motivo de lograr su amable cara, a que hagan penitencia y se arrepientan; y haciendo con ellos el Acto de Contrición, y suponiendo que lo han hecho bien, pasar a descubrirlo, confirmándolos con eso en el arrepentimiento, y alentándolos a conservar su gracia.

También suelen sacarle otros el día último, o penúltimo de los Sermones, cubierto con dos velos, uno negro y otro colorado encima en forma de banderas, o estandartes extendidos, y después de haber referido el caso de las banderas, de que se valía el Gran Tamorlán[8] que es tan sabido, le sacan de esa suerte [...]. Asimismo otros le muestran sin bandera alguna [...]. Éstos son los modos más comunes [...] sobre que debe atenderse mucho a que la Santa Imagen no sea pequeña, ni muy grande, sino proporcionada, para que pueda moverla fácil-

---

[8] Sobre el uso de tal recurso por parte del Gran Tamorlán, véase Mexía 1989: II, 28, 705-706.

mente; como también el que esté bien asegurada en la Cruz, no sea que a lo mejor se desenclave, o se desconponga un brazo, que es a la piedad de mucho desconsuelo, y el Predicador queda notado de poco advertido (1698: 247-249).

De una cosa, sin embargo, nuestro jesuita se muestra convencido, y es de la extraordinaria potencialidad persuasiva de aquellos objetos que más manifiestamente subyacen al chantaje del miedo:

> Si las imágenes santas, que nos representan los objetos dignos de veneración, los tiene la Iglesia por tan útiles para mover, [...] las que representan objetos de temor, [...] ¿por qué no han de serlo también para excitarle en quien las mira? [...] Lo que provechosamente medita el religioso en su celda, o en una calavera, o en un lienzo, ¿será inútil cuando se propone a la piedad cristiana? (Pascual 1698: 252-253)

Y de esta manera el diálogo con la calavera o con el retrato del alma condenada se imponen como parte integrante del «Sermón de la muerte» y del «Sermón del infierno». Si en la tierra el bien y el mal se mezclan y toda la realidad aparece entretejida de apariencias engañosas, en el más allá, en cambio, la justicia divina asegura el castigo de los pecadores. La doctrina, por lo tanto, lejos de dar lugar a equívocos, debía hacer perspicua la visibilidad de la pena. Desde esta perspectiva, las inserciones dialógicas con preguntas y respuestas, entremezcladas con apóstrofes dirigidos al auditorio, predispuestas por el franciscano Gavarri como soporte verbal a la exhibición de la imagen del condenado, comprueban la función de socorro espiritual asignada a tales espectáculos:

> Procure también llevar el Padre Misionero un cuadro, que de una parte esté pintado un feo condenado y de la otra una alma en el Cielo [...]. Y para hacer grande fruto con el condenado, pintarle en la cabeza un fiero dragón, como que se le come; y en la boca unas mordazas; y en las manos unas cadenas; y en el corazón un sapo y por todo el cuerpo que tenga muchas llamas, y debajo unos reales de a ocho pintados. Y para explicar todo esto, decirles: «quiero preguntar a este condenado me diga por qué padece tan singulares tormentos»; y así, «dime condenado, ¿por qué tienes en tu cabeza este fiero dragón?». Y luego decir al Pueblo: *Oíd lo que dice*, y sacando la mitad de la voz, dirá fingiéndola algo, en nombre del condenado: «Has de saber, Ministro de Dios, que el dragón, que tengo en la cabeza, es un fiero demonio que

me la está tormentando en castigo de lo soberbio que fui y de los pensamientos que tuve» [...]. Y después le dirá: «Y dime condenado, esas mordazas que tienes en la boca, ¿por qué te las han puesto?». Y responderá en nombre del condenado, diciendo: *Oíd lo que responde*: «Me las han puesto en castigo de que callé pecados por vergüenza cuando me confesaba; y también en castigo de los juramentos que eché y por las murmuraciones». Entonces dirá: «Y con razón, fieles, para que ahora también vosotros escarmentéis en no callar pecados, porque os pondrán unas mordazas como a éste, si los calláis». De manera que irá discurriendo que por las cadenas de las manos, les dirá que por haber trabajado sin necesidad en los días de fiesta. Por el sapo sobre el corazón, por no haber perdonado a sus contrarios. Por las llamas de todo el cuerpo, por haber sido sensual. Por los reales de a ocho, por no haber restituido lo malganado pudiendo, etc. Y es tan grande el fruto, que se consigue por oír esto los oyentes y ver el condenado, que muchísimos se confiesan, que no tenían ánimo de hacerlo. A la alma en el Cielo también le preguntará que por dónde consiguió tanta gloria. Y luego dirá: *Oíd lo que dice*: «Has de saber, Ministro de Dios, que yo fui muy mala y muy dada a la profanidad de galas y de ir escandalosamente escotada; pero habiendo oído predicar era pecado, me lo cubrí y me vestí desde entonces con mucha honestidad, y perseverando en penitencias me salvé». Y luego dirá al Pueblo: «Y con esto conoceréis vosotras que si no os enmendáis, dejando estos trajes y escandalosos escotados, no entraréis en el Cielo» (Gavarri 1674³: fols. 15r-v).

Cabe subrayar, además, cómo en este modelo de dramatización sagrada lo que nos choca no son sólo las «poses», los gestos o las modulaciones vocales del misionero-*performer*, sino también su ingeniosa asociación a algunas instrucciones para la correcta ejecución del sacramento de la confesión. El veloz coloquio con el alma pecadora consiente, en efecto, al misionero traer a la memoria de los creyentes algunos casos específicos –la ciencia casuística era entonces fundamental para el gobierno de las conciencias (Egido 2009)–, junto con la obligación de recordar y contabilizar los pecados cometidos.

Son sobre todo las predicaciones sobre el tema *de morte* las que ofrecen ocasión a la más aterradora de las exhibiciones: «También importará mucho que se saque una calavera en el púlpito, porque mueve mucho», afirma Gavarri (1674³: fol. 38v). Del mismo modo también La Naja (1678: 565a) defiende con convicción esta estratagema: «el espectáculo de la calavera» es, para él, un «espectáculo tan serio y tan a propósito para recuerdo de nuestra mortalidad y desengaño de nuestra vanidad». Como en el caso del coloquio con el alma condenada, también en esta circunstancia la exposición del cráneo sirve de pretexto para hilvanar un compacto diálogo, un *razonamiento fingido*, cuyo último fin era el de inducir al arrepentimiento a cuantos estaban presentes, predisponiéndolos a la confesión:

> Ea, Cristianos míos, ya dice el Señor que envía un Predicador del otro mundo para confirmar todo cuanto yo os he predicado; y así miradle aquí. [...] oíd, pues, lo que dice: *(Ahora sacando muy poco la voz dirá)* «Mírame hombre, mírame, que cual tú me ves yo me vi, y cual yo me veo tú te verás [...]». *Ahora mudará la voz y dirá*: Quiero, pues, preguntar a esta calavera me diga quién es, y qué estado tuvo, para que de aquí saquemos algún provecho para vosotros. [...] Pero no es condenado, sino un alma penitente que viene del otro mundo a pedir perdón de sus culpas, y tiempo para hacer penitencia; [...] *(Hablará* [la calavera] *con poca voz y lamentable)* [...] «Mas ay dolor, ¿cómo podré confesar mis culpas, si ya no tengo lengua y se quedó en la tierra podrida y convertida en gusanos? [...]» *Vuélvase ahora al pueblo y dígales*: «Y así vosotros, supuesto que tenéis lengua, confesad todos los pecados, [...] sin callar ninguno por vergüenza» (Gavarri 1674³: fols. 39r-40r).

Las recomendaciones de fray Gavarri al respecto son de las más detalladas: desde la presencia en el púlpito de un compañero, capaz de ofrecer a escondidas una calavera, con «una vela encendida» en su interior, sin estropear el efecto sorpresa, hasta el más absoluto control de los alzamientos y de las caídas de voz, de manera que el público pudiera distinguir claramente los dos papeles interpretados por el predicador.

Si de los «sermones de moción» pasamos ahora a fijarnos en los demás *ministeria* a los que se dedicaban los misioneros, nos damos cuenta de cómo la transcodificación espectacular constituye la cifra del *officium* pastoral y de su eficacia operativa. El provecho espiritual, procedente de la «recristianización» de los cristianos viejos dentro de la Península Ibérica, dependía en buena medida de la visibilidad espectacular de las varias ceremonias puestas en escena. Es emblemático al respecto el Acto de contrición, en su doble configuración de rezo coral y de procesión nocturna (Broggio 2007: 235-239). En el primer caso se trata de una oración recitada dentro del sagrado recinto de una iglesia, a menudo al final de un coloquio con el Cristo, siguiendo un recorrido emocional que iba *de minore ad maius*.[9] La necesidad que se pretendía satisfacer era la de que los presentes maduraran una plena conciencia del pecado y, por consiguiente, una profunda contrición del ánimo. Veamos lo que sugiere el franciscano Gavarri en sus *Instrucciones* relativas al «Sermón para enseñar a confesar»:

> Y si acaso todo lo que has oído no te ha movido a confesar y mudar de vida, este Señor te motivará (*Ahora sacará un Santo Cristo con tres luces en las manos y pies*), a que lo hagas. [...] Motívete, Cristiano, a no ofenderle más, viéndole tan llagado en esta Cruz. Mira que te dice y ruega que baste ya el ofenderle. Mira cuál tiene su cabeza con mil llagas. Su cuerpo, etc. En señal, pues, que todos proponéis la enmienda, decid ahora conmigo con grandísimo dolor el Acto de Contrición siguiente:
> «Señor mío Jesucristo, Dios y Hombre verdadero, Criador, Redentor mío, por ser vos quien sois, y porque os amo sobre todas las cosas». *Ahora levantará todo lo que pudiere la voz, y dándose una bofetada para mover al auditorio, que también se las dará, dirá:* «Me pesa, Señor, –*dese otra bofetada y repita*– pésame, Señor, de lo poco que me pesa de haberos ofendido». *Ahora volverá a su voz, que ha de ser muy poca la que saque, para decir el Acto de contrición, y decirlo con mucha pausa* [...]. *Y en concluyendo, volverá a levantar la voz, todo cuanto pudiere, y dándose una bofetada, dirá:* «Pequé, Señor, habed misericordia de mí» (Gavarri 1674³: fol. 26r).

Era todavía más vigorosa la textura dramática de la otra función penitencial propia de la metodología misionera tanto de los Jesuitas como de las otras órdenes regulares, o sea, el Acto de contrición nocturno. De esta procesión por etapas,[10] efectuada al anochecer por las calles de aldeas y ciudades, existen numerosas descripciones, de las que ofre-

---

[9] «[...] el mismo Acto de contrición [...] ha de ir de aumento, no solamente creciendo cada día más en el fervor, sino en sí mismo, subiendo en los motivos, razones y espíritu de menos a más, y no de más a menos, aumentando la voz y eficacia hasta concluirle» (Pascual 1698: 247). Cf. al respecto Rico Callado 2006: 114.

[10] Es precisamente la naturaleza itinerante del rito la que hace posible que éste pueda «essere considerato come l'emblema dell'identità missionaria. [...] La mobilità rimaneva una modalità irrinunciabile dal punto di vista operativo e soprattutto fondante da un punto di vista spirituale» (Broggio 2004: 317-318).

ceré sólo unas cuantas muestras ilustrativas. Por ejemplo, el informe del padre Benito Vázquez, rector de Salamanca en la época, capta plenamente el *shock* espectacular producido por la ceremonia durante la misión llevada a cabo por Tirso González de Santalla en 1676:

> Concurrió al anochecer a nuestra iglesia multitud grande de todo género de personas, menos mujeres, a quienes se había prevenido se quedasen en sus casas. Antes de comenzar el acto hizo el P. Tirso una devota plática, y ésta acabada, salieron casi todos los Padres repartidos en cuatro grupos, cada uno con un devoto Crucifijo enarbolado en alto. [...] después de una breve instrucción acerca del silencio y meditación atenta con que habían de acompañar al Señor, pensando en los desengaños que de cuando en cuando arrojaba en voz alta y devota alguno de los Padres, salieron por las cuatro partes de la ciudad, repartiéndose la gente. Iban todos tan devotos y compungidos, que era de suma edificación, atentos a la voz del desengaño que resonaba por las calles y plazas, entre la oscuridad y silencio de la noche. La moción de este acto era tan eficaz, que sacaba de sus casas a los hombres, que no se habían hallado en la iglesia para ir a acompañar a su Dios, y obligaba a salir a las puertas y ventanas de sus casas a las mujeres, con singular devoción, especialmente cuando en los parajes más acomodados al concurso, hacía alguno de los Padres una breve exhortación para disponer los corazones a vista del Sto. Crucifijo al acto de contrición, que todos hacían en voz alta, siguiendo el afecto del predicador, con demostraciones extraordinarias de sentimiento de sus culpas. De este modo se prosiguió por toda la ciudad, según el orden que cada grupo llevaba en la asignación de las calles, para no encontrarse; y con el mismo orden, compunción y silencio, se fueron recogiendo por diferentes partes a nuestra iglesia. Tan poblada de luces estaba Salamanca, que parecía día claro (en Reyero 1913: 518-519).

Como se ve el acto estaba sometido a una minuciosa organización; la ocupación del espacio urbano se producía metódicamente, respetando la distinción de *status* y de sexo, aunque el conjunto parecía impregnado por una ambivalencia sígnica, fundada en los contrastes: el silencio se veía interrumpido por el estruendoso resonar de los *desengaños*, las famosas jaculatorias conocidas con el nombre de *saetas*; la oscuridad nocturna, de por sí fuente de desorientación y de angustia,[11] era alum-

---

[11] «[...] porque los pasos de terror y gritos de eternidad, etc., en medio de la tinieblas de la noche salen muy bien, e hieren y penetran profundamente los corazones, a guisa de truenos y rayos del Cielo» (La Naja 1678: 524a).

brada por antorchas y velas que, en su cuidada disposición, recordaban el mensaje salvífico enfatizado por los crucifijos; al final, la misma renuencia de muchos a tomar parte en la función se trocaba en compungida participación. Lo que más llamaba la atención era el aspecto afectivo, la capacidad de captar los ánimos de los penitentes a través de una actuación espectacular centrada en el principio de retención mnemónica: el asalto general a los vicios era en efecto capitaneado por las *saetas*, «sentencias eficaces en verso, que diversos Misionarios han tirado a los corazones, para fijarlos en la memoria y mover al servicio de Dios las voluntades», como explica el capuchino José de Caravantes (1674: 143). Además el proceso memorativo venía facilitado por el recurso al canto y por la misma formulación de las jaculatorias en verso:[12] «Mucho más suele impresionarse», asegura Echeverz, «un desengaño cantado que rezado, y en verso que en prosa» (1741: 108). Por último, para salvaguardar en el tiempo la función expiatoria y catártica de esos dardos en forma de saeta, el franciscano Gavarri sugiere su difusión a través de la imprenta: «importará también mucho que las den impresas de limosna a la gente, y que la fijen por las calles públicas. Y el imprimirlas será en un pliego a lo ancho de él, por una parte sola» (1674[3]: fol. 111r).

La búsqueda, el rastreo de las almas, llegaba a su culmen en las llamadas ceremonias de la paz, inspiradas en el principio de la *correctio fraterna*, en el curso de las cuales el perdón cristiano y la compunción por sus propias culpas producían efectos explosivos. La erradicación de los pecados, junto a la recomposición de discordias y rencores, no sólo resultan paradigmáticas de la capilaridad de la intervención de los misioneros, sino que documentan, por otro lado, el desbordamiento del elemento espectacular de los lugares sagrados al territorio, ahora transformado en teatro de la apostólica representación. La promoción de la paz social a través de la mediación religiosa tomaba forma específica en el «Acto de perdón», llamado también, como aclara el padre Pascual, «reconciliación general»:

> Lo sustancial de esta medicina no consiste en otra cosa que en exhortar al pueblo a perdonarse los agravios, y a moverles con su ejemplo, postrándose el Predicador a los pies de otro, o abrazándose con él, para que todos le imiten (1698: 289).

---

[12] Informa ampliamente sobre este aspecto Palomo (2005: 33-36).

Es también en este caso la ecuación *exemplo aeque ut verbo*, interpretada por el misionero a través de su propia mortificación y de su humillación *coram populo*, la que asegura los resultados, en virtud de ese mimetismo psicológico y ético arraigado en todo individuo. La coralidad de la ceremonia, además, no sólo nos confirma la pericia del predicador en su papel de profesional de la comunicación pública, sino que confunde incluso la relación entre el que mira y el que es mirado, otorgando a los mismos fieles la doble función de espectadores y actores. La lúcida exposición enviada por el padre Guillén –compañero de Tirso González en las misiones de Andalucía en los años 1668-1669– a Gian Paolo Oliva, undécimo general de los jesuitas, se presta muy bien a aclarar lo anteriormente dicho:

> Más dificultad hallamos en la composición de los bandos de Morón [...]. Eran los pleitos sobre el gobierno de la villa, y algunos otros que se hacían acerca de la nobleza, obligándoles a los que la poseían a litigarla en Granada. Hasta los clérigos estaban divididos en dos bandos, y lo que más es, aun las religiones; pues unas se inclinaban a un bando, y otras al otro. [...] El medio que tuvimos para predicarles a todos juntos fue pedir al Sr. Conde de la Moncloa, Maese de Campo, quien con su tercio estaba alojado en la villa, que llevase el estandarte, y los convidase a todos para una doctrina muy solemne que se hizo el último día. [...] en la plaza, donde se juntaron más de ocho mil personas, les predicó el P. Tirso con tal energía que, al acabar el sermón, [...] los del bando que deseaba más la paz fueron a donde estaban los otros, que saliendo a recibirlos amorosamente, les abrazaron con tiernas lágrimas. No se puede describir lo que vimos con grande gozo en aquella plaza. Tales llantos de alegría, tales alaridos, tales vítores del pueblo y de los soldados a las familias de ambos bandos y a la Compañía, tal arrojar el sombrero todos al aire, tal volverse todos juntos a la iglesia, [...] mezclados unos con otros, eclesiásticos con seglares, y nobles con plebeyos (en Reyero 1913: 210-211).[13]

A la moción colectiva de los afectos con fines salvíficos estaban también destinadas tanto las reuniones de disciplina masculina voluntaria, organizadas al atardecer en las iglesias,[14] como las públicas flagelaciones.

---

[13] Ulterior información sobre lo ocurrido se puede extraer de la *Historia del Colegio de San Pablo de Granada (años 1668-1678)* (Béthencourt 1991: 332-333).

[14] «Y el fervor con que, dos veces en cada misión, se juntaban más de cuatrocientos hombres a tomar disciplina en las iglesias, fue tal, que de oír desde afuera las mujeres lo

Eran precisamente estas procesiones penitenciales, a menudo animadas por un incontenible horror santo, las que inducían a los participantes a competir entre ellos en una serie de exhibiciones espeluznantes,[15] cosa que no dejaba de suscitar las reservas de los mismos misioneros. Afirmaba al finalizar el siglo Miguel Ángel Pascual que:

> Los daños que de ella pueden proceder, si no se da en el punto, son los que recibe el cuerpo con las penitencias extraordinarias que se hacen; la risa, chistes o zumbas, que ocasionan las que son ridículas [...] y el horror que queda a funciones semejantes, si después sucede el morir, o enfermar alguno [...]. A éstos se puede añadir la frialdad que causa, si habiendo hecho empeño el Predicador

---

que hacían los hombres, se movían a llorar y sollozar tanto, que se oían de muy lejos; y algunos vi yo que tenían los ojos hinchados de llorar. Hombre hubo que se disciplinó con tal fuerza, que al fin de la disciplina cayó desmayado. Algunos, no teniendo otras disciplinas se azotaban con zapatos; y todos lo hacían con tal fervor que no había medio para hacerles parar; y día hubo que, habiendo hecho nueve veces señales con la campanilla, no lo querían dejar hasta que les amenazamos con que sacaríamos la luz» (carta de Tirso González de Santalla al general Giovanni Paolo Oliva, Pamplona, 22 de enero de 1667; en Reyero 1913: 99).

[15] Así La Naja describe las procesiones penitenciales organizadas en 1643 por el padre López en la ciudad de Segorbe: «Veíanse en estas procesiones muchos disciplinantes de sangre, que a todo rigor herían incesablemente sus espaldas, y algunos que, con manojos de cadenas, se azotaban sin lástima. Iban delante muchas doncellitas tiernas, rebozadas y cubiertos sus rostros, con el cabello suelto y pendiente, y sus cabezas lastimadas con coronas de espinas agudas, espectáculo no solamente de admiración, sino de confusión a muchos pecadores [...]. Iban algunos desnudos, con decencia, ceñido el cuerpo tan fuertemente con sogas ásperas de esparto, que ni arrodillarse, ni caminar, ni moverse podían sin gran dolor. Otros vestidos de esteras viejas, arrimadas y encaradas las puntas hacia el cuerpo desnudo, de suerte que, al tiempo de desnudarse este penitente disfraz, descubrieron todos sus cuerpos bañados en sangre, y lastimados con las puntas de las esteras que habían penetrado la carne. Otros llevaban pesadas cruces sobre los hombros, los pies descalzos y arrastrando gruesas cadenas. Otros se veían con barras de hierro, asentadas y cargadas sobre los hombros y cervices desnudas, y los brazos extendidos, en forma de cruz, y atados a las barras [...]. Otros llevaban frenos en la boca, en castigo de la libertad de sus palabras y de haber vivido desenfrenadamente, más como bestias que como hombres dotados de razón. Otros se veían con huesos de muertos, atravesados en la boca y calaveras en las manos, contemplando aquel claro espejo de la vanidad del hombre. Otros caminaban arrastrando pesados grillos, que aunque prendían un solo pie, lastimaban los dos, con el movimiento en cada paso. Otros se descubrían hechos unos retratos vivos de San Jerónimo, quebrantando e hiriendo sus pechos reciamente con piedras» (1678: 282a-b).

de que salgan muchos penitentes, no se ven si no pocos, o ningunos, y sobre todo, si los que deben dar más buen ejemplo, que son los Sacerdotes y personas principales del lugar, rehusan descalzarse, aunque sea porque les viene a ser dañoso (1698: 275).

Los temores del jesuita[16] nos llevan a comprender cómo el control emotivo resultaba fundamental con el fin de no comprometer el mensaje edificante, de ahí la reiterada apelación a una actuación estratégica capaz de subsanar la peligrosa distancia entre norma y praxis. El gran *spectaculum christianum*, cuyo intento era el de sacudir al pueblo de los creyentes, determinando un cambio de vida y favoreciendo la perseverancia en el bien, se configuraba cada vez más en la manualística misionera de finales del seiscientos, como una grandiosa operación de resignificación tanto religiosa como cultural, en virtud de la cual la apariencia no debía sustituir jamás a la esencia. El moderno evangelizador, al contrario que el actor, de hecho, no finge, no representa un papel (Rico Callado 2006: 107); en cambio, gracias a la íntima coherencia entre palabra y conducta, resuelve la contraposición entre *vanitas* y *veritas*, eliminando de su comportamiento toda voluntad de engaño. Igualmente, desde esta perspectiva, la encarnizada oposición eclesiástica –especialmente de los jesuitas– hacia el teatro profano queda totalmente justificada:[17] se trataba de crear un espectáculo moral y cristiano que constituyera un antídoto contra la inmoralidad de las representaciones públicas,[18]

---

[16] Algunos años más tarde, en opinión del padre José Francisco de Isla, la ridiculez de semejantes abusos acabaría por acreditar la acusación lanzada por otro jesuita, el francés Alexandre-Xavier Panel, según el cual los predicadores españoles eran «los salvajes de Europa» (Isla 1992: 168).

[17] «Condannare l'azione scenica per la sua efficacia e assumerne gli strumenti, così da rendere più vivido e incalzante il messaggio cristiano pare una singolare contraddizione. [...] Tuttavia [...] i gesuiti non rinunziano a servirsene nelle missioni, a condizione che tale potere [...] si qualifichi in maniera moralmente inoppugnabile: [...] non sia impostura, allettamento di un'apparenza ingannevole, ma espressione sentita del vissuto di colui che se ne serve [...]. Ciò consentirà ai partecipanti di discernere l'origine benefica e il portato compuntivi dell'azione teatrale e delle forze di seduzione di cui essa è dotata» (Majorana 2003: 247-248).

[18] Es análogo el parecer de Marc Fumaroli: «i Gesuiti sono i migliori avversari del teatro profano e degli attori, non soltanto perché vi contrappongono, e più eloquentemente di chiunque altro, la dottrina della Chiesa che li condanna, ma perché fanno essi

ya que, como recordaba el padre López, «misión de Dios y de Belial no es posible que se puedan componer, ni encuadernar bien» (en La Naja 1678: 291a).

BIBLIOGRAFÍA

BÉTHENCOURT, Joaquín de (1991): *Historia del Colegio de San Pablo. Granada 1554-1765. Archivo Histórico Nacional. Madrid Ms. 'Jesuitas', Libro 773.* Granada: Universidad de Granada.

BROGGIO, Paolo (2004): *Evangelizzare il mondo. Le missioni della Compagnia di Gesù tra Europa e America (secoli XVI-XVII).* Roma: Carocci.

— (2007): «L'*Acto de contrición* entre Europe et Nouveaux Mondes. Diego Luis de Sanvítores et la circulation des stratégies d'évangélisation de la Compagnie de Jésus au XVIIᵉ siècle". En: Fabre, Pierre-Antoine/Vincent, Bernard (eds.): *Missions Religieuses Modernes. «Notre lieu est le Monde».* Roma: École Française de Rome, pp. 229-259.

CARAVANTES, José de (1674): *Práctica de misiones, remedio de pecadores. Sacado de la escritura divina y de la enseñanza apostólica.* León: Imprenta de la Viuda de Agustín de Valdivieso.

CÉSPEDES, Valentín de (*alias* Juan de la Encina) (1998): *Trece por docena.* Ed. Francis Cerdan y José Enrique Laplana Gil. Toulouse: Presses Universitaires du Mirail.

COPETE, Marie-Lucie/PALOMO, Federico (1999): «Des carêmes après le carême. Stratégies de conversion et fonctions politiques des missions intérieures en Espagne et au Portugal (1540-1650)». En: *Revue de Synthèse*, 2-3, pp. 359-380.

DEL CORNO, Carlo (1995): «Forme della predicazione cattolica fra Cinque e Seicento». En: Besomi, Ottavio/Caruso, Carlo (eds.): *Cultura d'élite e cultura popolare nell'arco alpino fra Cinque e Seicento.* Boston/Berlin: Birkhäuser, pp. 275-302.

ECHEVERZ Y EYTO, Francisco Miguel de (1741): *El misionero instruido. Vida y misiones del V.P. presentado Fr. Joseph Montagudo, misionero insigne del Real y Militar Orden de nuestra Señora de la Merced.* Madrid: Imprenta del Convento de dicho Orden.

---

stessi un teatro cristiano, contravveleno esattamente calcolato per dominare gli effetti dell'altro» (1990: 313).

EGIDO, Teofanés (2009): «Los casos de conciencia y la conciencia de los casos». En: Peña Díaz, Manuel (ed.): *Las Españas que (no) pudieron ser. Herejías, exilios y otras conciencias (ss. XVI-XX)*. Huelva: Universidad de Huelva, pp. 93-113.

FUMAROLI, Marc (1990): *Eroi e oratori. Retorica e drammaturgia secentesche.* Bologna: Il Mulino.

GARCÍA, Francisco (1675): *Carta del Padre..., Vice-Rector de la Casa de Probación de la Compañía de Jesús de Madrid, para los Padres Superiores de la misma Compañía de la Provincia de Toledo, sobre la muerte y virtudes del Padre Juan Gabriel Guillén* [ms. 822, *Tirso González de Santalla S.I.. Diario y relaciones de las misiones (1665-1682)*, Biblioteca Universitaria de Salamanca].

GAVARRI, José (1674³): *Instrucciones predicables y morales no comunes, que deben saber los Padres Predicadores y Confesores principiantes; y en especial los Misioneros Apostólicos.* Málaga: Ioseph del Espíritu Santo.

HERRERA SALGADO, Félix (2001): *La oratoria sagrada en los siglos XVI y XVII. III La predicación en la Compañía de Jesús.* Madrid: Fundación Universitaria Española.

ISLA, José Francisco de (1992): *Historia del famoso predicador Fray Gerundio de Campazas alias Zotes.* Ed. José Jurado. Madrid: Gredos.

LA NAJA, Martín de (1678): *El misionero perfecto. Deducido de la vida, virtudes, predicación y misiones del venerable y apostólico predicador Padre Jerónimo López de la Compañía de Jesús.* Zaragoza: Pascual Bueno.

LEDDA, Giuseppina (1989): «Predicar a los ojos». En: *Edad de Oro*, VIII, pp. 129-142.

— (2003a): «Filosofia e ottica nella predicazione medievale». En: Auzzas, Ginetta/Baffetti, Giovanni/Del Corno, Carlo (eds.): *Letteratura in forma di sermone. I rapporti tra predicazione e letteratura nei secoli XIII-XVI.* Firenze: Olschki, pp. 53-78.

— (2003b): *La parola e l'immagine. Strategie della persuasione religiosa nella Spagna secentesca.* Pisa: ETS.

LOZANO NAVARRO, Julián José (2004): «La Compañía de Jesús en el Reino de Granada durante el siglo XVI. Las misiones populares». En: Barrios Aguilera, Manuel/Galán Sánchez, Ángel (eds.): *La Historia del Reino de Granada a debate. Viejos y nuevos temas. Perspectivas de estudio.* Málaga: CEDMA, pp. 537-550.

LLAMAZARES, Tomás de (1688): *Instrucción de Predicadores escrita por el R. Padre..., de la Orden de San Francisco, Lector de Teología.* Burgos: Herederos de Juan Viar.

MAJORANA, Bernadette (1996): «Elementi drammatici della predicazione missionaria. Osservazione su un caso gesuitico tra XVII e XVIII secolo». En: Martina, Giacomo/Dovere, Ugo (eds.): *La predicazione in Italia dopo il Concilio di Trento*. Roma: Devoniane, pp. 127-152.

— (1999): «*Missionarius/Concionator.* Note sulla predicazione dei gesuiti nella campagne (XVII-XVIII secolo)». En: *Aevum*, LXXIII, settembre-dicembre, pp. 807-829.

— (2003): «"Schola Affectus". Persona e personaggio nell'oratoria dei missionari popolari gesuiti». En: Pontremoli, Alessandro (ed.): *Il volto e gli affetti. Fisiognomica ed espressione nelle arti del Rinascimento. Atti del Convegno di Studi. Torino, 28-29 novembre 2001.* Firenze: Olschki, pp. 183-251.

— (2007): «Tra carità e cultura. Formazione e prassi missionaria nella Compagnia di Gesù». En: Broggio, Paolo/Cantù, Francesca/Fabre, Pierre-Antoine/Romano, Antonella (eds.): *I gesuiti ai tempi di Claudio Acquaviva. Strategie politiche, religiose e culturali tra Cinque e Seicento.* Brescia: Morcelliana, pp. 219-260.

MEXÍA, Pedro (1989): *Silva de varia lección.* Ed. Antonio Castro. Madrid: Cátedra, 2 vols.

NÚÑEZ BELTRÁN, Miguel Ángel (2000): *La oratoria sagrada de la época del Barroco. Doctrina, cultura y actitud ante la vida desde los sermones sevillanos del siglo XVII.* Sevilla: Universidad de Sevilla/Fundación Focus-Abengoa.

OROZCO DÍAZ, Emilio (1980): «Sobre la teatralización del templo y la función religiosa en el Barroco: el predicador y el comediante». En: *Cuadernos para Investigación de la Literatura Hispánica*, 2-3, pp. 171-188.

PALOMO, Federico (2005): «La doctrine mise en scène: catéchèse et missions intérieures dans la Péninsule Ibérique à l'époque moderne». En: *Archivum Historicum Societatis Iesu*, LXXIV, 147, pp. 23-55.

— (2007): «Limosnas impresas. Escritos e imágenes en las prácticas misioneras de interior en la Península Ibérica (siglos XVI-XVIII)». En: *Manuscrits*, 25, pp. 239-265.

PASCUAL, Miguel Ángel (1698): *El Misionero instruido y en él los demás operarios de la Iglesia.* Madrid: Juan García Infanzón.

POZZI, Giovanni (1986): «Occhi bassi». En: Marsch, Edgar/Pozzi, Giovanni (eds.): *Thématologie des Kleinen. Petits thèmes littéraires.* Freiburg: Éditions Universitaires, pp. 161-211.

— (1993): *Sull'orlo del visibile parlare.* Milano: Adelphi.

PROSPERI, Adriano (1991): «Il missionario». En: Villari, Rosario (ed.): *L'uomo barocco.* Roma/Bari: Laterza, pp. 179-218.

REYERO, Elías (1913): *Misiones del M. R. P. Tirso González de Santalla, XIII Prepósito General de la Compañía de Jesús (1665-1686).* Santiago de Compostela: Editorial Compostelana.

RICO CALLADO, Francisco (2006): *Misiones populares en España entre el Barroco y la Ilustración.* Valencia: Institució Alfons el Magnànim/Diputación de Valencia.

Varios afectos y varias especies sensibles: la predicación de los jesuitas misioneros en las zonas rurales italianas (siglos XVII-XVIII)*

Bernadette Majorana
Università di Bergamo

La predicación de los misioneros italianos de la Compañía de Jesús en las zonas rurales católicas es por definición anti-literaria; la palabra pronunciada no se sustenta de los procesos de la escritura, sino que se organiza directamente de forma oral en la acción oratoria que el predicador realiza delante de los presentes. Los textos concebidos como producciones escritas son rarísimos y el autor del más notable de ellos, los *Razonamientos para la misión*, manuscritos, que se dirigen a los cofrades que los leerán, subraya claramente el estatuto eminentemente práctico y la función subsidiaria, independiente de cualquier interés *extra* misionero:

> Sono più che lunghi in carta, ma non tutto lo scritto si ha da dire in ogni predica, che mai deve passare un'ora. Il molto serve per portare una spezie in un luogo, un'altra in un altro, per un poco di varietà.
> La maggior parte di questi ragionamenti è un aggregato di varie spezie e di varj affetti, piuttosto che un discorso ben tessuto (Baldinucci siglos XVII-XVIII: fol. 5r).[1]

El autor, Antonio Baldinucci (1665-1717), que probablemente escribe a comienzos del siglo XVIII (pero del texto se conocen sólo un apógrafo y copias posteriores), subraya, por lo tanto, que los misioneros no deberán considerar este tipo de textos como ejemplos para imitar o para repetir servilmente, sino como unas reservas de argumentos a los que recurrir, según las circunstancias, los sitios, las comunidades y las necesi-

---

* Traducción al español de Rocío Luque.

[1] «Son demasiado largos sobre el papel, pero en cada sermón no se debe decir todo lo que está escrito, porque no debe nunca pasarse de una hora. La cantidad sirve para llevar una especie a un lugar, otra a otro, para un poco de variedad. / La mayor parte de estos razonamientos es un conjunto de varias especies y varios afectos más que un discurso bien construido.»

dades espirituales. El gran experto Baldinucci y todos los misioneros jesuitas desde el primero de ellos, a mediados del siglo XVI, hacen referencia a sermones no sólo carentes de la redacción preliminar de un texto redactado y completo, sino también de una oralidad basada en un aprendizaje literal y de memoria, típico de la común práctica oratoria (Morán/Andrés-Gallego 1991: 163-170, Martina/Dovere 1996, Pozzi 1997: 289-291): los sermones misioneros non son recitados, sino improvisados, *al momento*, usando la definición tradicional del *modus operandi* de los coetáneos cómicos del arte italianos (Majorana 1999: 812-814). Por lo que hay que tener en cuenta este tipo de particular planteamiento. Es más, se transforma en una premisa para cualquier otra reflexión.

Las misiones internas están destinadas a las poblaciones más pobres de las áreas católicas, sobre todo, de las zonas rurales, caracterizadas por una profunda y difundida ignorancia religiosa y moral, asociada con la falta de preparación y con la corrupción del clero y con la ausencia de la red eclesiástica institucional, condiciones que a comienzos del siglo XVI se revelan gravísimas, favoreciendo además una penetración más fácil de las doctrinas luteranas. Desde la fundación de la Compañía, en 1540, hasta su supresión, en 1773, los jesuitas trabajan para acercar a la vida cristiana a los bautizados, con el fin de enseñarles la doctrina elemental, las prácticas de la oración y de la devoción, de guiarlos a los sacramentos de la confesión y de la comunión, y a la elección de conductas virtuosas. Se consagran a esta empresa concentrándose en el uso de medios idóneos a la capacidad de comprensión y a la sensibilidad de sus destinatarios. Al llegar el siglo XVII, inspirándose en el más antiguo modelo jesuita, imitándolo y modificándolo significativamente, también otras órdenes religiosas y congregaciones de sacerdotes se dedican a la asistencia espiritual de las poblaciones rurales en distintas partes de Europa (Rusconi 1992, Châtellier 1993, Orlandi 1994;, Prosperi 1996: 551-684, Dompnier 1997, Sorrel/Meyer 2001, Fabre/Vincent 2007). Sin embargo, los jesuitas son los primeros en captar la necesidad de dedicarse a ello, coherentemente con lo que ya hacen con los infieles y los paganos (Prosperi 1980).

Desde mediados del siglo XVII cada misión rural jesuita se desarrolla, en Italia, dentro de una determinada región o diócesis, a través de una serie de etapas de no menos de entre siete y diez días cada una, de ciclos ininterrumpidos de unos dos o tres meses y nunca en los períodos más importantes del año litúrgico, Navidad, Cuaresma, Semana Santa, de manera distinta a lo que ocurre en España o en Portugal (Reyero 1913, Palomo 2003: 108-122). Según el modelo apostólico, los misioneros viajan a pie, de dos en dos, y son fieles a la más estricta pobreza; los que tienen el apostolado rural como ocupación apostólica principal le dedican seis meses al año y más. En el tiempo limitado de cada etapa en una comunidad, los misioneros desarrollan un dispositivo complejo, para conseguir los resultados esperados antes de marcharse. Se trata de un sistema de sermones, instrucciones catequísticas, ejercicios de penitencia y de piedad, asociados con las confesiones y con las comuniones, signo sacramental de la unión renovada con la Iglesia, y medida cuantitativa del éxito de la intervención en cada lugar.

Las principales fuentes directas de la praxis rural italiana son los informes que los misioneros deben enviar con regularidad a sus superiores, centenares de cartas y relaciones manuscritas; mientras que son poquísimos no sólo los textos de los sermones, sino también los concebidos como reflexiones sobre métodos de trabajo. Pocas y relacionadas principalmente con las representaciones eclesiásticas de Claudio Acquaviva (1581-1615) y de Vincenzo Carafa (1646-1649) son las directrices oficiales sobre las actividades en las zonas rurales. Entre las fuentes externas son valiosos los informes manuscritos o impresos redactados por los observadores y las biografías de los misioneros.

Por las fuentes emerge la tendencia de la cultura misionera jesuita para organizarse como sistema, a racionalizarse como método, delineando una especialización que alcanza la más alta definición entre la segunda mitad del siglo XVII y los primeros treinta años del siglo XVIII (Majorana 2002). En particular, aunque fundados en una única formación espiritual, teológica y retórica, tanto al del predicador misionero como al del predicador solemne ciudadano se les considera como dos ministerios diferentes, correspondientes a dos estilos oratorios distintos (Dompnier 1985, Majorana 1999).

De hecho desde el comienzo, cuando aún la misión interna no se ha constituido como una tradición y no se ha configurado como un sistema, los jesuitas que se dedican a ello no se valen de los criterios de trabajo de la elocuencia de género literario, típicamente ciudadana y específica de los períodos importantes del calendario litúrgico. El predicador de elocuencia –como lo llaman los misioneros– goza en la ciudad del favor de un público variado y culto: es capaz de complacer el gusto de la invención, la necesidad de sorprender, la espera de novedades, y sus sermones pueden constituir una ocasión mundana ligada a notables éxitos personales. Para prepararlas necesita un lugar tranquilo, una buena alimentación y, sobre todo, tiempo, mucho tiempo: un mes para cada sermón es lo que necesita un orador sagrado de gran capacidad como el eminente Paolo Segneri senior (1624-1694), que al final de su vida, después de haber sido *missionarius* por más de veinticinco años, vuelve a la profesión de *concionator*, llamado por Inocencio XII para predicar en el Palacio apostólico (Segneri 1857: 184).

A la composición y a la recitación puede seguir una edición impresa de sermones para leer, un género con un éxito tan duradero y grande que se transforma, ya en pleno siglo XVI, en una verdadera «boga», tal y como afirma Giovanni Pozzi (1997: 3-46).

A este proceso los misioneros jesuitas le sustituyen el dispositivo opuesto de la improvisación, un criterio de trabajo que satisface distintas exigencias: ahorro de tiempo y de estudio, versatilidad, rapidez de organización –toda mental– de las partes, ductilidad expositiva, amplia posibilidad de integración de los lenguajes, con intercambios entre *actio* verbal y gestual, e integración de imágenes, cantos, rezos, acciones físicas, movimientos colectivos; además de una sistemática repetición (los temas de los sermones son siempre los mismos en cada etapa) con las consiguientes y eventuales modificaciones y la posibilidad, por lo tanto, de afinar o fijar un estilema y gozar de la ventaja de un cambio o una eliminación, en la relación entre el contenido teológico-pastoral obligatorio y la variabilidad también ocasional de las circunstancias.

Se trata de una forma oratoria adecuada a un apostolado esencialmente experimental como es el caso del rural; y es considerada por los misioneros como la práctica que corresponde mejor a la humildad y a la abnegación de sí mismos, virtudes centrales de la vocación jesuita y de su acción en el mundo, difíciles de perseguir justo en virtud de la no menos fundamental cultura que los miembros de la Compañía y especialmente los predicadores deben poseer de forma muy elevada (Majorana 2003). La autonomía completa de los textos escritos es una condición indispensable para la vida itinerante de los predicadores misioneros y para la pobreza absoluta que los caracteriza: la improvisación les permite predicar en las zonas rurales durante meses, sin tener que consultar nunca textos escritos y bibliotecas, rechazando los privilegios concedidos a los cofrades predicadores que residen en domicilios ciudadanos, atendiendo a la composición oratoria. El sermón misionero constituye, por lo tanto, una elaboración oral realizada completamente en el lugar: se concibe como una acción abierta, receptiva, que puede modificarse según las necesidades, conforme a la reacción contextual de los presentes o en función de las exigencias específicas de la totalidad de la comunidad; el misionero la pone a punto pescando de reservas mnemónicas ya muy bien consolidadas, recurriendo a nuevos elementos que hay que someter a una comprobación, intuiciones y estímulos casuales.

A partir del siglo XVII se predica regularmente dos veces al día aproximadamente una hora cada vez, por la mañana temprano, antes de que empiecen las labores en el campo, y al atardecer. Normalmente los temas son el pecado, la muerte, el juicio final, el infierno, la vergüenza por las ofensas hechas a Dios, la Pasión de Cristo y la misericordia divina. Y puesto que los sermones pueden reunir incluso a miles de personas, tienen lugar a menudo fuera de la iglesia, al aire libre, en la plaza del pueblo o en el campo. El predicador se coloca siempre en un lugar alto, como, por ejemplo, sobre una mesita o un palco de madera levantado para la ocasión, desde donde su figura y su voz pueden ser captadas mejor por los presentes, dispuestos delante de él en grupos distintos de hombres, mujeres, religiosos, mujeres con niños. Hace lo mismo en la iglesia, donde raramente predica desde el púlpito (Baldinucci c. 1705, Fontana 1714: 89-105, Majorana 2002 y 2007).

Como cada acción oratoria bien fundada, que tenga clara su finalidad persuasiva y sus medios, también el sermón misionero se basa en la evaluación de los destinatarios. Baldinucci afirma:

> Io giudico che, per convertire popoli nelle missioni, più giovi battere la fantasia e la volontà che l'intelletto. Il far viaggio in una predica con molte ragioni è simile al corso dell'onde nei fiumi: un'onda caccia l'altr'onda: così una ragione caccia l'altra dalla mente di uditori rozzi, che sempre sono i più. Quella verità, quella massima cristiana più s'imprime in essi che si va ripetendo con varie spezie sensibili. Un popolo non ci tiene dietro, ci perde di vista in un discorso non popolare e parte dalla missione tale quale è venuto (Baldinucci siglos XVII-XVIII: fol. 5r).[2]

---

[2] «Yo considero que para convertir a los pueblos en las misiones, es más útil azotar la fantasía y la voluntad que el intelecto. [...] Viajar dentro de un sermón con muchos

Más que en las palabras, la sabiduría de los pobres reside, pues, en los sentidos: si es éste el postulado de la persuasión popular, lo que no puede penetrar a través de la comprensión intelectiva tendrá que 'tocar' mediante los sentidos, a través de lo concreto, lo material, lo visible. Sobre la base de la experiencia y de estos presupuestos, desde mediados del siglo XVII algunos misioneros de entre los más activos y celebrados –en particular los que se formaron en la Provincia Romana de la Compañía– hacen del sermón un conjunto de escucha y visión, al vértice del cual se encuentra la disciplina pública del predicador, punto de partida de estas formas maduras de predicación rural. Es una acción singular, delineada por Paolo Segneri después de algunos años del comienzo de su larga actividad misionera (1665-1692) y es el fruto de una serie de intentos cumplidos en 1671, durante un ciclo de diecinueve misiones en la diócesis de Faenza. La improvisación le permite actuar con la necesaria autonomía expresiva.

En un primer momento, Segneri introduce en el sermón tres elementos que considera necesarios para alcanzar la máxima movilización afectiva y compungida de los presentes: con sentidas palabras y lágrimas se acusa de ser a su vez pecador, colocándose así, frente a Dios, en una posición de igualdad con el pueblo; les pide a los fieles que imploren por él la misericordia; atrae en el sermón la efigie de Cristo crucificado, colocada normalmente al lado del predicador, cogiéndola en la mano. La coherencia entre gesto e imagen hace que el discurso sea más claro y genera en los presentes una fuerte turbación: pero esa definición performativa no corresponde todavía de lleno a las aspiraciones que Segneri persigue. Por ello, lleva el sermón mucho más allá de los confines verbales, mediante una fuerte evidenciación de su misma corporeidad: en su concreción ejecutiva y física, la acción reúne ejemplarmente los temas predicados de la culpa y de la deuda que la comunidad de los presentes mantiene con respecto a Jesús sacrificado, del arrepentimiento y de la promesa de una renovada devoción a Cristo. Al final de un sermón de

---

razonamientos es parecido al curso de las olas en los ríos: una ola empuja a otra ola: así un razonamiento empuja a otro de la mente de los oyentes rudos, que son siempre los más numerosos. Esa verdad, esa máxima cristiana es la que más se imprime en ellos, [si] se va repitiendo con varias especies sensibles. Un pueblo no nos puede seguir, nos pierde de vista, en un discurso no popular: y se va de la misión tal y como llegó.»

despedida, de hecho, después de haber invitado a todos a cantar el *Te Deum* de agradecimiento, Segneri dice que él, en cambio, hará penitencia por sus pecados: se quita en seguida el hábito de sacerdote y aparece con una vestimenta desgastada, abierta por los hombros, y empieza a flagelarse hasta la sangre. El canto se confunde, todos gritan y lloran. En pocos meses la acción se extiende a otros sermones y a otros segmentos de la misión (como en los breves sermones durante las procesiones penitenciales y en algunas devociones), a fin de predisponer la voluntad de arrepentimiento y, a partir de ahí, la penitencia sacramental y la conversión de las conductas: la disciplina cumplida por el misionero tiene siempre el efecto de provocar en los presentes el llanto y la piedad hacia él, de incitarlos a reconocerse pecadores a voz en grito y a demostrar su deseo de conversión; mientras que el mismo misionero los invita a cumplir especulativamente actos análogos de mortificación corporal (Pinamonti 1671: 267, Rochetti 1672: fol. 230r).

Cabe destacar, en efecto, la capacidad de los misioneros italianos de unificar en un único tratamiento retórico y en una amplia espectacularización las acciones del predicador y la presencia de los participantes, regulada y ordenada para ese fin como manifestación participativa coherente, según formas fijas o procesionales, dotadas de cualidades sonoras, visivas y cinéticas. La importancia pastoral asignada a la espectacularidad colectiva con el fin de movilizar los sentidos y, mediante éstos, las emociones y la voluntad, los misioneros la tienen muy clara desde comienzos del siglo XVII.

Se describe de este modo una de las primeras pruebas segnerianas de sermón con la disciplina, durante las misiones realizadas en la primavera de 1672, en la diócesis de Módena:

> Ha il padre fattosi accomodare certa sua logora veste in modo che aperta dietro, dalla cintura nel dorso, egualmente lascia le spalle tutte scoperte. Questa tal veste si pone sopra la carne, e con una grossa fune che dal collo si ritorce a modo di stola descende a legarsi in cintura ben strettamente. Poscia sopravestito dell'habito solito si porta a far la predica. Propone, spiega, esagera, con dottrine, con esempi; con similitudini apre lo stesso inferno, il fa vedere. Quindi, entrato in sommo fervore di penitenza e fattosi porgere da uno de' confratelli assistenti grossa catena, con essa si carica il collo, mostrando a che termine sia gionto nel farsi schiavo dell'infernale Satanasso. Appresso chiede ad un altro fratello la corona di spine, e quella ponendo e

calcandosi in capo, quella dice solo di meritare per le opere ch'egli fa. Anzi, di quella ancora stimandosi indegno mentre una simile vede in capo del suo Redentore, a tante lagrime fa che si aggiongano altissime le strida. Di poi, infiammandosi maggiormente in lui lo spirito di penitenza, disciolto ad un tratto il cinto della veste superiore, e quella con destrezza gettata tutta da sé su 'l braccio sinistro, comparisce in quella di sotto che si diceva, e con la destra, tolto un flagello composto di dupplicate lastre di ferro che si fa dare da un altro de' confratelli pur assistenti, comincia e siegue a battersi per qualche spatio fieramente con esso. E viene a ridurne con questo l'udienza a tanta commotione che, quantunque ei predichi insieme, nulla più si ode che gemiti e che singhiozzi profondi, nulla più si vede che pianti. Quando poi finalmente dall'altro fratello chiede lo specchio delle proprie miserie, cioè un horrido teschio di morte, e quello prendendo nella mano sinistra e fissamente guardando prende anco (come se quell'anima sentisse) a parlar seco, ad interrogarla, a dialogare ed a moralizzare con essa nello stato di dannatione, oh qui bisogna bene compungersi d'una vita menata sì malamente, oh qui ribomba il luogo, oh qui risuonano le voci che gridano misericordia, che promettono restitutione, che promettono pace, che promettono penitenza (Bartolini 1673: 11-12).[3]

---

[3] «El padre se ha hecho arreglar una vestimenta suya desgastada de tal manera que quede abierta por detrás, desde la cintura hasta la espalda, y que deje también los hombros completamente descubiertos. Esta vestimenta se pone directamente sobre la piel, y tiene una cuerda gorda, que desde el cuello se tuerce como una estola, que desciende para atarse bastante a la cintura. Luego, con el hábito de siempre colocado por encima, se va a predicar. Propone, explica, exagera, con doctrinas, con ejemplos; con similitudes abre el mismo infierno, lo deja ver. Luego, una vez que entra de lleno en el fervor de la penitencia y después de haberse hecho entregar por uno de los cofrades asistentes una gruesa cadena, se la carga al cuello, mostrando hasta qué punto ha llegado sometiéndose como esclavo del infernal Satanás. Acto seguido le pide a otro cofrade la corona de espinas, y colocándosela y apretándosela sobre la cabeza, de ésta dice que se la merece sólo por las cosas que hace. Es más, se considera aun indigno de llevarla al ver sobre la cabeza de su Redentor una parecida, tantas son las lágrimas que arroja que se añaden altísimos los chillidos. Después, prendido aún más en él el espíritu de penitencia, desatado de repente el cinturón del hábito superior, y dejado caer por sí solo con destreza sobre el brazo izquierdo, aparece cubierto por la mencionada vestimenta que lleva debajo, y con la derecha, con un flagelo compuesto por varias láminas de hierro que se hace entregar por otro de los cofrades también asistentes, empieza a flagelarse enérgicamente con él y sigue durante un rato. Y con esto reduce a los oyentes a tal conmoción que, aunque él siga predicando, no se escuchan nada más que gemidos y profundos sollozos, no se ven nada más que llantos. Cuando luego finalmente le pide a otro hermano el espejo de su

La solución segneriana se relaciona con las prácticas públicas de los flagelados de la Baja Edad Media: pero la afinidad es, sobre todo, exterior, como el hecho de utilizar una vestimenta corta y abierta por los hombros; mientras que la diferencia es radical y estriba en el acto, inaudito hasta entonces (y sucesivamente, a excepción de la práctica de los misioneros seguidores de Segneri), de que el que se flagele públicamente sea un sacerdote, y por sí mismo, fuera de un grupo de compañeros y de una coherente praxis ritual, y que él cumpla tal acto dentro de la condición sacramental del sermón. El estudio formal de la vestimenta que cae responde a la necesidad de una transformación inmediata y llamativa durante el desarrollo del sermón, en el momento de pasar de la sola palabra a la implicación del cuerpo; y refleja la conciencia de tener que turbar y al mismo tiempo aclarar el sentido de las palabras a través de una acción (la disciplina hasta la sangre, precisamente), que el hábito adecuado favorece. De esta manera ese arrebato será un choque para quien asista a la escena por primera vez; mientras que en los que ya la conocen –por haber asistido a otros sermones del misionero o por haberlo seguido de una etapa a otra, viéndosela repetir y perfeccionar– ésta determina una espera, una tensión, sustentada por el hecho de estar atento escuchando y por intensificar la mirada, pendientes en reconocer la progresión hacia el momento en el que, finalmente, la emoción deseada se enciende: ver y volver a ver, escuchar y volver a escuchar determinan en el fiel la formación de un gusto misionero, de una competencia, que le haga apreciar la capacidad del predicador de conmover (y es precisamente esto entre otras cosas lo que revela el largo relato del jesuita Lodovico Bartolini, que había asistido a decenas de sermones segnerianos durante la misión en la diócesis de Módena).

Además, también en virtud del uso de la calavera, antiguo expediente terrorífico para evocar materialmente un más allá sin resurrección, se podría considerar que el sermón segneriano del infierno no se aleja del

---

propias miserias, o sea, una horrible calavera de muerte, y cogiéndola con la mano izquierda y mirándola fijamente empieza también (como si aquella alma escuchara) a hablar consigo mismo, a preguntarle, dialogar y moralizar con ella en el estado de condena. ¡Oh! hay que arrepentirse mucho por una vida llevada tan mal, ¡oh! retumba el lugar, ¡oh! se escuchan las voces que piden misericordia, que prometen restitución, que prometen paz, que prometen penitencia.»

de la tradición medieval sobre el mismo tema; en cambio, coherentemente con la larga y constante tradición de los misioneros rurales de la Compañía, la raíz textual del tema es ignaciana, remontándose a los *Ejercicios espirituales* ignacianos, según una opción cumplida ya por el primero de ellos, Silvestro Landini, y documentada en 1548 (*Litterae quadrimestres* 1894: 136, 163). Además, las razones que guiaron en aquel entonces esta elección temática y que orientaron luego durante casi ciento veinticinco años la elección realizada por Segneri son las también estrictamente jesuitas: se remontan a uno de los presupuestos del *modo de proceder* de la Compañía, a la *accommodatio*, esa capacidad especial de adaptación exterior a las personas, a los lugares y a las circunstancias que los jesuitas deben ejercer en contextos misioneros tan distintos, come son aquellos en los que actúan según la vocación universal de su apostolado (Catto/Mongini 2010).

La novedad que destaca de la disciplina corporal asociada con el sermón consiste en la implicación subjetiva del predicador en el tema del que habla y, contextualmente, en el destino de los pecadores a los que se dirige en cuanto pecador a su vez. Introduciendo la partitura verbal en primera persona encarnada en la acción y desnudándose materialmente de las insignias sacerdotales, depone el rol temible pero no suficientemente persuasivo de la autoridad justa que se opone a la culpabilidad de los hombres, y mediante un acto penitencial cuya sinceridad es visible (demostrada por la sangre) testimonia querer convertirse él mismo, dando al mismo tiempo un ejemplo de adhesión a la obra de Jesús, inmolado para la salvación de los pecadores, del que se apodera de las señales y de los gestos. Establece así un nuevo vínculo con el pueblo en la evidencia de la mortificación en común.

El sermón con la disciplina hace visible la estructura misma de la misión, fundada sobre la vocación *mixta* de los jesuitas, para los cuales el itinerario personal de perfección coincide con el apostolado que cada uno de ellos cumplirá (O'Malley 1999: 71-100); y es también la transposición de la teología de la Pasión y muerte de Cristo en acciones que puedan ser captadas por los sentidos y los afectos, más allá de la palabra, demasiado a menudo inadecuada para la comprensión limitada de la gente sencilla, como nos recuerda Baldinucci. Destinada a satisfacer las exigencias persuasivas de la misión, la solución segneriana no descuida, por lo tanto, la preocupación teológico-doctrinal, cuya importancia es fundamental para la finalidad de la instrucción de los fieles: hay que imaginarla, entonces, paralelamente al aprendizaje de memoria de las oraciones principales (el Pater Noster y el Ave María), del Credo, de los Mandamientos, y entrelazada con los contenidos elementales de la catequesis impartida cotidianamente a la comunidad en el desarrollo de cada etapa.

Apenas Segneri la pone a punto, esta acción clamorosa y cruenta, perfectamente adecuada para el fin prioritario del *movere*, entra a formar parte del patrimonio misionero de la Compañía de Jesús: los que seguirán su ejemplo la cumplirán exactamente de la misma manera. El hecho de convertir el sermón del decir al hacer sigue sorprendiendo cada vez, turba, acompañando a la asamblea hasta la cúspide de la emoción. A partir de los últimos treinta años del siglo XVII la figura del predicador que se flagela ante el pueblo resaltará en la predicación rural, transformándose en el emblema de los valores penitenciales, reparadores, modelos de la misión jesuita, pero también de un arte magistralmente poseída, llevada a la perfección para servir a las estrategias de conversión de los simples.

Explotando el potencial de la visibilidad, Segneri abre, por lo tanto, el camino a un estilo de predicación caracterizado por una relación inseparable entre palabras y acciones, que desemboca deliberadamente en la representación. Construida y repetida con exactitud absoluta, como todas las fuentes relevan, la acción es muy calibrada, controlada por una técnica ejecutiva perfeccionada por la repetición, y delinea un verdadero dispositivo estilístico, estrechamente conectado con los elementos materiales reiterados: la doble vestimenta, los dobles flagelos, la cuerda al cuello y, alrededor de la cintura, la corona de espinas.

El estilo oratorio inaugurado por Segneri parece que se inspira en la cultura de los emblemas y de las empresas, muy (aunque no sólo) jesuita. Esta forma retórica, que se confirma a través de la impresión y está concebida para transmitir verdades religiosas e intenciones morales, se funda ya, de hecho, en la combinación indisoluble del elemento verbal con el elemento figurativo: la inmediatez sensible permite también al observador iletrado, que no tiene acceso a la escritura, quedarse impresionado por la mezcla alusiva de imagen y palabras (Praz 1946: 219-268, Battistini/Raimondi 1990: 177-178). Al modelo oratorio introducido por Segneri, su acción verbal y corpórea, que atrae y sugestiona, y que al mismo tiempo enseña clara y completamente el contenido de la misión, se le puede considerar como una expresión emblemática adaptada para los pobres de las zonas rurales.

En este procedimiento se puede reconocer, además, la antigua tradición de las artes de la memoria basada en las *imagines agentes* y muy conocida por los jesuitas a través de la retórica de tradición clásica y los préstamos del período humanístico-renacentista y posterior, sin excluir su uso en las artes figurativas y oratorias (Yates 1966, Bolzoni 2002).

La disciplina del predicador se confirma en un clima cargado de tensiones espirituales y teológicas, donde el mismo Segneri tiene un papel principal: la solución que pone a punto en ámbito misionero hay que considerarla, por ello, en relación con las posturas anti-quietistas que él va madurando mientras tanto. La *Guía espiritual* de Miguel Molinos sale en Roma en 1675, y la tradición ignaciana de la contemplación activa se pone explícitamente en discusión: Segneri se opone a la afirmación de que el camino interior y pasivo hacia la santidad de vida sea más perfecto que el que incluye al hombre completamente, el cuerpo, los cariños, la voluntad y el intelecto. Entre 1680 y 1682, en el pleno desarrollo de su trabajo misionero, publica cinco textos polémicos para poner en tela de juicio estas tesis (Bolis 1996: 79-93). El empuje dado a la imaginación, la valorización de la relación entre palabra y cuerpo en la experiencia social de la fe, el estímulo para cumplir hechos de reforma visibles, imitando a Jesucristo concretamente, reflejan bien las posturas doctrinales de Segneri filtradas a través de su estilo de predicación.

Desde el año 1672 en adelante, según la capacidad y la sensibilidad de cada jesuita, la cohesión de palabras e imágenes que caracteriza la fórmula oratoria segneriana podrá incluir en el sermón ulteriores elementos figurativos, imágenes y esculturas: éstos adquieren el papel de personajes, de interlocutores del misionero. Se trata de acciones urdidas de manera ampliamente dramática: resulta evidente en ellas que la competencia alcanzada por los misioneros tiene un sustrato retórico-teatral que hace hincapié en la práctica interpretativa típica de la pedagogía jesuita.

Como cada estudiante de la Compañía, estos misioneros han sido actores en los teatros de los colegios, donde han puesto a prueba las habilidades oratorias alcanzadas con el tiempo de la clase de retórica (es sabido, por ejemplo, que Paolo Segneri, discípulo del Colegio Romano, recitaba frecuentemente; Massei 1701: 14): el arte oratoria se plasmaba, *sub specie* escénica, en la voz y en el cuerpo del joven actor, destinada a animar y a perfeccionar su elocuencia y sus capacidades para relacionarse, indispensables para la vida adulta. La identidad teatral permitía que el joven se fuera apoderando de los modelos de virtud civil, rectitud, piedad cristiana que descendían del personaje encarnado: era un hábito relacional, una segunda naturaleza, que permitía poner en contacto lo exterior y lo interior, haciéndolos coincidir en profundidad y en superficie. Además, todo lo que ocurría sobre la escena tenía la finalidad de tocar, impresionar y entretener al público, suscitando pensamientos piadosos y edificantes (Valentin 1978, Chiabò/Doglio 1995, Zanlonghi 2002).

En la profesión misionera adulta la experiencia teatral juvenil encuentra un cumplimiento sorprendente y conoce una transformación importante en el cambio del contexto ciudadano al rural: entrar en una práctica especializada –como dice Michel de Certeau (1977: 173-174)– significa adquirir un lenguaje, creando una demarcación con respecto a otros lenguajes. El fin de las misiones no es, de hecho, el mismo de las escenas del colegio, de las cuales conserva también el poder de la síntesis representativa y la eficacia de la identidad entre persona y personaje: se trata de presentarles a los fieles un modelo, un ejemplo de conversión personal que sea también un testimonio eficaz, de encarnar el significado teológico y existencial del apostolado entre los pobres. El sermón (lugar paralelo al teatro, por lo tanto) es el momento en el que todo esto alcanza la máxima concentración y la mayor viveza; el momento en el que la atención de la comunidad sobre el misionero está más formalizada en el reparto ordenado de la escucha y de la mirada, de la presencia.

El caso de Antonio Baldinucci es interesantísimo: a este misionero hay que considerarlo como un verdadero maestro de acciones dramatizadas con imágenes, en las cuales el Cristo de la Pasión no es evocado sólo verbal o implícitamente en una acción, sino que se transforma en una figura animada.

Como conclusión de un sermón sobre el tema de la misericordia, durante una larga exhortación para dirigirse a la imagen de Jesús en los momentos de dificultad, Baldinucci recurre al ejemplo de una tempestad que causa una gran cantidad de víctimas. Narra la historia de un joven que para no ahogarse se agarra a un cadáver, dándose cuenta en seguida de que se trata de su padre muerto: de la misma manera, para salvarse, el pecador penitente se agarrará a Cristo sacrificado. A este punto el misionero empieza a castigarse, muchos lo imitan, muchos piden piedad y perdón. En el margen del folio que contiene el texto del discurso se lee una nota que señala la acción cumplida por Baldinucci en correspondencia con las palabras pronunciadas: «Tengo il Crocifisso disteso, e con decoro lo muovo, come se galleggiasse» (Baldinucci siglo XIX: 161-162).[4] Se trata del Crucifijo que, según la costumbre, se coloca al lado del predicador. En este contexto se transforma en un personaje, interviene en la acción, en la que se evoca con las palabras (el *exemplum* del joven náufrago), y, por lo tanto, se imagina, y en la actuada realmente, de la cual el misionero mismo –a punto de flagelarse de la manera que conocemos–, se transforma en protagonista junto con los fieles, convocados todos dentro del radio de la acción realizada, o sea transformativa, que implica un cambio de condición *hic et nunc*, precisamente a través de ese objeto cargado de poder dramático: de espectadores a actores y de pecadores a penitentes.

El gesto podría parecer muy simple. No obstante, hay que imaginar cómo el movimiento de Baldinucci transmite al Crucifijo tal empuje fantástico, que corre el riesgo de resultar impío y de suscitar irrisión. El misionero se da cuenta seguramente de la evolución de sentido que su acción le produce al objeto sagrado, en el momento en el que lo aleja de la función devota corriente para empujarlo hacia una dimensión teatral: el riesgo está muy presente en este género de elecciones oratorias cuya acción Baldinucci –como hemos leído– recomienda realizar con el debido decoro. Gracias a un control perfecto el misionero no debe renunciar a llevar la figura tambaleante del Cristo al centro de la representación, de tal manera que se disuelva la angustia del terrible y largo relato. En una época en la que imágenes y teatro están sometidos a numerosos vínculos doctrinales y morales (Prodi 1965, Taviani 1968), las soluciones inventadas por los misioneros son el resultado de una atenta consideración de la ortodoxia y al mismo tiempo de una extrema autonomía de reflexión y de experimentación, ligadas con las exigencias propias de su apostolado. Remodelada en el sermón, la acción teatral se dispone, por lo tanto, dentro de lo sagrado, encontrando la propia legitimidad en la conciencia normativa de los misioneros que regulan la expresión.

---

[4] «Tengo el Crucifijo acostado, y con decoro lo muevo, como si flotara.»

Al final de un sermón sobre la deshonestidad, durante la cual se podía ver al lado del misionero una estatua del Cristo descendido, Baldinucci imparte la disciplina de la misma manera que siempre y de rodillas. Luego se levanta, coge entre los brazos la figura de Cristo y, avanzando, se la enseña a los presentes. En el informe, autógrafo, el misionero escribe que en este punto todos «si disfacevano in gemiti d'un'eccessiva compuntione» (1706: fol. 465v),[5] subrayando así el efecto de la visión conmovedora. Sin embargo, es la singularidad, la audacia, incluso, de este gesto que hay que notar, tanto es doloroso y materno, que le confiere a la estatua la potencia de una representación viviente.

Se trata de un Cristo dotado de articulaciones desanudadas, del tipo utilizado tradicionalmente en ocasión de los ritos del Viernes Santo, para la crucifixión y el descenso de la cruz (Taubert 1969, Bernardi 2005). Baldinucci se lo había hecho esculpir expresamente y en sus viajes misioneros lo lleva siempre consigo, devotamente: lo describe como «un cadavero di fresco morto», que «in tutte le sue membra poteasi muovere» y «grondava sangue» (1706: fols. 465r-v).[6] La movilidad física de esa estatua responde plenamente a la afectividad concreta necesaria de Baldinucci para adaptarse a los pobres, consintiéndole rehuir las técnicas retóricas puramente verbales. Como el misionero que se inflige la disciplina, también las imágenes abren a los fieles el camino de la experiencia de imitación, y constituyen el primer grado de elaboración afectiva del pecado y de la voluntad de expiarlo: es tan fuerte, en la perspectiva misionera, la eficacia de semejante auxilio, que el mismo Baldinucci, cuando enseña al pueblo su «piagato Signore», el «appassionato Signore», lo llama el «esemplare della vostra penitenza» (siglo XIX: 356).[7]

Otras veces, Baldinucci hace erigir luego la estatua sobre una cruz llevada en procesión; la hace yacer en un ataúd, según la tradición del entierro; a menudo coloca a su lado la estatua de la Virgen dolorosa, o si no la representación pintada de un condenado. En estos casos y en otros predica recurriendo activamente a las imágenes: y siempre, las imágenes, la acción y el actor están ligados por una fuerte relación de reciprocidad,

---

[5] «se deshacían en gemidos de excesiva compunción.»

[6] «un cadáver que acaba de morir», que «en todos sus miembros se podía mover» y «chorreaba sangre».

[7] «Señor con llagas», el «apasionado Señor», el «ejemplar de vuestra penitencia».

que se transforma en el vínculo del sentimiento compungido de toda la colectividad de los que participan.

La versatilidad dramática de las estatuas es esencial también en las misiones de otro maestro del sermón con imágenes: Paolo Segneri junior (1673-1713), el sobrino del viejo Segneri. En 1712, Lodovico Antonio Muratori, historiador y erudito de fama europea, muy influyente también en el ámbito político, además de párroco, en ese período, de una pequeña iglesia de Módena, decide acompañar a Segneri durante un ciclo de misiones por la diócesis. En la crónica de esta experiencia, Muratori reflexiona sobre la actividad misionera: sabe que los elementos espectaculares de la misión jesuita son objeto de protestas, porque se consideran peligrosos, hechos de exterioridad, de seducciones y, finalmente, de simulaciones (Orlandi 1972, Majorana 2009). Pero refiriéndose a las grandiosas procesiones de penitentes, a la disciplina pública del predicador, a los sermones con figuras, escribe:

> Tutto questo esterno e strepitoso delle missioni si deve o procurare o permettere [...]. Potrebbe predicarsi assaissimo, forse non si farebbe nulla. Bisogna dunque con queste novità rompere i pensieri alle genti [sia di faccende domestiche e di roba, sia di piaceri, amori ed altre simili passioni], e far calare que' fantasmi onde, liberato, l'animo possa ritornare a sé e ricever bene e ruminar le cose di Dio e gl'interessi dell'eterna vita (Muratori 1712: 257).[8]

Muratori, que considera a Segneri junior como un gran modelo de predicación popular, concuerda con lo inadecuado de sólo algunas palabras: para excitar la voluntad de los simplones, los incultos, los «oyentes rudos» son necesarias «varias especies sensibles», había dicho Baldinucci. Estas especies sensibles corresponden a las «novedades» y a los «fantasmas» de los que habla justamente Muratori, a lo que penetra en el alma a través de la fantasía y que, sustituyendo a las preocupaciones

---

[8] «Todo lo exterior y lo estrepitoso de las misiones se debe conseguir o permitir [...]. Se podría predicar muchísimo, a lo mejor no se haría nada. Es, por lo tanto, necesario con estas novedades romper los pensamientos de la gente [tanto de los asuntos domésticos y de sus bienes, como de los placeres, de los amores y de otras pasiones semejantes], y acabar con esos fantasmas para que, después de haber despejado el espíritu pueda volver en sí para acoger bien y rumiar las cosas de Dios y los intereses de la vida eterna.»

mundanas, permite que los cristianos se concentren en la salvación que viene de Dios.

El estilo de predicación que se configura en el ámbito de la Compañía de Jesús en la segunda mitad del siglo XVII es uno de los fenómenos que testimonian mejor un sistema de persuasión religiosa, que por medio del cuerpo, los sentidos y la imaginación actúa antes sobre los afectos y la voluntad que sobre el intelecto, organizándose de forma dramática y espectacular. Y ésta es una cuestión central, en una sociedad del Antiguo Régimen; basta pensar en los criterios que han guiado la producción figurativa desde el Concilio de Trento en adelante (Prodi 1965, Menozzi 1991), en las iniciativas festivas barrocas, con la celebración de la religión cristiana y del poder civil, en las expresiones litúrgicas y musicales (Fagiolo dell'Arco/Carandini 1977-1978, Stefani 1974 y 1987, Cascetta/Carpani 1995, Dompnier 2009): la teatralidad de las misiones rurales constituye una ulterior y excepcionalmente significativa manifestación, como había intuido Carlo Ginzburg hace casi cuarenta años (Ginzburg 1972: 650-659). Los estudios sucesivos han aclarado, con respecto a aquellas fructíferas reflexiones embrionarias, que lo que sostiene la opción espectacular de los jesuitas en el apostolado de las zonas rurales no es una mera estrategia de control de las conciencias, sino una compleja empresa espiritual, intelectual y personal, cuyos éxitos han marcado la misma noción de misión (Catto/Mongini 2010, Colombo 2010).

BIBLIOGRAFÍA

BALDINUCCI, Antonio (c. 1705): *Avvertimenti a chi desidera impiegarsi nelle missioni*, manuscrito autógrafo. En: *Archivum Romanum Societatis Iesu*, Opp. NN. 299.
— (1706): [*Relazione delle missioni di A. B. in oltre quaranta luoghi della campagna romana*, luglio-ottobre 1706], manuscrito autógrafo. En: *Archivum Romanum Societatis Iesu*, Rom. 184/II, fols. 461r-475v.
[BALDINUCCI, Antonio] (siglos XVII-XVIII): *Ragionamenti per la missione*, manuscrito apógrafo. En: *Archivum Romanum Societatis Iesu*, Opp. NN. 211.
[BALDINUCCI, Antonio] (siglo XIX): *Le sacre missioni. Istruzioni e prediche* (copia manuscrita de *Ragionamenti per la missione*). En: *Archivum Romanum Societatis Iesu*, Opp. NN. 371/a.

BARTOLINI, Lodovico (1673): *Relatione delle missioni fatte su le montagne di Modena dalli molto RR.PP. Paolo Segneri e Gio. Pietro Pinamonti della Compagnia di Giesù l'anno 1672. All'Illustriss.mo Sig. e Patron Colendiss.mo il Sig. Marchese Giulio Montecuccoli*. Modena: Andrea Cassiani.

BATTISTINI, Andrea/RAIMONDI, Ezio (1990): *Le figure della retorica. Una storia letteraria italiana*. Torino: Einaudi.

BERNARDI, Claudio (2000): *La deposizione di Cristo nei teatri della pietà*. En: Burresi, M. (ed.): *Sacre Passioni. Scultura lignea a Pisa dal XII al XV secolo*, catalogo della mostra. Milano: Motta, pp. 15-18.

— (2005): «Deposizioni e Annunciazioni». En: Flores d'Arcais, Francesca (ed.): *Il teatro delle statue. Gruppi lignei di Deposizione e Annunciazione tra XII e XIII secolo*. Milano: Vita e Pensiero, pp. 69-85.

BOLIS, Ezio (1996): *L'uomo tra peccato, grazia e libertà nell'opera di Paolo Segneri sj (1624-1694)*. Roma/Milano: Pontificio Seminario Lombardo/Glossa.

BOLZONI, Lina (2002): *La rete delle immagini. Predicazione in volgare dalle origini a Bernardino da Siena*. Torino: Einaudi.

CASCETTA, Annamaria/CARPANI, Roberta (eds.) (1995): *La scena della gloria. Drammaturgia e spettacolo a Milano in età spagnola*. Milano: Vita e Pensiero.

CATTO, Michela/MONGINI, Guido (2010): «Introduzione. Missioni e globalizzazioni: l'adattamento come identità della Compagnia di Gesù». En: Catto, Michela/Mongini, Guido/Mostaccio, Silvia (eds.): *Evangelizzazione e globalizzazione. Le missioni gesuitiche nell'età moderna tra storia e storiografia*: *Nuova rivista storica*. Roma: Società editrice Dante Alighieri (Biblioteca della Nuova Rivista Storica, 42), pp. 1-15.

CERTEAU, Michel de (1977): *La scrittura della storia*. Roma: Il pensiero scientifico [ed. original: 1975].

CHÂTELLIER, Louis (1993): *La Religion des pauvres. Les sources du christianisme moderne, XVIe-XVIIe siècles*. Paris: Aubier.

CHIABÒ, Maria/DOGLIO, Federico (eds.) (1995): *I gesuiti e i primordi del teatro barocco in Europa*. Roma: Torre d'Orfeo.

COLOMBO, Emanuele (2010): «Gesuitomania. Studi recenti sulle missioni gesuitiche (1540-1773)». En: En: Catto, Michela/Mongini, Guido/Mostaccio, Silvia (eds.): *Evangelizzazione e globalizzazione. Le missioni gesuitiche nell'età moderna tra storia e storiografia: Nuova rivista storica*. Roma: Società Editrice Dante Alighieri (Biblioteca della Nuova Rivista Storica, 42), pp. 31-59.

DOMPNIER, Bernard (1985): «L'Activité missionnaire des Jésuites de la Province de Lyon dans la première moitié du XVIIe siècle. Essai d'analyse des *Catalogi*». En: *Mélanges de l'École Française de Rome. Moyen Âge, Temps Modernes*, LXXXXVII, 2, pp. 941-959.

— (1997): «Les accents nouveaux de la pastorale». En: Mayeur, Jean-Marie *et al.* (eds.): *Histoire du christianisme. IX, L'Âge de raison (1620/30-1750)*. Paris: Desclée, pp. 309-335.

— (ed.) (2009): *Les cérémonies extraordinaires du catholicisme baroque*. Clermont-Ferrand: Presses Universitaires Blaise-Pascal.

FABRE, Pierre-Antoine/VINCENT, Bernard (eds.) (2007): *Missions religieuses modernes. «Notre lieu est le monde»*. Rome: École Française de Rome.

FAGIOLO DELL'ARCO, Maurizio/CARANDINI, Silvia (1977-1978): *L'effimero barocco. Strutture della festa nella Roma del '600*. Roma: Bulzoni, 2 vols.

FONTANA, Fulvio (1714): *Pratica delle missioni del padre Paolo Segneri della Compagnia di Gesù predicatore pontificio, continuata dal p. Fulvio Fontana della medesima religione […]. Con l'aggiunta delle prediche, discorsi e metodo distinto tenutosi nelle funzioni sacre*. Venezia: Andrea Poletti.

GINZBURG, Carlo (1972): «Folklore, magia, religione». En: Romano, Ruggiero/ Vivanti, Corrado (eds.): *Storia d'Italia. I, I caratteri originali*. Torino: Einaudi.

Litterae quadrimestres ex universis praeter Indiam et Brasiliam locis in quibus aliqui de Societate Jesu versabantur Romam missae (1894): Madrid: Augustín Avrial, vol. I.

MAJORANA, Bernadette (1999): «Missionarius/Concionator. Note sulla predicazione dei gesuiti nelle campagne (XVII-XVIII secolo)». En: *Aevum*, LXXIII, 3, pp. 807-829.

— (2002): «Une Pastorale spectaculaire. Missions et missionnaires jésuites en Italie (XVIe-XVIIIe siècle)». En: *Annales. Histoire, Sciences Sociales*, 57, 2, pp. 297-320.

— (2003): «"Schola affectus". Persona e personaggio nell'oratoria dei missionari popolari gesuiti. En: Pontremoli, Alessandro (ed.): *Il volto e gli affetti. Fisiognomica ed espressione nelle arti del Rinascimento*. Firenze: Olschki, pp. 183-251.

— (2007): «La Pauvreté visible. Réflexions sur le style missionnaire jésuite dans les *Avvertimenti* de Antonio Baldinucci (vers 1705)». En: Fabre, Pierre-Antoine/Vincent, Bernard (eds.): *Missions religieuses modernes. «Notre lieu est le monde»*. Rome: École Française de Rome, pp. 361-380.

— (2009): «Immagini predicazione teatro: Muratori e Segneri iuniore a confronto (1712)». En: Pellegrino, Bruno (ed.): *Ordini religiosi, santi e culti tra Europa, Mediterraneo e Nuovo Mondo (secoli XV-XVII)*. Galatina (Lecce): Congedo Editore, vol. I, pp. 135-164.

MARTINA, Giacomo/DOVERE, Ugo (eds.) (1996): *La predicazione in Italia dopo il Concilio di Trento tra Cinquecento e Settecento*. Roma: Dehoniane.

MASSEI, Giuseppe (1701): *Breve ragguaglio della vita del padre Paolo Segneri della Compagnia di Gesù*. Venezia: Gio. Domenico Nanti.

MENOZZI, Daniele (1991): *Les Images. L'Église et les arts visuels*. Paris: Éditions du Cerf.

MORÁN, Manuel/ANDRÉS-GALLEGO, José (1991): «Il predicatore». En: Villari, Rosario (ed.): *L'uomo barocco*. Roma/Bari: Laterza, pp. 139-177.

MURATORI, Lodovico Antonio (1712): *Cronaca delle missioni del p. Segneri jr nel Modenese (1712)*. En: Orlandi, Giuseppe (ed.) (1972): «L. A. Muratori e le missioni di P. Segneri jr»: *Spicilegium SSmi Redemptoris*, XX, pp. 194-257.

O'MALLEY, John W. (1999): *I primi gesuiti*. Milano: Vita e Pensiero (ed. original: 1993).

ORLANDI, Giuseppe (1972): «L. A. Muratori e le missioni di P. Segneri jr». En: *Spicilegium SSmi Redemptoris*, XX, pp. 158-294.

— (1994): «La missione popolare in età moderna». En De Rosa, Gabriele/Gregory, Tullio (eds.): *Storia dell'Italia religiosa. II, L'età moderna*, Roma/Bari: Laterza, pp. 419-452.

PALOMO, Federico (2003): *Fazer dos campos escolas excelentes. Os jesuítas de Évora e as missões do interior em Portugal (1551-1630)*. [Lisboa]: Fundação Calouste Gulbenkian.

PINAMONTI, Giovan Pietro [1671]: *Breve relatione della missione fatta dal p. Paolo Segneri e dal p. Gio. Pietro Pinamonti della Compagnia di Giesù [...] nella diocesi di Faenza l'anno 1671*. s. l.: s. p. d. i., s. f.

POZZI, Giovanni (1997): *Grammatica e retorica dei santi*. Milano: Vita e Pensiero.

PRAZ, Mario (1946): *Studi sul concettismo*. Firenze: Sansoni.

PRODI, Paolo (1965): «Ricerche sulla teorica delle arti figurative nella Riforma cattolica». En: *Archivio Italiano per la Storia della Pietà*, IV, pp. 121-212.

PROSPERI, Adriano (1980): «"Otras Indias": missionari della Controriforma tra contadini e selvaggi«. En: *Scienze, credenze occulte, livelli di cultura*. Firenze: Olschki, pp. 205-234.

— (1996): *Tribunali della coscienza. Inquisitori, confessori, missionari*. Torino: Einaudi.

REYERO, Elías (1913): *Misiones del M.R.P. Tirso González de Santalla (1665-1686) XIII prepósito general de la Compañía de Jesús*. Santiago de Compostela: Tipografía Editorial Compostelana.

ROCHETTI, Antonio (1672): [*Lettera del 19 maggio sulla missione del maggio 1672 di P. Segneri a Vignola, diocesi di Modena*], manuscrito. En: *Archivum Romanum Societatis Iesu*, Ven. 106/II, fols. 229r-232v.

RUSCONI, Roberto (1992): «Gli ordini religiosi maschili dalla Controriforma alle soppressioni settecentesche. Cultura, predicazione, missioni». En: Rosa, Mario (ed.): *Clero e società nell'Italia moderna*. Roma/Bari: Laterza, pp. 207-274.

SEGNERI, Paolo (1857): *Lettere inedite di Paolo Segneri al Granduca Cosimo terzo tratte dagli autografi.* Firenze: Le Monnier.

SORREL, Christian/MEYER, Frédéric (eds.) (2001): *Les Missions intérieures en France et en Italie du XVIe au XXe siècle.* Chambéry: Institut d'Études Savoisiennes/Université de Savoie.

STEFANI, Gino (1974): *Musica barocca. Poetica e ideologia.* Milano: Bompiani.

— (1987): *Musica barocca 2. Angeli e sirene.* Milano: Bompiani.

TAUBERT, Gesine y Johannes (1969): «Mittelalterliche Kreuzifixe mit schwenkbaren Armen». En: *Zeitschrift des deutschen Vereins für Kunstwissenschaft,* XXIII, pp. 79-122

TAVIANI, Ferdinando (1969): *La commedia dell'arte e la società barocca. La fascinazione del teatro.* Roma: Bulzoni.

VALENTIN, Jean-Marie (1978): *Le Théâtre des Jésuites dans les pays de langue allemande (1554-1680). Salut des âmes et ordres des cités.* Bern/Frankfurt/Las Vegas: Peter Lang, 3 vols.

YATES, Frances A. (1966): *The Art of Memory.* London: Routledge Kegan.

ZANLONGHI, Giovanna (2002): *Teatri di formazione. Actio, parola e immagine nella scena gesuitica del Sei-Settecento a Milano.* Milano: Vita e Pensiero.

AUGUSTE RONDEL
Y LA TEATRALIDAD ÁUREA EN ESPAÑA

Dolores Thion Soriano-Mollá
Université de Pau et des Pays de l'Adour

1. INTRODUCCIÓN

Pocos especialistas de teatro europeo, en general, y del teatro español, en particular, conocen el nombre de Auguste Rondel y, sin embargo, este banquero francés realizó una labor ejemplar en beneficio de la bibliografía y la documentación teatral desde finales del siglo XIX a principios del XX. Nació Auguste Rondel en 1858 en Marsella en el seno de una familia notable que formaba parte de los prestigiosos círculos financieros y aristocráticos de la ciudad (Guinard 1967, Horn-Monval 1922 y 1958). Desde joven fue consagrando su tiempo de ocio al arte dramático en actividades de índole diversa. Gustaba declarar Rondel que vivía:

> enamorado del teatro desde mi juventud, me gustan todas sus facetas y bajo todas sus acepciones; tanto en la vida real de las salas de teatro, del escenario y de los bastidores en dónde también me interesa, ya sea de buena o mala calidad tan sólo por haber existido, así como en su vida impresa en sus variadas formas bibliográficas (1913: 3).

En la historia de la documentación teatral contemporánea, Auguste Rondel podría ser considerado como el epígono de una serie de bibliófilos que desde el Siglo de las Luces fueron constituyendo bibliotecas dramáticas, legándolas y vendiéndolas. Ya fueron célebres durante el Romanticismo la de Louis César de La Baume Le Blanc, duque de La Vallière, y la del dramaturgo Antoine de Ferriol, conde de Pont-de-Veyle. Si parte de la primera se incluyó en los fondos de la Biblioteca del Arsenal, la segunda, tras sucesivas ventas, fue comprada en 1823 por el bibliófilo Alexandre Martineau de Soleinne, quien logró constituir la biblioteca dramática más importante de Francia de la primera mitad del siglo XIX. Él consideraba que el teatro era una institución moral, un modo de recreo noble e instructivo y a la vez una fuente de estudio filosófica y literaria (Rondel 1913: 14).[1]

Martineau de Soleinne intentó coleccionar todas las obras teatrales publicadas en Francia desde el siglo XV. Además fue adquiriendo todas las ediciones de cada obra puesto que su objetivo era la creación de una biblioteca que fuese un repertorio del teatro ya no nacional sino universal. Tras su muerte, en 1842, sus herederos dispersaron en sucesivas ventas esta biblioteca que con tantos esfuerzos había constituido Soleinne con vistas a donarla al Estado. Salvo del Catálogo que la familia encargó para su venta a Paul Lacroix, no quedó más testimonio de ella, si bien dicha clasificación sirvió de base para el establecimiento del sistema Dewey. En 1895, en una librería parisina Rondel descubrió dicho repertorio, conocido bajo el título de *Biblioteca teatral de Soleinne* (Lacroix 1965), decidió volver a reconstituirla y acabó completándola. En poco menos de treinta años, Rondel logró reunir más de 350.000 volúmenes (Horn-Monval 1922 y 1958, Giteau 1985, Dawson 1989, Thion Soriano-Mollá 1999).

La originalidad de la colección de Auguste Rondel reside en el carácter completo, universal y moderno de la colección. Completo, porque Rondel recogió cualquier tipo de materiales, desde los textuales a todos aquellos de vida efímera que nacen al calor de las representaciones (carteles, pasquines, decorados, etc.). Su colección es universal, porque, fiel a su antecesor, Rondel pergeñó en que fuese una reconstrucción objetiva de la historia del teatro desde sus orígenes, como después puntualizaremos. En última instancia, fue moderna en su presente, no sólo por los objetivos democratizadores del bibliófilo, ya que éste deseaba que la cultura teatral y audiovisual fuesen accesibles a los investigadores, sino también por su visión del acto teatral y, en particular, de la teatralidad en relación con el espectáculo. Cualquier tipo de representación está presente en su biblioteca: la danza, el mimo, las marionetas, las sombras y el circo. El music-hall, en aquel entonces emergente, el espectáculo de variedades, el cine y la radio también irían ocupando lógicamente sus propios espacios en el seno de la colección. Sin duda Auguste Rondel

---

[1] Asimismo, explicaba Rondel que «le théâtre, dans toutes les littératures, lui semblait l'expression sinon la plus élevée, du moins la plus saisissante de l'art et il plaçait les dramaturges à la tête des poètes, des penseurs et des moralistes» (1913: 14).

compartía, sobre todo como bibliófilo, las definiciones que sobre teatralidad se fueron proponiendo en la segunda mitad del siglo XX. Por ello, su colección da cuenta de una visión global del hecho teatral, desde el proceso de concepción textual, de creación escénica hasta el de la representación y el de la recepción. Cualquier documento en relación con estas facetas, desde la legislación teatral hasta la música, vestuarios o decorados fueron aquilatados con minucia por el mecenas. Además, Rondel concebía el hecho teatral como un proceso dinámico y cambiante a lo largo del tiempo y de los espacios, como ilustran, por ejemplo, las series de ediciones, de adaptaciones, de traducciones, de recortes de prensa y de estudios de cada uno de los textos recopilados tanto franceses como extranjeros.

En esta colección orientada por los principios de totalidad y teatralidad, la producción dramática española clásica ocupa naturalmente un espacio privilegiado (Thion Soriano-Mollá 1999). Argumentaba, no obstante, Rondel que el antiguo teatro español era muy difícil de coleccionar y las ediciones príncipes de muchas obras eran prácticamente imposibles de encontrar. En estos casos, el coleccionista solía paliar las lagunas, sobre todo del Renacimiento temprano, con ediciones modernas y traducciones, como ocurre respecto de la mayoría de las obras de autores de mayor nombradía como Juan del Encina, Torres Naharro, Lope de Rueda, Guillem de Castro, por citar algunos. Otros autores, como Fernan Pérez de Oliva, lograron reunir algún suelto. Hay que reconocer que la edición, todavía poco accesible en este período de transición, no había sido en general preocupación mayor de estos autores. Como excepción, el legado de Fernando de Rojas es el que mayor riqueza ofrece. Rondel consiguió reunir reimpresiones de 1502, 1523 y 1534, así como las traducciones italianas y francesas de sus obras a partir de 1514.

Los fondos correspondientes al Barroco son los más ricos y representativos, a pesar de la mala calidad de las ediciones españolas que se diferenciaban de las europeas por ser, a su decir, «des affreuses éditions de Lope, Calderón, Tirso, Moreto, Solis, sur de papier à chandelles» (Rondel 1913: 29 y 1919) o papel estraza. Aun cuando esas ediciones eran poco atractivas para el bibliófilo, difícil resultaba obviarlas en una colección digna del calificativo de universal. Se trataba evidentemente de las colecciones de comedias destinadas a un público popular que se vendían sueltas, sin portadas, impresas con tipografías desgastadas en papel barato. Entre las ediciones sueltas figuran en los fondos de Rondel entremeses y comedias anónimas, o de autores como Gil de Armesto y Castro con *El entremés nuevo del agujetero fingido* (Sevilla, s. f.), comedias sueltas de Calderón como *Antes que todo es mi dama* (Barcelona, s. f.), de Pedro Hurtado de la Vera, *Doleria d'el sueño d'el mundo* (Amberes, 1572), o las de Juan Bautista Diamante, como *El valor no tiene edad* y *Sansón de Extremadura* (Barcelona, s. f.) y las ediciones de 1615 (*princeps*) y la reimpresión de 1749 de la *Comedias y entremeses* de Miguel de Cervantes por dar algunas muestras.

La parte más rica de la colección hispánica de Rondel corresponde al siglo XVII, merced al desarrollo de la difusión teatral durante la segunda mitad del siglo con las colecciones o *partes* que llamaron mucho la atención del mecenas y no sólo por las dificultades de catalogación que conllevan. Estos volúmenes en in-4° a dos columnas y con títulos, grandilocuentes, en palabras de Rondel (1918: 25), carecían de referencias bibliográficas aun cuando reunían, como es sabido, doce obras normalmente de un mismo autor o de autores diversos sin orden ni concierto. Las numerosas colecciones de *partes* no están completas en la biblioteca de Rondel, pero son abundantes: *Partes de comedias varias nunca impresas, compuestas por los mejores ingenios de España* o la *Minerva cómica de los mejores ingenios de España*. Así también destacan las colecciones unipersonales como las de Calderón publicadas por Juan de Vera Tassis o las de Hervada y las sucesivas ediciones y colecciones del siglo XVIII y XIX, tanto de comedias como de *autos sacramentales, comedias nuevas, comedias famosas*, etc. También son dignas de mención las comedias, los autos y los entremeses desgajados de las *partes* y colecciones, o las compilaciones que en Bruselas se realizaron de las *comedias escogidas de autores famosos* ya al alba del siglo XVIII.

Auguste Rondel lamentaba la falta de coherencia en las ediciones de autores como Lope de Vega, Calderón, Moreto, Tirso de Molina, Matos Fragoso, Antonio de Solís, Cristóbal de Virués, entre tantos otros, de cuya producción no podía ofrecer una visión lógica en su biblioteca. Ahora bien, este teatro no le interesó tanto por su relación con la teatralidad sino por haberse impuesto como autoridades en el teatro europeo del siglo XVII. Como bibliófilo, el teatro español del Siglo de Oro representaba un eslabón ineludible en la reconstrucción de la historia del teatro occidental. La visión que Rondel poseía del teatro español era sobremanera francesa, y lo que particularmente le atrajo del teatro extranjero, ya fuese alemán, inglés, italiano o ruso, antiguo, clásico o moderno, fue la influencia que cada uno de ellos pudo ejercer en el teatro francés para analizar hasta qué punto sus respectivas creaciones hegemónicas iban moldeando su teatro nacional. Por lo tanto, la colección de Rondel ofrece una visión francesa del teatro universal, a partir de lo que éste denominaba las fuentes clásicas del teatro, si bien no son las que mejor responden a la visión totalizadora que él tenía del arte dramático, ni constituyen sus aportaciones más originales respecto del tema de la teatralidad.

2. ORÍGENES DEL TEATRO Y TEATRALIDAD

Una de las mayores preocupaciones de Auguste Rondel residió en la búsqueda de materiales que contribuyeran a reconstruir la historia de los orígenes del teatro, como hemos dicho. Para éste, los géneros dramáticos carecían de supremacía, porque le interesaba recabar documentación sobre cualquier manifestación que estuviese relacionada con él en sus más leves signos de teatralidad. En consecuencia, todas las pesquisas de Rondel y de sus colaboradores no se orientaban exclusivamente a los géneros recogidos por las preceptivas clásicas que hasta la fecha habían regido fundamentalmente la organización y catalogación teatral. Sin duda, las orientaciones globalizadoras que Rondel quiso imprimir a su colección quedaron, desde finales del siglo XIX, reforzadas por el pensamiento y el quehacer renovadores de los directores de escena y dramaturgos de entresiglos: Meyerhold, Stanislavskij, Antoine, de quien era especial amigo, Pirandello o Artaud. En ese período de entresiglos y tras las limitaciones de los empeños naturalistas en el teatro, primaron de nuevo las antiguas concepciones románticas del teatro como espectáculo, en particular, el retorno a los orígenes del teatro y, en consecuencia, la revalorización de su carácter festivo y espectacular. Bajo estas perspectivas, el concepto de teatralidad de los bibliófilos y coleccionistas acentuó las tensiones dialécticas entre el texto literario y la representación siguiendo la tónica de las concepciones tradicionales del arte dramático, las cuales concedían todo el prestigio al primero.

La documentación española que Auguste Rondel aquilató sobre los orígenes del teatro responde a tales criterios. Del teatro español, como

del resto de países europeos, empezó por buscar, si bien infructuosa-
mente, manuscritos anteriores a la existencia de la imprenta, aun cuando sabía pertinentemente que históricamente se conservaban en bibliotecas monásticas y reales. El primer manuscrito de origen español del
fondo Rondel data de 1571, la *Comedia famosa: no hai mayor mal que los
zelos. Representació de la presa, mort... de Christo.*

Los antecedentes impresos del teatro que Rondel fue comprando
datan también del siglo XVI. Apuntemos que en un primer grado de teatralidad figuran cuentos y novelas medievales, dada su común tendencia
a una prosa de factura teatral y, sobre todo, la preeminencia de la oralidad como rasgos compartidos con el texto dramático, según argumentaba Rondel (1919: 14). Esta serie española se compone, en su mayoría, de
facsímiles y textos recuperados durante el XIX o traducciones francesas
de los originales españoles. Cabe destacar entre estos títulos el *Thrésor
des livres d'Amadis de Gaula... de nouveau augmenté et orné du recueil
du 13ᵉ livre* (Lyon, 1571) y su posterior *Thrésor de tous les livres d'Amadis de Gaula...* (Lyon, 1601). Salvo en estos casos, los rasgos de la teatralidad textual no interesaron sobremanera al coleccionista. Los textos
para las lujosas e innovadoras representaciones del teatro áureo cortesano, sobre todo las de Calderón, no figuran en las rúbricas especiales que
para las fiestas introdujo como novedad Rondel. Citemos como botón
de muestra *Agradecer y no amar, fiesta que se representó a sus majestades*
(s. l., s. f.) de Calderón entre otras obras cortesanas clasificadas sólo por
nombre de autor y entre comedias.

Merced a la doble perspectiva historicista y global que guió a Rondel
en la compra de materiales y a su interés por centrarse fundamentalmente en las vías menos ortodoxas del academicismo, a la sazón menos estudiadas, el mecenas documentó cuáles eran las principales fuentes del
teatro europeo: la fuente erudita antes mencionada, las fuentes religiosas
y las fuentes reales. La recopilación de cualquier material en relación
con el teatro religioso y las fiestas cortesanas, así como cualquier manifestación popular, pública o privada, que respondiese a su concepto
abierto de teatralidad fueron nutriendo su colección.

Documentaba Rondel la evolución de las ceremonias religiosas hasta
los Misterios, las fiestas y ceremonias de Navidad, Pascua o la adoración
de los Reyes Magos como ceremonias que fueron primitivamente incorporando los diferentes códigos espectaculares, sobre todo, al salir de las

catedrales a sus pórticos, al potenciar la mezcolanza de los elementos paganos y sacros, al incorporar los romances vulgares y al estimular la actuación de seculares. Estas fuentes teatrales españolas, no obstante, son bastante incompletas en la biblioteca de Rondel. De las entradas catalográficas sobre las Navidades, la Pasión, el Corpus Christi o Carnaval encontrará el lector francés, al que en primera instancia se dirige, fundamentalmente ensayos. Aunque en estas secciones de la biblioteca predominan las ediciones del siglo XVIII, Rondel logró adquirir dos documentos importantes de los Siglos de Oro, asimismo vinculados con las fuentes religiosas del teatro. Se trata del teatro humanista de corte clásico que los jesuitas impulsaron en sus colegios con fines didácticos y edificantes. Las obras eran representadas por los propios alumnos puesto que la composición, la memorización y la representación eran consideradas como ejercicios pedagógicos activos. El teatro jesuítico no siempre se imprimía, por lo que las piezas reunidas por Rondel poseen significativo valor (González Gutiérrez 1997). Citemos la *Tragedia Delphinus,* de Francesc Satorres, presbítero de Balaguer, que está compuesta en pluralidad de metros latinos y con coros. Esta obra, también conocida como *Satoris, sacrifici balagariensis,* se representó en Perpiñán ante las tropas del duque de Alba antes de ser impresa en Barcelona en 1543 (Fernández Luzón 2003). Asimismo, aunque de carácter distinto por ser teatro festivo, merece singular atención el ejemplar de la obra de Pedro Fomperona y Quintana, *Vencer a Marte sin Marte* (1681), que empezaba con una loa, le seguía una comedia y se cerraba con dos sainetes, respondiendo a los modelos compositivos de algunas fiestas cortesanas que pronto fueron consideradas como zarzuelas.[2] *Vencer a Marte sin Marte* fue representada ante los reyes, según rezan sus subtítulos, por los estudiantes del Colegio Imperial de la Compañía de Jesús para celebrar la memoria de la entrada de María Luisa de Borbón y sus felices bodas con Carlos II en 1681.

Además de la mezcolanza de géneros, formas y códigos dramáticos, este tipo de representaciones, al igual que las de origen litúrgico, dan cuenta de la teatralización de la vida social, de la formación de unos

---

[2] Conocido sobre todo como autor de *El buen zelo* (1683) sobre las malas costumbres del teatro (Cotarelo y Mori 1997, Saura 2006).

actores y de un público lector y espectador que acudiría asimismo a corrales o a los escenarios cortesanos. Este tipo de teatro no quedó sobremanera representado en esta colección francesa contemporánea, a pesar del papel pujante que la fuente religiosa ejerció en el enriquecimiento de las representaciones, en la difusión del teatro y en la creación de un público. No obstante, las rúbricas que abren en su catálogo permitieron que los estudiosos de la época se fueran sensibilizando e interesando por este tipo singular de representaciones.

3. FIESTAS Y CEREMONIAS: LA REPRESENTACIÓN TEATRAL

No sólo las fuentes religiosas y el teatro culto humanista representado durante nuestro período de estudio interesaron a Rondel. A la hora de definir cuáles eran los orígenes y las fuentes del teatro en Europa y su desarrollo entre los siglos XV y XVII, Auguste Rondel concedía fundamental importancia a las fiestas y ceremonias públicas y privadas. Porque eran las menos conocidas y estudiadas a la sazón, el mecenas las atendió con particular interés, anteponiendo el concepto de espectáculo a la cuestión de los géneros dramáticos (Rondel 1918, 1927a, b y c).

Bajo una mirada de presente, no cabe duda de que en España, desde los estudios pioneros de Varey, Orozco, Díez Borque, García Lorenzo y Ferrer Valls entre otros, la dualidad espectacularidad y texto o la de fiesta y género ya han suscitado numerosos trabajos en los que no sólo se han ido estudiando estas fuentes por las que tanto bregó Rondel en su día.

En sus conferencias sobre teatro o sobre bibliografía, Auguste Rondel solía reivindicar con insistencia la necesidad de estudiar las fuentes reales del teatro. Si bien identificaba sus primeros documentos en los de las entradas solemnes de los reyes a sus ciudades, fueron también dignas de su mención las misas solemnes de gran fasto, los torneos y algunas fiestas populares que se organizaban durante tales acontecimientos. El eclecticismo de celebraciones en las que Rondel buscaba la pluralidad escenográfica quedó perfectamente reflejado desde la apertura de la rúbrica de «Fiestas, entradas y espectáculos» en España. En ella documentó eventos tan heterogéneos como los juegos de cañas, los toros o los ceremoniales relacionados con las entradas de la realeza, pero tam-

bién las peregrinaciones del Camino de Santiago, a ciudades como Toledo o Zaragoza, y las celebraciones y procesiones de la Semana Santa.

Argüía Rondel que en todas las épocas y en las diversas civilizacio-
nes, los emperadores, los reyes, los príncipes, los papas, los obispos, los
militares vencedores fueron conmemorando momentos gloriosos de sus
vidas con manifestaciones triunfales en sus territorios y en ellos desfila-
ron con sus propios hombres. Así se fueron celebrando coronaciones,
nacimientos, cumpleaños y bodas de la realeza; así también se fueron
celebrando victorias, tratados y acuerdos de paz, o simplemente visitas
de la realeza a otras ciudades. Por ello, inquiría Rondel:

> Et d'abord, les Entrées sont-elles bien des fêtes théâtrales? En quoi consis-
> tent-elles? Le Pape, le Roi, le Prince se présentent aux portes de la ville, entou-
> rés d'un imposant cortège dans le plus riche appareil. Sur tout le parcours la
> ville est splendidement décorée, tous les habitants ont pris leur part de l'allé-
> gresse commune. Le corps municipal, les assemblées élues, les corporations, des
> sortes de comités de quartier, les personnalités marquantes ont rivalisé dans tou-
> tes les initiatives suggérées par leur goût artistique et leurs moyens financiers
> respectifs (1927b: 2).

El concepto de teatralidad en estas descripciones de fiestas de Rondel se distancia en primera instancia de la textualidad para acentuar el
carácter de suceso, de celebración popular y de espectáculo festivo en el
que participa una colectividad de manera directa o indirecta como agen-
te y espectador. Como bien se sabe, este tipo de espectáculos eran pre-
claros ejercicios de poder con conocidos objetivos políticos. Ahora bien,
no son estas últimas facetas las que interesaban entonces al coleccionista, más preocupado por localizarlas, describirlas y catalogarlas, y en particular, por reivindicar su naturaleza teatral a contracorriente de los intereses y normas del saber académico. Para Auguste Rondel, la teatralidad
de estas celebraciones residía en la creación de un espacio escénico con
unas condiciones visuales, auditivas y cinéticas semejantes a las que se
reproducirán en los escenarios a partir del Renacimiento. A diferencia
de éstos, los escenarios de las conmemoraciones y fiestas públicas, soste-
nía Rondel, se basaban sobre todo en la modificación y engalanamiento
del espacio, en general urbano, que resultaba tan artificioso como el
posteriormente teatral:

À la porte de la ville, dans les rues principales, sur les places, les carrefours
et les ponts, les architectes ont construit des arcs de triomphe et des mats, tendu
des tapisseries, déployé des broderies et des guirlandes de fleurs; les peintres
ont dressé d'immenses toiles de circonstances; les musiciens ont disposé des
fanfares et des orchestres; les comédiens et les chanteurs, professionnels ou
amateurs, ont préparé sur des estrades en plein vent des courtes scènes en l'hon-
neur des héros de la fête, chœurs, cantates, odes, tableaux vivants, pantomimes,
danses, hommages de toutes sortes; on a installé sur la rivière des joutes et des
défilés de bateaux chargés d'allégories (Rondel 1927a: 4).

Estas fiestas cortesanas asociaban a los participantes, como bien rema-
chaba, ya fuesen profesionales o ya aficionados, en la creación de escenarios fastuosos. Para la construcción y potenciación de los espacios ficticios,
aunque emblemáticos, se asociaban los demás signos plásticos de la teatralidad, en particular, auditivos y cinéticos, los cuales eran fácilmente reconocidos por los ciudadanos. Frente a la ejemplaridad que se buscaba en la
calle, las fiestas reales ofrecían en privado otras actividades teatrales com-
plementarias; desde la ineludible representación dramática palaciega hasta
los torneos en los que los caballeros luchaban o participaban en diversos
ejercicios ecuestres, pedestres, a menudo acompañados de bailes y cantos
de temas mitológicos. La fiesta solía concluir, por la noche, con los habituales fuegos artificiales, los cuales conferían con su iluminación un aspecto majestuoso a toda la ciudad. Por ello inquiría Rondel: «Ai-je besoin de
conclure que dans les entrées nous trouvons l'origine de toute la pompe et
de toute la mise en scène de nos spectacles?» (1927b: 2).

Por ende, como pergeñó en ilustrar Rondel en su colección, de las
entradas reales se conservaba minuciosa documentación en los folletos y
los libros de lujo que los reyes y príncipes mandaban imprimir en muy
reducidas tiradas, con grabados e ilustraciones de los mejores artistas
que habían participado en la creación y en el montaje de la fiesta, tales
como Durero, Rubens, Torelli, Burnacini por mentar algunos. Estos
álbumes conmemorativos aportaban asimismo información sobre las
obras representadas en palacio con grabados detallados que reproducían la puesta en escena. En estos artísticos libros se insertaban asimismo
unas series de estampas numeradas o unas planchas independientes que
reproducían perfectamente el desarrollo de la fiesta. Entre las estampas
relacionadas con las entradas españolas, citemos como botón de mues-

tra *Fêtes et cérémonies du mariage de Charles II d'Espagne avec Marie-Anne, princesse de Neubourg à Valladolid le 4 mai 1690*, o el *Grand portique élevé dans la cathédrale de Séville pour les fêtes données à l'occasion de la canonisation du roi Fernando de Castille et León en 1671*.

El carácter iterativo de las entradas, la similitud de sus desarrollos en las principales cortes europeas, justificaba, para Rondel, el carácter fundacional de estos espectáculos, esenciales precedentes de la teatralidad paratextual de posteriores textos dramáticos y de sus escenificaciones. Intuitivamente, el bibliófilo no sólo asociaba la espectacularidad a la teatralidad con la incorporación de códigos parateatrales diversos, como la arquitectura efímera, la música, la pintura o la ornamentación ya citadas, sino también columbraba que la sucesión de escenas, de acciones y de actividades intentaba ser la réplica metonímica de la noción de duración, tiempo y espacio, los cuales dan cuerpo al devenir, al cambio, a la mutación, pero también al encuentro de contrarios entre otros elementos áureos propios del Barroco. Aunque para el bibliófilo y el coleccionista las taxonomías genéricas no fuesen principal preocupación desde un punto de vista teórico, al subrayar ese carácter repetitivo de los rituales cortesanos, Auguste Rondel estaba reivindicando no sólo su aceptación como variante teatral espectacular, sino que estaba identificando una tipología de formas, convenciones, normas y códigos socioteatrales con su propia filiación y evolución.

Si bien éstas no eran preocupaciones primeras para un bibliófilo como Rondel, es obvio que a la hora de ordenar sus materiales carecía de una apoyatura teórica, tanto más en cuanto que estas fiestas cortesanas recurrían a una multiplicidad de formas y se caracterizaban por la hibridación de materiales y codificaciones que no respondían a las categorías heredadas de la preceptiva teatral. No es extraño, pues, que en los albores del siglo XX su primera preocupación fuese la de reivindicar la naturaleza teatral de tales espectáculos y su influencia en el teatro.

A la hora de clasificarlos y sin estudios sincrónicos suficientes, Rondel optó por soluciones sencillas que ofrecían un primer panorama documental. Con su quehacer, a imagen de su labor en el resto de su colección, Rondel estaba abriendo puertas que facilitasen el trabajo a futuros investigadores. En primer lugar, siguió una ordenación geográfica: «Fiestas, entradas y espectáculos de la corte en España», creando dos subapartados, uno para los estudios sobre el tema y el segundo para los documentos textuales por orden cronológico (Thion Soriano-Mollá

2000: 245). Los materiales gráficos a los que Auguste Rondel concedió fundamental significación fueron separados y ordenados de nuevo siguiendo semejantes criterios.

Para el bibliófilo francés, la particularidad de las fiestas cortesanas españolas residía en su doble presencia, en la corte madrileña y en los reinados de Nápoles y las dos Sicilias. Las diferencias que entre los títulos existían cuando los jóvenes herederos del Imperio sólo reinaban en Nápoles (un ordinal menos, es decir, el hijo de Felipe II de España reinaba en Nápoles bajo el título de Felipe II de Nápoles, mas luego en España reinó bajo el de Felipe III). Todo ello dificultó la clasificación de la bibliografía al punto que las fiestas celebradas en Nápoles se encuentran ordenadas por países, en Italia, sin tener en cuenta las realidades históricas.

Frente a la riqueza textual e iconográfica de las fiestas en las Cortes francesas, alemanas e italianas, las españolas ofrecen un panorama más pobre, según documentaba Auguste Rondel. Las coronaciones y bodas reales o principescas eran las que mejor pudo compilar y, a su juicio, fueron las más representativas, aunque tanto textual, gráfica y numéricamente son mucho menos importantes. De hecho, Auguste Rondel solía quejarse de las dificultades que encontraba para reunir este tipo de documentos. El mecenas logró documentar las entradas y celebraciones cortesanas sobre todo a partir de Carlos V, al que él consideraba como el referente esencial y, en cierto modo, como el monarca que potenció este tipo de festividades en España. No obstante, la escasez de la documentación sobre la bibliografía y las estampas de fiestas celebradas en la Península, que Rondel logró adquirir, se puede paliar merced a las obras consagradas a los respectivos consortes en otras cortes, en especial cuando eran francesas o alemanas, puesto que estaban acostumbrados a encargar estos tipos de documentos. Como nota singular, Rondel intentó adquirir tanto las versiones que los españoles divulgaban de las conmemoraciones como las de algunos franceses e italianos.

Entre los fondos rondelianos, las entradas y fiestas áureas empiezan, como apuntábamos, con la Corte de Carlos V. Para el mecenas, era sobre todo el emperador quien había introducido en España este tipo de celebraciones con todo su fasto. A él y a los demás monarcas puede seguir el lector curioso en Madrid y Barcelona, pero también a través de sus posesiones en Bruselas, Amberes, Brujas y Gante. Recordemos, por ejemplo, la *Entrada de Carlos V en París, el año 1540, en León de Francia, Les fune-*

railles de Charles V à Bruxelles en 1558, o la relación de viajes de Juan Cristóbal Calvete de Estella, *El felicissimo viaie del mvy alto y mvy poderoso principe don Philippe, hijo del emperador don Carlos Quinto Maximo, desde España a sus tierras de la baxa Alemaña* (Anuers, 1552), del que se conservan otros dos ejemplares en España, uno en la Biblioteca Real y otro en el Monasterio de El Escorial. De hecho, el felicísimo viaje llevaba tres privilegios de impresión: uno para el reino de Castilla, otro para el de Aragón y un tercero para los Países Bajos. En este trayecto real se detallan con minucia tanto el itinerario como las entradas preparadas en cada ciudad, en las que destacan las descripciones de la arquitectura efímera.[3] Entre las fuentes italianas, destaquemos el aviso de Francesco de Marci de 1560 también en relación con el «re catolico di Spagna»; o la de Pietro Bochino Pepino, sobre la boda de Anna de Austria en 1615 y el recibimiento de María Luisa de Borbón en Madrid en 1680.

Auguste Rondel adquirió sobre fiestas más de cincuenta documentos de temática y de origen diversos, en torno a Carlos II, la ya citada María Luisa de Orleans o de Borbón, Fernando de Austria, María de Borbón, Felipe III, Felipe IV, Margarita de Austria, Fernando III, el príncipe Baltasar Carlos, etc. También se documentan en estos fondos parisinos los preparativos y las fiestas de recepción de otros reyes y príncipes en España, como, por ejemplo, Elisabeth de Francia en 1615 o el príncipe de Gales en 1623. Entre las ceremonias políticas, mencionemos los *Juramentos de Castilla y León a Baltasar Carlos* (1632).

De las fiestas de tema religioso cabe destacar la Beatificación de Santa Teresa (1615) de fray Diego de San Joseph en Toledo (1617), la Traslación del cardenal de Bernardo de Sandoval de Toledo (1617) o la Canonización de santo Tomás de Villanueva en Toledo (1660), por ejemplo, con «reales demostraciones, fuegos y otros aplausos...», y la de san Pedro de Alcántara (1670).

---

[3] El texto reproduce el diario del periplo del Príncipe desde Génova a Milán, Mantua, Trento, Innsbruck, Munich, Heidelberg a Luxemburgo. En los Países Bajos se describe la visita de Namur, Waveren, Bruselas, Gante, Lovaina, Maldegem, Brujas, Ypres, Grevelingen, Doornik, Binchen, Mechlin, Amberes, Bergen op Zoom, Roemerswaal, Breda, Bois-le-Duc, Gorinchem, Dordrecht, Rotterdam, La Haya, Leiden, Haarlem, Amsterdam, Utrecht, Amersfoort, Harderwijk, Kampen, Zwolle, Deventer, Zutphen, Arnhem, Nimega, Venlo, Roermond, Weert, Turnhout, Lier, Tongeren y Maastricht.

En último lugar, recordemos, entre otras fiestas variadas, las de Acción de gracias como la titulada *A Cristo de la Ribera de San Juan al ser liberado aquel Barrio el estrago y ruyna que ocasionaron las bombas enemigas* (Barcelona, 1691), las Conclusiones de Paz y congratulaciones (1696), y, entre ellas, las *Congratulaciones por la enfermedad de Carlos II*, los *Autos de Fe en Madrid* (1680), las *Fiestas en el Coliseo del Buen Retiro* (1685) de Pablo Polop y Baldes, *La profetiza Casandra y el leno de Meleagro*; las fiestas de toros y cañas, o las Justas Poéticas ante cualquier acontecimiento de la Corte en la Universidad de Alcalá, de Francisco Ignacio de Porres (1685).

Las tres vías de influencia en los orígenes del teatro propuestas por Auguste Rondel guardan relación estrecha con la recuperación del espectáculo en una visión amplia y extratextual del teatro. Los estudios en España desde finales de los setenta sobre teatro y fiesta verifican y enriquecen las nociones de espectáculo y de teatralidad por las que tanto luchó el bibliófilo francés.

La riqueza de los fondos áureos españoles en la Biblioteca de Rondel, en tanto que colección privada y contemporánea, es testimonio del reconocimiento internacional que merece el teatro, sobre todo barroco, bajo todas sus formas. Dado el carácter universal que Rondel confirió a su biblioteca, las perspectivas externas o la mirada que los europeos vierten sobre el teatro español y las selecciones que realizan, favorecen unos estudios abiertos, contrastivos y comparatistas que Rondel quiso estimular dejando su tesoro bibliográfico a disposición de los investigadores en la Biblioteca Nacional de Francia.

Estos nuevos documentos sobre conmemoraciones recibieron mención especial en el catálogo elaborado por Rondel, el cual se conserva intacto entre los fondos de la Sección de artes del espectáculo, siguiendo las últimas voluntades del legatario para preservar intacto el concepto de teatralidad universal que animó su proyecto.

BIBLIOGRAFÍA

COTARELO Y MORI, Emilio (1997): *Bibliografía de las controversias de la licitud del teatro en España*. Granada: Universidad de Granada.

DAWSON, Robert L. (1989): «Theatre and Research in the Arsenal: the Rondel 'Inventaire'». En: *The Voltaire Foundation*, 269, pp. 465- 512.

FERNÁNDEZ LUZÓN, Antonio (2003): *La Universidad de Barcelona en el siglo XVI*. Tesis doctoral. Barcelona: Universitat Autònoma de Barcelona.

GITEAU, Cécile (1985): «La collection Auguste Rondel au département des Arts du spectacle de la Bibliothèque nationale». En: *Bulletin d'Informations - Association des Bibliothécaires Français*, 128, pp. 11-12.

GONZÁLEZ GUTIÉRREZ, Cayo (1997): *El teatro escolar de los jesuitas (1555-1640). Edición de la Tragedia de San Hermenengildo*. Oviedo: Universidad de Oviedo, Servicio de Publicaciones.

GUINARD, Jacques (1967): «À la bibliothèque de l'Arsenal: la Collection Auguste Rondel». En: *Atti del Quinto Congresso Internazionale di Bibliophili (Venezia, 1-7 ottobre 1967)*. S. l.: s. e., pp. 125-141.

HORN-MONVAL, Madeleine (1922): «La Bibliothèque Auguste Rondel à la Comédie-Française». En: *Extrait du Bulletin de la Société de l'Histoire du Théâtre*, 3-4, pp. 1-9.

— (1958): «Auguste Rondel (1858-1934), à l'occasion du centenaire de sa naissance». En: *Revue de la Sociéte d'Histoire du Théâtre*, IV, pp. 370- 379.

LACROIX, Paul (1965): *Bibliothèque dramatique de Monsieur de Soleinne (Paris, 1843-1845)*. New York: But Franklin.

RONDEL, Auguste (1913): *Conférence sur la bibliographie dramatique et sur les Collections de théâtre… donnée a la Sorbonne le 4 décembre 1912*, Marseille chez l'auteur, 1913. En: *Extrait du Bulletin de la Société de l'Histoire du Théâtre*, enero-marzo, pp. 1-31.

— (1918): *Origines et développement du théâtre en Europe*. Marseille: Typogr. Barlatier.

— (1919): *Commémoration de Molière, Racine, Corneille, Shakespeare et Cervantes à la Comédie-Française*. Paris: P. Libr. anc. Honoré Champion. In-4°

— (1927a): *Conférence de Mr. Auguste Rondel sur les livres et les gravures relatifs aux Fêtes de Cour et aux Cérémonies publiques* donnée le 4 février 1926 à la Sorbonne pour l'Association des Bibliothécaires Français. En: *Bibliofilia*, XXVIII, pp. 9-12.

— (1927b): *Conférence de Mr. Auguste Rondel sur les livres et les gravures relatifs aux Fêtes de Cour et aux Cérémonies publiques* donnée le 4 février 1926 à la Sorbonne pour l'Association des Bibliothécaires Français. En: *Bibliofilia*, XXIX, pp. 1-2.

— (1927c): *Fêtes de Cour et Cérémonies publiques*. Firenze: Leo S. Olschki.

SAURA, Jorge (ed.) (2006): *Actores y actuación. Antología de textos sobre la interpretación*. Madrid: Fundamentos.

THION SORIANO-MOLLÁ, Dolores (1999): *Bibliografía hispánica del inventario de la Colección Auguste Rondel*. Kassel: Reichenberger.

Corrigiendo a Cervantes. Signos de teatralidad y puesta en escena: *La Gran Sultana* (1992)*

Luciano García Lorenzo
CSIC, Madrid

En 1986, exactamente el 16 de abril y en el Teatro Cervantes de Buenos Aires, la Compañía Nacional de Teatro Clásico (CNTC) comienza su andadura, después de algunos años de preparativos, aplazamientos, incertidumbres... El creador de la misma será el entonces director general José Manuel Garrido Guzmán, el cual propone a Adolfo Marsillach como responsable de la tan anhelada Compañía. Marsillach aceptará el reto y estrena para presentar su proyecto *El médico de su honra* de Calderón de la Barca; las críticas de Madrid, aun siendo relativamente elogiosas, no son tan del agrado de Marsillach.[1] Al flamante director no le gusta la que firma José Monleón y, sobre todo, le molesta la que realiza en el diario *El País* Eduardo Haro Tecglen, el cual ya había publicado algún artículo en ese periódico sobre el nuevo proyecto y el nombramiento de Marsillach;[2] aunque, naturalmente, poniendo en evidencia la valía de su antiguo amigo, Haro Tecglen no se entusiasma con la idea y el tono irónico de su trabajo no gusta a Marsillach, que estará, a partir de este momento, siempre expectante ante lo que escriba Haro en el que Adolfo consideraba su periódico. Como vivimos muy de cerca aquellos acontecimientos, podemos afirmar que Marsillach a punto estuvo de dimitir en aquel momento, pero decidió seguir adelante

---

* Este trabajo se incluye en el Proyecto de investigación CONSOLIDER «TC/12. Patrimonio teatral clásico español. Textos e instrumentos de investigación».

[1] Los comentarios y las reseñas de los medios de comunicación en Buenos Aires y en Sevilla fueron, en general, muy positivos y en algunos casos entusiastas.

[2] Cf. Monleón 1986 y Haro Tecglen 1986. También hay que recordar Haro Tecglen 1985, donde el autor se daba cuenta de la creación de la Compañía. Las relaciones de Marsillach y Haro fueron de estrecha amistad durante mucho tiempo, aunque por entonces y hasta la muerte del actor y director la frialdad era casi total. El director, sin embargo, esperaba las críticas de Haro en *El País* casi obsesivamente aunque diera signos de lo contrario.

tomando un camino diferente al que había iniciado con la obra calderoniana; diríamos, resumiendo, que el director, en primer lugar, dejó a un
lado obras trágicas o de fuerte carga dramática para centrarse en comedias y, en segundo lugar, acentuó todos los aspectos relacionados con la
escenografía y el tono de las puestas en escena, ofreciendo espectáculos
donde los signos visuales y el movimiento escénico tuvieran un protagonismo que convencieran más fácilmente a los espectadores. Marsillach
acertó e hizo un público para la Compañía, pero nunca debe olvidarse
que siempre contando para ello con un escenógrafo que fue cómplice
desde el primer momento del proyecto: Carlos Citrynovski. Los montajes de la CNTC dirigidos por Marsillach fueron a partir del segundo
sobre todo comedias de enredo, puestas en escena buscando la comici-
dad, el halago a los sentidos, las carreras en escena, finales con grandes
paellas referenciales a una Valencia que era el espacio donde se desarro-
lló el segundo de los espectáculos, neones que palpitaban intensamente
luminosos en *El vergonzoso en Palacio* o el juego de cine y teatro con un
montaje acertadísimo como fue *Antes que todo es mi dama* de Calderón.[3] Ya hemos afirmado en alguna otra ocasión que este espectáculo,
plenamente logrado como tal, resultó un éxito extraordinario y el que
fundamentalmente convenció a Marsillach del camino que era conveniente transitar para lograr, como así se hizo, que la CNTC fuera una
realidad a partir de ese momento. Y digo «fundamentalmente» porque
Adolfo alguna incursión llevó a cabo en esta su primera etapa como
director de la Compañía con textos diferentes a los citados, pero siempre se arrepintió de su experiencia hispano-argentina con *El burlador de
Sevilla*, aunque bien es verdad que en gran parte acertó con su versión
escénica de *La Celestina*.[4]

---

[3] A este montaje se han acercado algunos estudiosos con trabajos de calidad. Cf.,
entre ellos, el de Morales 2003, que conforma no pocas páginas de la segunda parte del
libro.

[4] Sobre todo se quejaba el director de la actitud que tuvieron algunos actores y
recuerda a Jesús Puente al pasar de encabezar el elenco de *El alcalde de Zalamea* a no
tener el papel protagonista en el siguiente montaje, *La Celestina*. De esto escribe Marsillach en sus memorias (1998: 467). Recomendamos, sin embargo, que éste y otros muchos
desahogos de Marsillach se lean con prudencia. Vivimos muy directamente gran parte de
la experiencia de la CNTC con él y nos cuesta reconocer no pocas cosas de las que cuenta. Sorprende con cuanta facilidad pasaba de amigo a enemigo de tantos y tantas.

Como es sabido, en 1990 Marsillach es nombrado director general de Música y Teatro en el Ministerio de Cultura, siendo sustituido al frente de la Compañía de Teatro Clásico por Rafael Pérez Sierra, hasta entonces asesor literario de la misma. La experiencia de Adolfo en el Ministerio de Cultura fue muy poco satisfactoria, aunque bien es verdad que su cansancio del cargo nació también muy poco después de llegar al despacho. Más aún, quizás llegó tan receloso al mismo que muchos momentos de los meses que en él estuvo resultaron una verdadera penitencia, según él, inmerecida. A finales de 1991, Marsillach deja la gestión y vuelve a la Compañía. Su regreso va a ser un reto: *La Gran Sultana*, de Miguel de Cervantes, un texto difícil y en principio teatralmente lejano a las experiencias de Marsillach con Lope, Tirso o Calderón. Sin embargo, con el estreno de esta obra cervantina (y cuando digo estreno es porque, aunque parezca mentira, nunca se había representado)[5] se va a marcar un antes y un después en la historia de la CNTC; es más, si la consolidación en gran parte se había logrado con la presencia en la misma de directores como José Luis Alonso (*El alcalde de Zalamea*, 1988) y Miguel Narros (*El caballero de Olmedo*, 1990) entre otros, la puesta en escena de *La Gran Sultana* supuso para Marsillach el mayor éxito de su carrera al frente de la Compañía y el definitivo reconocimiento a su labor, nada menos que con un *texto* cervantino y un *espectáculo* en la línea de los anteriores por él realizados, pero consiguiendo un montaje donde todo *brillaba* a gran altura. Vayan por delante dos cosas: primera, que Marsillach sabía muy bien lo que se jugaba con su vuelta y por ello, como se suele decir, echó el resto; y segunda, que contó con un escenógrafo, el habitual Carlos Citrynovski, que acertó plenamente con su propuesta. A ello, aunque en menor medida, habría que añadir la colaboración de Luis Alberto de Cuenca, facilitando todo con su versión textual y su buen entendimiento con Marsillach.[6]

---

[5] Cf. García Lorenzo 1993 (reproducido en 1994) y 1999. (Escribimos el título de *La Gran Sultana* tal como aparece en los diferentes trabajos que citamos, pues las mayúsculas de la dos palabras aparecen y desaparecen…).

[6] Hay edición de la versión con fotografías del montaje publicada por la Compañía (Cervantes 1992); es el número 12 de los textos que la CNTC sigue muy acertadamente publicando. Hice una aproximación a esta versión en García Lorenzo 1993.

El montaje de *La Gran Sultana* supuso la creación de nada menos que 22 espacios dramáticos,[7] en general levemente descritos o insinuados en las acotaciones cervantinas o a través de los diálogos, pero desarrollados por Citrynovski a partir de una serie de elementos que, debidamente adaptados y con otros más precisos, ofrecen al espectador una masa de signos materiales, auditivos, visuales e incluso olfativos, como es el caso del incienso que podemos oler en algún momento de la representación.

En otro trabajo me he detenido en esos espacios y en la función que cumplen en el desarrollo del espectáculo y a él me permito remitir con el fin de afirmar la sólida teatralidad del montaje,[8] siempre teniendo en cuenta esa interpretación de la teatralidad como complemento de la palabra y que tiene como hacedor y responsable último y máximo al director.[9]

En esta línea, lo primero que observamos al acercarnos al texto cervantino en sus primeros versos es la dificultad de resolver escénicamente la descripción que en las acotaciones y en el diálogo realiza muy libremente Cervantes. ¿Cómo abrir el montaje con esa multiplicación de signos y, sobre todo, de personajes que el autor del Quijote pone en esta ocasión en escena? ¿Cómo mostrar un desfile con la «pompa y majestad» debida, términos con que se abre la obra? ¿Cómo hacer visible tanto «acompañamiento», tantas estopas encendidas y tantos «resplandores»? ¿Cómo hacer materiales a los cristianos que pueden mirar al gran sultán y a los moros o turcos cuya mirada ni puede mínimamente cruzarse con la del Tirano? ¿Qué inventar para ayudar al espectador a «ver» y a «sentir» los seis mil soldados «de a pie y de a caballo» –dice Salec– que conforman el cortejo? En este primer caso que vamos a comentar, y al contrario de lo que va a suceder en la mayor parte del resto del montaje, Marsillach eligió la palabra para poner en conocimiento del espectador el universo orientalista que enmarcará las histo-

---

[7] Cf. García Lorenzo 2006. Marsillach ya había aludido a ello (1993), como bien lo habíamos hablado repetidamente en nuestras primeras conversaciones para preparar el texto de Cervantes.

[8] Marsillach llegó a decir en los Coloquios de Almagro de 1993 que «la mecánica teatral de *La Gran Sultana* es la misma que la de la revista de Lina Morgan» (1993: 146).

[9] Nos situamos en este momento, como puede apreciarse, en la línea ya marcada por Artaud y de una forma más precisa por Barthes y no pocos estudiosos posteriores.

rias dramatizadas. Y lo hará ayudándose de un telón corto y en él una ventana donde Rustán describe todo ese universo viéndolo a través de un catalejo. Eso sí, ese telón como fondo de todo el escenario va a introducirnos en un mundo de riqueza y sensualidad, un universo de formas y colores, expuestos pictóricamente a través del aprovechamiento de motivos muy diversos, motivos provenientes del Palacio de Topkapi de Constantinopla y con los que Citrynovski jugará para poner ante el espectador la riqueza, el exotismo y la sensualidad del mundo oriental que estará presente en toda la representación. Si el director se había servido del «ojo» de una cámara cinematográfica en *Antes que todo es mi dama* unos años antes, en esta ocasión será el cristal del catalejo de Salec el que, con la palabra como elemento fundamental, transporte a los espectadores a esas calles que conducen al templo de Santa Sofía y se admire con todos sus sentidos ante la procesión. La escenografía elaborada acompañando los primeros 205 primeros versos de la obra –decorado y trajes, especialmente– mete de lleno al espectador en un mundo lejano y envidiable, donde, repito, los cinco sentidos participan de un espectáculo. La teatralidad de estos inicios de *La Gran Sultana* se ha logrado plenamente y los responsables del montaje, que irán muy lejos en la mayor parte de la obra en la utilización de elementos escenográficos (y en ellos los cuerpos, magníficamente vestidos y también desnudos), lo consiguen utilizando, repetimos, en primer término la palabra, pero ya mimando los ojos de los espectadores.

Parte de estos dos centenares de versos serán también la presentación de uno de los conflictos que se van a desarrollar a lo largo de la pieza cervantina. Canavaggio (1977), en su ya clásico estudio del teatro de don Miguel, nos dijo, y así es, que son tres las historias que conforman –por cierto, decimos nosotros con gran parte de la crítica, estructuralmente lejos de la perfección dramática– su sultanesca pieza: en primer lugar, la historia de Clara y Lamberto (o Zaida y Zelinda); luego, el mundo de Madrigal; y, en tercer lugar, claro, la historia del Sultán y doña Catalina de Oviedo. En la puesta en escena de Marsillach uno de los guiños más evidentes que en ella existen en torno a la ambigüedad sexual latente en toda la pieza tiene precisamente a los dos jóvenes cristianos como protagonistas. Los dos están en el harén del Sultán, pero uno de ellos disfrazado de mujer para poder permanecer así al lado de su amada; su presentación directa ante los espectadores será cientos de

versos después de sernos contados sus avatares al comienzo de la obra,
justamente en los compases finales de la primera parte de las dos en que
Marsillach compuso su espectáculo y toda una sorpresa para los espectadores, ya que, con el telón corrido, Zaida y Zelinda se darán un rotun-
do beso en la boca en medio del escenario, para, inmediatamente, caér-
sele el tocado que cubre la cabeza de Zelinda y lograr la carcajada de los
espectadores, tan cercanos físicamente a los actores, al ver que se trata
de la cabeza bien pelada de Lamberto. Desde un plano puramente visual
y, naturalmente, sin que en la obra de Cervantes exista el menor atisbo
de lo presenciado, Marsillach introduce un signo de teatralidad de eficaz efectismo, corroborando con él toda la libertad que su montaje de
La Gran Sultana había mostrado hasta entonces. Clara, nos enteraremos
inmediatamente, está embarazada de Lamberto y su disfraz se convierte
de una manera expresa en homenaje de Cervantes al teatro de su tiempo
(veremos que no es el único) con esos versos que escucharemos al final
de la obra («Zaida y Zelinda son Clara y Lamberto / como suele pasar
en las comedias», Cervantes 1992: 144), recordando la utilización de los
disfraces, motor en tantas comedias de las tramas principales de las mismas y en otras de situaciones secundarias, pero siempre tan del agrado
de los diferentes receptores de los diferentes espacios.[10]

De las tres historias que hemos mencionado anteriormente, la que
Madrigal representa en la comedia cervantina ha sido siempre de interés
para los estudiosos y puedo afirmar que ese mismo interés reviste para
mí. Madrigal, como se ha dicho, es un personaje rico, de cierta complejidad y criatura dramática tras la cual podemos ver a ese Miguel de Cervantes que padeció cautiverio y siempre tuvo presente mientras en él
estuvo ese Madrid en el que no triunfó como soñara, pero al que tanto

---

[10] Hasta el estreno de *La Gran Sultana* no abundaban los trabajos sobre la comedia,
a excepción de algunos artículos y naturalmente de los libros de carácter general sobre
el teatro cervantino. A partir de entonces, *La Gran Sultana* es una de las obras teatrales
(y no teatrales) de don Miguel con mayor atención por parte de los estudiosos. En esa
línea, imprescindible para el mejor entendimiento de la comedia cervantina, es el admirable trabajo que ha llevado a cabo Luis Gómez Canseco con la edición de la obra y el
estudio que la precede (Cervantes 2010). De obligada lectura también es Díez Fernández 2006. La bibliografía que ofrece Gómez Canseco (y en ella la monografía de Jurado
Santos 1997) sería la que nosotros podríamos ofrecer al final de este trabajo, pero prefe-
rimos que el lector disfrute con la comedia de Cervantes y la labor de este estudioso.

anheló desde la libertad perdida. A lo largo de la obra, Madrigal está empapado de signos de muy diverso carácter, protagoniza situaciones de rica teatralidad escritas por Cervantes y se enriquece en ellas con motivos que Marsillach incorpora en su presencia escénica, intensificando la eficacia teatral que juega desde el texto. De todas esas secuencias, nos interesa ahora particularmente la última en que aparece el personaje y en la que nos detuvimos hace algunos años al poner en evidencia los desenlaces de la obra, desenlaces que se vieron conscientemente acentuados en la puesta en escena.

Madrigal dialoga con su habitual contertulio, Andrea, y en una intervención de gran emotividad y, como hemos adelantado, con fuerte carga autobiográfica, se despide de Constantinopla. En primer lugar, anticipando el orgullo de sus vivencias y la emoción que sentirá cuando le pregunten por la historia protagonizada por doña Catalina:

> Por el camino
> Te diré maravillas. Ven, que muero
> por verme ya en Madrid hacer corrillos
> de gente que pregunte: «Cómo es esto?
> Diga, señor cautivo, por su vida:
> ¿es verdad que se llama la sultana
> que hoy reina en la Turquía Catalina
> y que es cristiana, y tiene don y todo,
> y que es de Oviedo el sobrenombre suyo»

En segundo lugar, Andrea relata sus sueños de convertirse en poeta dramático y hacer teatro de su vida última y los personajes que le han rodeado:

> ¡Oh! ¡Qué de cosas les diré! ¡Y aún pienso,
> pues tengo ya el camino medio andado
> siendo poeta, hacerme comediante
> y componer la historia de esta niña
> sin discrepar de la verdad un punto,
> representando el mismo personaje,
> allá que hago aquí. ¿Ya es barro, Andrea,
> ver el mosqueterón tan boquiabierto,
> que trague moscas, y aún avispas trague,

sin echarlo de ver, sólo por verme?
Mas él se vengará quizá poniéndome
nombres que me amohínen y fastidien.

Andrea, en fin, grita su despedida de Constantinopla, expresando dos muy diferentes sentimientos; por una parte, la alegría de verse libre, la puerta abierta que el mar le ofrece hacia todo lo que ha expuesto en los versos anteriores y mucho más; y, por otra, su admiración hacia la ciudad y hacia el poderío de sus enemigos:

¡Adiós, Constantinopla famosísima!
¡Pera y Pernas, adiós! ¡Adiós, escala,
Chifutí, y aún Guedí! ¡Adiós, hermoso
jardín de Visitax! ¡Adiós, gran templo
que de Santa Sofía sois llamado,
puesto que ya servís de gran mezquita!
¡Tarazanas, adiós, que os lleve el diablo,
porque podéis al agua cada día
echar una galera fabricada
desde la quilla al tope de la gavia,
sin que falte cosa necesaria
a la navegación!
(Cervantes 1992: 142-143; Cervantes 2010: vv. 2908-2939)

Bella intervención, precioso homenaje a ese teatro por el que luchó Cervantes sin lograr el protagonismo que hubiera querido, despedida de un mundo que le privó de libertad, pero en el que, al fin y a la postre, vivió durante años, declaración expresa de escribir la obra que ya está escrita y en boca, entre otros, del propio Madrigal... Ahora bien, lo que consiguió la puesta en escena de esta comedia en 1992 fue algo más que conmover con la palabra; Madrigal logró en absolutamente todas las representaciones del montaje un aplauso al final de su tirada, pero ese homenaje era esencialmente por lo que *hacía* en escena y que corroboraba su intervención verbal: Madrigal se adentra en el mar y el chapoteo de sus pies en el agua de la playa, junto a la todavía presencia de las palabras dichas y los efectos de luz logrados en ese momento en el escenario, llevaron siempre a los espectadores a subrayar con sus aplausos el acierto de la situación y a estimar que con ello se cerraba la representación de *La Gran Sultana*.

El tercer eje de la obra es, naturalmente, el conformado por Catalina de Oviedo y el Sultán. Remitimos a diversos aspectos relacionados con su protagonismo en la obra[11] y ahora nos detenemos también en los tres desenlaces que para nosotros protagonizan: el primero es su unión amorosa, la felicidad expresada en la armonía de sus sentimientos y su aceptación ideológica y espiritual, el final tópico de cualquier comedia de enredo con la justicia poética una vez más en evidencia. Ahí también, efectivamente, podía acabar esta pieza cervantina, pues Luis Alberto de Cuenca incluso añade unos bien explícitos versos, por si todo no estuviera bien claro:

> SULTANA   [...]
>   Pero sobran las razones.
>   Condúceme, dueño mío,
>   al lecho, donde tus dones
>   serán mi único atavío
>   y tus besos mis blasones.
>   (Cervantes 1992: 141)

Pero en *La Gran Sultana* los personajes que la cierran quieren ser para Cervantes los mismos que la abren, el turco Salec, el renegado Roberto y los eunucos Mamí y Rustán, enmarcando así ese grandioso retablo mostrado en escena. Más aún: estos personajes lo que anuncian es una apoteosis donde la música vuelve a estar presente, conjugando el universo de luz y de color que ha estado muy sensualmente presente a lo largo de la representación y que Cervantes expresó en la última de sus acotaciones y a manera de himno o pregón con las palabras de Rustán y Mamí:

(Entrase [Roberto y Salec]. Suenan las chirimías; comienzan a poner luminarias; salen los Garzones del Turco por el tablado, corriendo con hachas encendidas, diciendo a voces: '¡Viva la Gran Sultana doña Catalina de Oviedo! ¡Feliz parto tenga, tenga parto feliz!'. Salen luego Rustán y Mamí, y dicen a los Garzones:)

---

[11] Remitimos de nuevo al estudio de Gómez Canseco en su edición de la obra (Cervantes 2010).

RUSTÁN Y MAMÍ ¡Alzad la voz, muchachos; viva a voces
La Gran Sultana doña Catalina,
Gran Sultana y cristiana, gloria y honra
de sus pequeños y cristianos años,
honor de su nación y de su patria,
a quien Dios de tal modo sus deseos
encamine, por justos y por santos,
que de su libertad y su memoria
se escriba nueva y verdadera historia!

Tornan las chirimías y las voces de los Garzones y dase FIN
(Cervantes 1992: 144-145; Cervantes 2010: vv. 2957-2965)

Desenlace este segundo expresado por Cervantes y con él, efectivamente, debería concluir el espectáculo; sin embargo, por si fueran pocas estas clausuras, Marsillach elabora una más de su propia invención y en ella sí que desaparece cualquier huella del autor del texto. El director, en la línea de otros finales de su trayectoria seguida hasta entonces con los clásicos, monta en escena un cuadro que, como ya notó parte de la crítica en las fechas de su estreno, bastante tiene de comedia musical e incluso de un género tan de las décadas anteriores como es la revista musical: gran media luna y en ella sentada la ya feliz pareja protagonista, minaretes al fondo, odaliscas bailando vestidas de vivos colores y con pedazos de telas de seda moviendo en el aire, bufones interpretando música con panderos, laúdes y chirimías, y el resto de los personajes sentados en el suelo enmarcados de nuevo por paneles que satisfacen la mirada de los espectadores con cestas de frutas, búcaros de flores y dibujos referentes a un Oriente que se ha querido esté siempre presente en el tablado. ¿Teatralidad? Si nos decidimos a considerar por ella el casi olvido de la palabra y ser protagonistas el cuerpo, el vestido, la música, las luces, el movimiento acompasado o el color, efectivamente pocos testimonios podrían ponerse en evidencia como el llevado a cabo en 1992 por la Compañía Nacional de Teatro Clásico con esta comedia cervantina. La verdad es que fue un año de muchos fuegos artificiales y apoteosis diversas.

BIBLIOGRAFÍA

CANAVAGGIO, Jean (1977): *Cervantes dramaturge. Un théâtre à naître*. Paris: Presses Universitaires de France.

CERVANTES, Miguel de (1992): *La Gran Sultana*. Madrid: Compañía Nacional de Teatro Clásico (Colección Textos de teatro clásico, 12).

— (2010): *La gran sultana doña Catalina de Oviedo*. Ed. Luis Gómez Canseco. Madrid: Biblioteca Nueva.

DÍEZ FERNÁNDEZ, José Ignacio (2006): «Sin discrepar de la verdad un punto: *La gran sultana*, ¿un canto a la tolerancia?». En: *Lectura y Signo*, 1, pp. 301-322 [también en: *Tres discursos de mujeres (Poética y hermenéutica cervantinas)*. Alcalá de Henares: Centro de Estudios Cervantinos, 2004, pp. 173-196].

GARCÍA LORENZO, Luciano (1993): «Cervantes, Constantinopla y *La gran sultana*». En: *Anales cervantinos*, XXXI, pp. 201-213 [reproducido en: Pedraza, Felipe B./González Cañal, Rafael (eds.): *Los imperios orientales en el teatro del Siglo de Oro. Actas de las XVI Jornadas de teatro clásico, Almagro, 1993*. Almagro: Universidad de Castilla-La Mancha/Festival de Almagro, 1994, pp. 57-72].

— (1999): «Los desenlaces de *La gran sultana*». En: *Cervantes y la puesta en escena de la sociedad de su tiempo (Actas del Coloquio de Montreal, 1997)*. Murcia: Universidad de Murcia, pp. 139-147.

— (2006): «De puertas (palaciegas) abiertas: *La gran sultana* de Cervantes en su versión escénica (1992)». En: *Ínsula*, 714, pp. 77-97.

HARO TECGLEN, Eduardo (1985): «Despilfarro del caudal». En: *El País*, 13 septiembre.

— (1986): «Un Calderón confundido y disperso». En: *El País*, 25 octubre 1986.

JURADO SANTOS, Agapita (1997): *Tolerancia y ambigüedad en «La Gran Sultana» de Cervantes*. Kassel: Reichenberger.

MARSILLACH, Adolfo (1994): «Crónica de la mesa redonda...». En: Pedraza, Felipe B./González Cañal, Rafael (eds.): *Los imperios orientales en el teatro del Siglo de Oro. Actas de las XVI Jornadas de teatro clásico, Almagro, 1993*. Almagro: Universidad de Castilla-La Mancha/Festival de Almagro.

— (1998): *Tan cerca, tan lejos*. Barcelona: Tusquets.

MONLEÓN, José (1986): «El médico de su honra». En: *Diario 16*, 25 octubre.

MORALES, Rafael (2003): *La presencia del cine en el teatro*. Sevilla: Alfar.

Lope de Vega y la teatralidad áurea desde el siglo XXI

Miguel Ángel Auladell Pérez
Universidad de Alicante

Cuando hoy se acomete cualquier proyecto de teatralización –y, más si cabe, cuando se trata de una pieza clásica– el emprendedor de tal empeño dispone de un nuevo soporte para la preparación rigurosa de su trabajo y para la obtención de una documentación de calidad científica, y debe contar con lo que es fundamental, el acceso a un material textual fiable desde el punto de vista filológico. Ésta es la gran tarea –entre otras– de la Biblioteca de Autor Lope de Vega de la Biblioteca Virtual Miguel de Cervantes y queremos pensar que también lo es de otros portales que presentan contenidos y materiales relacionados con nuestro autor.

César Oliva sacaba a colación un artículo unamuniano titulado «La regeneración del teatro español» en el que el rector de la Universidad de Salamanca parecía decir que «[e]s mucho más fácil [...] estar al principio de una cultura que al final» (1987: 24). Con el teatro clásico ocurre en ocasiones que quedamos abrumados por la cantidad de obras que nutre el total del corpus. Pero precisamente al comienzo del siglo XXI, ese numeroso conjunto de piezas dramáticas puede ser procesado y entendido mejor si aprovechamos de manera conveniente las nuevas tecnologías. En el mismo trabajo, el catedrático de la Universidad de Murcia, refiriéndose al proyecto lorquiano del que sigue enamorado hasta nuestros días –el Teatro Universitario de *La Barraca*–, continuaba afirmando que «[a]parte de las excelencias de los montajes, la clave de sus aciertos y de su éxito está, sin duda, en las obras seleccionadas». A este propósito, estamos persuadidos de la necesidad que existe de que a través de la red el investigador y/o el profesional del teatro puedan navegar por mares seguros que no supongan una menor solvencia que la edición en papel y, todo ello, reparando en la real y cada vez más creciente práctica de la sociedad –comenzando por cualquier ámbito profesional– de usar los ingenios informáticos y, a veces, de forma exclusiva (véanse, por ejemplo, las fuentes informáticas empleadas por un alto porcentaje de estudiantes universitarios para sus trabajos). Debemos estar atentos a los títulos que siguen reponiéndose como segura garantía de éxito y también a los que se incorporan al repertorio del nuevo milenio. Ciñéndonos al caso de Lope de Vega, desde el comienzo de este siglo se han representado obras, como, por ejemplo: *Peribáñez, Fuente Ovejuna, El castigo sin venganza, El caballero de Olmedo, La dama boba*, entre los primeros citados; y *La bella Aurora, Castelvines y Monteses, La discreta enamorada, La noche de San Juan, El cuerdo loco, Los comendadores de Córdoba, La hermosa fea, ¿De cuándo acá nos vino?, Quien todo lo quiere, El maestro de danzar, El Hamete de Toledo*, entre las novedades más llamativas. Asimismo, se han montado espectáculos que llevaban a las tablas obras no dramáticas del Fénix como el poema épico burlesco *La Gatomaquia*, el *Arte nuevo de hacer comedias en este tiempo* y la novela corta *El desdichado por la honra*; antologaban diversas obras o partían de elementos biográficos como *Basta que me escuchen las estrellas*; y se mostraban en los escenarios festivaleros españoles montajes de compañías latinoamericanas y también funciones de compañías extranjeras con traducciones de piezas conocidas (*Fuente Ovejuna*, ante todo) a otros idiomas (desde el francés al japonés). Como ocurría tradicionalmente con el teatro impreso, se produce un proceso de retroalimentación que establece relaciones entre las comedias lopescas que pueden encontrarse en la red cibernética y las que las compañías planean representar.

La introducción de los contenidos de nuestro interés en la red de internet puede ser entendida como un nuevo género con sus peculiares características y, sin duda, con unas infinitas posibilidades de promoción. Así como se produjo el relieve alcanzado en el Siglo de Oro por la edición impresa en *Partes de comedias* y la particular importancia del teatro leído en voz alta y su consecuente configuración como *performance*, en la actualidad asistimos a logros paralelos con el aprovechamiento de los soportes ofrecidos por las nuevas tecnologías.

Nuestra atención preferente se dedica a la figura y a la obra de Lope de Vega. Él solo constituye un género y es magnífica acumulación de géneros. Y si pensamos en teatralidad, su trayectoria vital es una representación fabulosa de numerosos personajes y variadas intrigas. Cabe preguntarse cómo se presenta a Lope de Vega a través de internet, cómo se le conoce en la red hispánica, cuál ha sido su fortuna dentro del ámbito de la tecnología aplicada a las ciencias humanas. Tras una breve navegación, puede comprobarse cómo Lope también acapara la presencia en numerosos escenarios virtuales o páginas webs. Con lo que contamos, nos apercibimos de que la información, materiales y recursos que nos ofrece la red sobre el Fénix son de variado carácter. La principal preocupación desde el ámbito del filólogo y del profesional del teatro radica en la calidad y el rigor de todo ese conjunto para que tan genial legado sea aprovechado por los internautas de forma igual o superior a cómo se hacía tradicionalmente.

Pero, sin lugar a dudas, la primerísima referencia que debe citarse en este Congreso Internacional de tan sugerente y sugestivo título (*Emocionar escribiendo: teatralidad y géneros literarios*) es la del reconocido catedrático de Granada Emilio Orozco Díaz. La profesora Renata Londero lo mencionaba con razón en la sesión inaugural y ella fue, precisamente, la brillante traductora al italiano de su conocida obra *El teatro y la teatralidad del Barroco (Ensayo de introducción al tema)*. Si la tesis principal del maestro Orozco Díaz se refería a la idea de *theatrum mundi* y a la relación obligada de la misma con la naturaleza del estilo barroco y su concepto de carácter *epocal*, el mayor y mejor elemento de barroquismo contemporáneo tiene que ver con la intensificación de contenidos y la exuberancia presentativa de una de las más «reales» *apariencias* de nuestros días, por medio de la red ciberespacial. Lo visto en internet es el *engaño a los ojos* que se nos muestra con un cada vez más amplio repertorio semiótico que fomenta la más frenética convención transportadora por vía de la interactividad y la continuada y progresiva adquisición de diversos roles que nos convierten en actores (casi mejor, en *farsantes*) de un vastísimo fresco imaginístico de detalladas ventanas que fomenta una teatralidad con fantásticos decorados, móviles y alternativas escenografías y estimulantes e ilustrativas trazas.

Afirmaba Emilio Orozco Díaz que lo teatral era «lo que entraña movimiento y desbordamiento» y que «no se puede hablar de la teatralidad del Barroco sin hablar del teatro» (1969: 13). Hoy no se puede hablar de la teatralidad de nuestra posmodernidad sin hablar de las nuevas tecnologías. La exuberancia de los soportes actuales mediatiza nuestras vidas y, por otro lado, puede considerarse como otra «vuelta del Barroco» dentro de su *revival* (Flor 2008: 101-102).

La red, con más o menos rigor, posee, indudablemente, unas características que son parejas a las del teatro barroco que tan bien calibró

Orozco Díaz: «desbordamiento expresivo y poder comunicativo» (1969: 15). Para recorrer tan amplios terrenos, la fórmula de la Biblioteca de Autor de la Biblioteca Virtual Miguel de Cervantes nos permite rebasar los límites del teatro y atender a otros modos de expresión barroca que el mismo Orozco subrayaba especialmente con estas palabras: «[...] consideramos el hecho de la teatralidad o penetración del sentido teatral en todas las manifestaciones artísticas y en las formas públicas –civiles y religiosas– de la vida de todas las gentes» (ibíd.).

Despierta también interés la consideración de la unidad primaria de teatralidad postulada por Manuel Sito Alba (1980: 976). La versatilidad de la Biblioteca de Autor Lope de Vega constituye sin duda un acercamiento provechoso a la «semiología de la representación», en el sentido que le da Umberto Eco cuando señala que la utilización del término *representación* indica una acción teatral. Pese a que la originalidad del teatro está en que intenta aparentar que no es un signo, sino una realidad, por ser natural y no artificial, los recursos que ofrece el amplio bagaje de la Biblioteca digital muestran la virtualidad del conjunto de elementos que Sito Alba ha denominado como mimema: 1) autor, director; 2) texto; 3) actor; 4) espacio escénico; 5) momento en que lo muestran; y 6) público. Precisamente, todos ellos se erigen en esencia de la teatralidad y de ahí que lo defina como «la unidad de teatralidad esencial, primaria y, en cierto modo mínima que realiza una función determinada, pudiendo ésta ser variable en las distintas utilizaciones posibles»; añadiendo a continuación que «[s]e emplea el término teatralidad ya que el mimema puede aparecer en el teatro –generalmente, unido a otros, constituye la obra teatral– pero también se encuentra en la vida cotidiana, en los ritos, en los mitos, en otros géneros literarios, etc. Es unidad esencial porque sin él no hay teatralidad». La concepción de la Biblioteca de Autor Lope de Vega y, en general, la posibilidad de acceso a diversos contenidos y materiales a través de la red pone al alcance del interesado muchos de los referentes constitutivos del mimema y todo ello con una fácil accesibilidad y gran economía.

¿Puede entonces verse afectado el teatro por la influencia de internet? ¿Se configurará un teatro para internautas que constituya una nueva teatralidad que vea sustituido el escenario por la pantalla?, ¿que vea superadas las tablas por las ventanas? Parafraseando a Emilio Orozco Díaz, puede parecer una redundancia hablar de la teatralidad de la virtualidad

(1969: 12). En definitiva, nos disponemos a aprovechar la gran metáfora que constituye considerar al alimón la teatralidad áurea y la virtualidad cibernética. La red a la que accedemos a través de las pantallas de los ordenadores es el *escenario* más frecuentado y visible hoy. José Manuel Blecua alude a cómo Rafael Lapesa ya vaticinaba a principios de los años sesenta el aprovechamiento para las ciencias humanas de la tecnología computacional y «la necesidad de establecer criterios selectivos a la montaña gigantesca de datos que se avecinaba» (1999: 10).

Si nos ceñimos aquí al caso paradigmático de Lope de Vega, su presencia cualificada en la red puede afirmarse que «sirve a muchos amos». Enumero algunos: a) el público en general, aficionado al teatro y su rico mundo artístico; b) el público lector de teatro; c) el conjunto de profesionales, de teatreros (directores, actores, técnicos…); d) el adaptador y el versionador; e) el académico e investigador; f) el profesor y el didacta; g) el editor y hasta el impresor; h) el traductor; y, por supuesto, i) los estudiantes de los diferentes niveles educativos. Internet puede ser el más versátil de los *tablados* para aprovechamiento de muchos. El mundo de Lope se hace *espejismo* virtual a través de las nuevas tecnologías. El soporte digital da lugar a la constitución de otro género con su particular tipología y especial recepción. La red se nos presenta desde hace ya algunos años como plataforma alternativa para la extensión máxima de los clásicos y, particularmente, de Lope de Vega, uno de los grandes poetas y dramaturgos de la literatura universal. La incorporación de los textos de Lope a la Biblioteca Virtual actúa como antídoto para que siga en pie una de las famosas definiciones que de clásico propuso Italo Calvino:

> Es clásico lo que persiste como ruido de fondo incluso allí donde la actualidad más incompatible se impone […]. Queda el hecho de que leer los clásicos parece estar en contradicción con nuestro ritmo de vida, que no conoce los tiempos largos, la respiración del *otium* humanístico, y también en contradicción con el eclecticismo de nuestra cultura, que nunca sabría confeccionar un catálogo de los clásicos que convenga a nuestra situación (2009: 122).

La Biblioteca de Autor Lope de Vega agrupa la obra[1] del Fénix en dos grandes bloques: obra dramática y obra no dramática. En el prime-

---

[1] <http://cervantesvirtual.com/bib_autor/lope/obra.shtml>.

272 Miguel Ángel Auladell Pérez

ro diferenciamos las obras editadas en las *partes de comedias* de aquellas que no fueron incluidas en esas ediciones. La fase inicial consiste en la edición de las XXV *partes de comedias* publicadas entre 1604 y 1647, contando con edición facsímil y edición en texto de cada una de ellas. Con todo, ya disponemos de obras dramáticas no incluidas en las *partes* y de algunos de sus títulos no dramáticos, como el *Arte nuevo de hacer comedias en este tiempo* (1609) en edición de Juan Manuel Rozas, cuya primera salida incluido en el volumen de las *Rimas* acaba de celebrar el cuarto centenario, que ha propiciado diversos encuentros científicos.[2]

Contamos con ediciones de textos fijados por especialistas como *Peribáñez y el comendador de Ocaña* y *El mejor alcalde, el rey* de Teresa Ferrer, *La dama boba* de Zamora Vicente, *Fuente Ovejuna* de Rinaldo Froldi, y dos ediciones de *El caballero de Olmedo*, de Rafael Maestre y de Francisco Rico. Esta última, la del profesor Rico, ha sido considerada como paradigmática y fue la base para la adaptación que realizó la Compañía Nacional de Teatro Clásico. Antonio Serrano afirma al respecto que en ese caso se eligió «a un especialista estudioso nato, [...] a mi juicio un ejemplo a seguir, ya que ahí surge plenamente el encuentro entre el especialista de la obra, del teatro y de la cultura de la época, con el director que va a hacer que los personajes se encarnen en la escena» (1992: 195). Además tenemos en proceso de supervisión la edición crítica de *El castigo sin venganza* realizada por José María Díez Borque. De las ediciones propias podemos destacar entre otras *El perro del hortelano*, la transcripción de *El príncipe inocente*, y los facsímiles digitales del manuscrito de esta obra y casi la totalidad de las *partes de comedias*. Las piezas se presentan de manera independiente, e incluidas en cada una de las *Partes* respectivas para facilitar de este modo el acceso a los textos.

Al igual que otras muchas dentro de la Biblioteca Virtual Miguel de Cervantes, la Biblioteca de Autor Lope de Vega presenta distintos apartados con información general sobre el autor y su obra: 1) presentación: texto con los objetivos de la página; 2) autor: apunte bio-bibliográfico y

---

[2] Además de las actas publicadas con el resultado de jornadas o congresos como los de Almagro u Olmedo, podrá verse próximamente el volumen que recogerá las aportaciones presentadas en el seminario «Lope de Vega: del teatro valenciano al *Arte nuevo de hacer comedias*», dirigido por Miguel Ángel Auladell y organizado por el Instituto Alicantino de Cultura Juan Gil-Albert en mayo de 2009.

cuadro cronológico; 3) obra: listado cronológico de Morley y clasificación temática de Menéndez Pelayo de la obra dramática; 4) estudios: bibliografía selecta y listado de tesis doctorales; y 5) realización: equipo de trabajo responsable de la Biblioteca de Autor Lope de Vega.[3]

Destaca la edición digital de distintos estudios[4] entre los que sobresalen los de Luis Astrana Marín, Cayetano Alberto de la Barrera, Jesús Cañas Murillo, Rinaldo Froldi, Jesús Maestro, Juan Manuel Rozas o Alonso Zamora Vicente, además de un apartado con enlaces a todas las páginas destacables que ofrece internet sobre Lope de Vega. La atención a Lope en la red ha sido numerosa y supone todo un capítulo, como se verá más adelante.

El apartado de Fonoteca[5] presenta archivos audio con grabaciones de poemas de Lope de Vega en voz de actores aficionados y de profesionales como Arturo Querejeta, y el locutor y recitador Rafael Taibo. Un proyecto para el próximo ejercicio es el de establecer un convenio con Radio Nacional de España para contar en la página con grabaciones de la rica sección de teatro radiado de su archivo sonoro.

La sección de Imágenes[6] está formada por una galería de imágenes sobre el autor (retratos, fotografías de la Casa Museo Lope de Vega de Madrid), sobre su obra y sobre la época, en la que destacan los dibujos, cuadros y planos de corrales de comedias. A la completa galería de retratos ofrecida por nuestro portal a partir del valioso volumen de Lafuente Ferrari, se suma ahora el flamante retrato de Lope que ha llenado las páginas de los periódicos y revistas y los noticiarios de radio y televisión en los primeros meses de 2010. Nos referimos al retrato original de Juan Van der Hamen, que podrá ser colgado de manera inmediata si está libre de derechos.

La Videoteca[7] está integrada por breves entrevistas a estudiosos sobre la vida de Lope, su obra y el contexto socio-cultural en que desa-

---

[3] Debe tenerse en cuenta que para la realización de un proyecto como el que describimos aquí, contamos con profesionales de distintas disciplinas: Filología, Biblioteconomía, Informática y Ciencias Audiovisuales.

[4] <http://cervantesvirtual.com/bib_autor/lope/estudios_autor.shtml>.

[5] <http://cervantesvirtual.com/bib_autor/lope/fonoteca.shtml>.

[6] <http://cervantesvirtual.com/bib_autor/lope/galeria.shtml>.

[7] <http://cervantesvirtual.com/bib_autor/lope/videoteca_2.shtml>.

rrolló su labor artística, y por fragmentos de representaciones teatrales y comentarios de los actores, director y adaptador de cada uno de los montajes. Vale la pena escuchar la utilidad que observa Alonso de Santos en estos breves fragmentos de representaciones teatrales.[8] También es ilustrativo el testimonio de Enrique García Santo-Tomás que se declara seguidor entusiasta de la Biblioteca Virtual Cervantes para fomentar en sus clases universitarias en Estados Unidos el acceso rápido a los textos dramáticos y a otros materiales, herramientas y recursos que resultan de gran utilidad didáctica. Asimismo, en el capítulo de los vídeos siempre es conveniente recoger el mayor fondo documental posible y por ello la Biblioteca de Autor Lope de Vega hará gestiones, como otras veces, para tratar de conseguir permiso para ofrecer algún tráiler de la producción cinematográfica *Lope* dirigida por el brasileño Andrucha Waddington y cuyo estreno se ha anunciado para septiembre de 2010.

La labor desempeñada por la Biblioteca Virtual Miguel de Cervantes de la Universidad de Alicante fue inaugurada oficialmente en julio de 1999. Se trata de un proyecto en marcha que pretende aprovechar las enormes y variadas posibilidades (investigadoras, docentes, didácticas o simplemente lectoras) que nos ofrecen los medios audiovisuales e informáticos para, en una tarea plenamente académica, llevar a cabo una extensión universitaria global.

A lo largo del tiempo, han sido varios los intentos más o menos afortunados de editar la copiosa producción de Lope de Vega. Dentro de esa tradición filológica y editorial no pueden dejar de mencionarse los esfuerzos acometidos por la Biblioteca de Autores Españoles, la Real Academia Española o la entrega apasionada de don Marcelino Menéndez y Pelayo. Entre los intentos posteriores a la Guerra Civil destaca el anunciado por don Joaquín de Entrambasaguas, pero que no se vio tampoco culminado. Desde hace unos años hay otros proyectos en marcha que tienen, no obstante, distinto signo. El primero, llevado a cabo por la Biblioteca Castro, dirigida por el ya desaparecido Domingo Ynduráin, trata de remediar esa laguna que existe generalmente en la edición de las obras completas de nuestros clásicos y pretende por ello ofrecer la edición de toda o, al menos, de la mayor parte de la producción lopesca. El

---

[8] <http://cervantesvirtual.com/FichaObra.html?Ref=11143>.

segundo, apoyado en el grupo de investigación Prolope de la Universidad Autónoma de Barcelona, se ciñe a la edición de las *partes de comedias* del Fénix, aunque confeccionando unas rigurosas ediciones críticas preparadas por diversos especialistas coordinados por Alberto Blecua y Guillermo Serés.

Fue en enero de 2003 cuando se llevó a cabo la presentación de la Biblioteca de Autor dedicada a Lope de Vega por parte de la Biblioteca Virtual Miguel de Cervantes. Con ella pretendíamos modestamente construir una vía alternativa a los citados proyectos editoriales. Dado el uso cada vez más frecuente que la sociedad hace de la red, creemos que se hace necesario incluir también a Lope de Vega en el ciberespacio. Aprovechando la variada gama de posibilidades que ofrece la Biblioteca Virtual, estamos llevando a cabo la edición digital de la obra de Lope y proporcionando numerosas herramientas de tratamiento textual para que tanto el especialista, el profesor, el director escénico, el actor, el técnico de teatro, el traductor, el estudiante o cualesquiera lectores interesados puedan acceder a ese rico patrimonio cultural que, sin duda, sería penoso que no tuviera su presencia en internet. El proyecto es ambicioso y por ello debe atender a criterios de calidad y de establecimiento de etapas o fases de desarrollo. La primera fase que nos hemos fijado consiste en editar las comedias y, además, coincidiendo con el grupo Prolope, hacerlo a partir del texto de las *partes de comedias*.

Habida cuenta de la enorme complejidad de una edición crítica solvente del teatro completo del Fénix, debimos optar por seleccionar entre los testimonios más relevantes. Influidos, sin duda, por la naturaleza que es propia de cualquier empresa que se pone en marcha a través de las nuevas tecnologías, el factor tiempo al lado de la elección de un punto de partida riguroso filológicamente, nos pareció lo más adecuado acometer el empeño realizando la edición digital y facsímil de las obras teatrales lopescas a partir de la primera edición de cada una de las veinticinco *partes de comedias* que durante su vida y de manera póstuma aparecieron con la firma de Lope de Vega a lo largo del siglo XVII. No debemos olvidar que su vigencia traspasa nuestras fronteras y que, además, su herencia de gran poeta la han seguido aprovechando muchos creadores contemporáneos desde Rafael Alberti a José Hierro pasando por Octavio Paz y, claro está, por muchísimos otros autores que viven este comienzo de milenio. Nuestro proyecto se ve espoleado mucho más, si cabe, por la atención que aún hoy en día reciben las representaciones de las comedias lopescas y la continuada presencia que también tienen en los escenarios españoles y extranjeros.

El objetivo primordial de la Biblioteca Virtual Miguel de Cervantes (<http://www.cervantesvirtual.com>) es publicar en formato digital la obra completa de los autores de las literaturas hispánicas. En esta línea de trabajo, las Bibliotecas de Autor forman uno de sus Portales, configurándose como páginas permanentemente en construcción, pues incluso publicando la obra completa de un autor en particular, siempre queda lugar para las aportaciones de nuevos estudios, la aplicación de herramientas digitales y la inclusión de otras ediciones de los textos.[9]

El proyecto de edición de textos de la literatura del Siglo de Oro en formato digital posee como objetivo principal el lograr un modelo que asuma las características de la edición digital y los tipos más representativos de la edición tradicional[10] impresa, de modo que los modelos de edición planteados son la edición crítica, la edición fonética,[11] la transcripción y la edición facsímil. En todos los casos se trata de páginas HTML (HiperText Markup Language), pero los tres primeros se publican en formato texto y el facsímil en formato imagen, generalmente JPEG (Joint Photographic Experts Group). La finalidad es contar al menos con una versión en texto y un facsímil digital de cada una de las obras. Para la edición crítica con su aparato de variantes o la fijación textual de un editor se cuenta con ediciones externas, es decir, con textos aportados por los especialistas. Para el resto de casos se han establecido unos criterios de edición operativos para su aplicación al corpus de textos del Siglo de Oro, período caracterizado, como es sabido, por la inestabilidad en el sistema fonológico.

---

[9] La Biblioteca Virtual no es una colección concreta de textos editados por una institución o por una editorial, sino una Biblioteca, es decir, una «institución cuya finalidad consiste en la adquisición, conservación, estudio y exposición de libros y documentos» (*DRAE*, 2001, 22ª ed.) en formato digital.

[10] Información aportada por las áreas de Edición digital y Edición filológica de la Biblioteca Virtual Miguel de Cervantes.

[11] Partimos de la tipología de Pablo Jauralde Pou, que define la edición fonética como aquella que «conserva de alguna manera tan sólo aquellos rasgos lingüísticos que tenían en la época valor fonético» (1981: 165).

Tras abordar los principales estudios sobre fonética y morfosintaxis históricas, y sobre crítica textual, se crearon unos criterios de edición fonética, lo que ha supuesto poder asumir una producción de ediciones en texto partiendo de originales –bien en facsímil, bien en transcripción–, siempre y cuando no se cuenta con ediciones críticas fijadas por especialistas. Para aunar la producción masiva con el rigor del trabajo filológico se optó por crear unos criterios generales, científicos y funcionales: a) generales, de modo que fueran operativos para la publicación de textos de los siglos XVI y XVII que partieran de un único ejemplar, sin menoscabar la especificidad de cada obra y las peculiaridades estilísticas y lingüísticas de cada autor; b) científicos, en tanto que se deben ofrecer textos pulcramente editados teniendo en cuenta las formulaciones de los estudios filológicos en este campo; y c) funcionales, porque no se plantea la posibilidad de hacer un trabajo de investigación pormenorizado de cada texto con los distintos testimonios, no se trata de hacer ediciones críticas, sino de que un equipo de trabajo con experiencia en la transcripción y corrección de textos de los siglos XVI y XVII pueda llevar a la práctica el trabajo de edición ofreciendo textos correctos, y esperemos que de utilidad en el ámbito académico.

Para esta labor se cuenta, entre otros, con la colaboración de editores de textos del Siglo de Oro como Alberto Blecua (Universitat Autònoma de Barcelona), Evangelina Rodríguez Cuadros (Universitat de València), Guillermo Serés (Universitat Autònoma de Barcelona), Florencio Sevilla Arroyo (Universidad Autónoma de Madrid) y Ángel Luis Prieto de Paula (Universidad de Alicante) en tareas de supervisión de dichos criterios.[12]

Continuando con esta línea de trabajo, las áreas de Edición e Investigación Informática de la Biblioteca Virtual están desarrollando el establecimiento de criterios y normas de marcado en XML (Extended Markup Language) de transcripciones. Esto supone la aplicación de las ventajas del trabajo en texto digital a la transcripción de originales, permitiendo la reconstrucción del manuscrito y delimitando detalladamente las características físicas del mismo (tachaduras, correcciones, distintas intervenciones sobre el texto…).

---

[12] La gran ventaja de trabajar en formato digital es la posibilidad de modificar los textos a tenor de nuevos planteamientos en los criterios de edición.

Asimismo, se han establecido unos criterios de edición facsímil para la reproducción de manuscritos y primeras ediciones, pues la manipulación del texto en formato digital presenta unas características diferentes a las del formato impreso. La falta del objeto libro conlleva la necesidad de tener que crear una plantilla para publicar las imágenes dentro de una estructura organizada, respetando y corrigiendo a un tiempo cada errata de paginación o foliación para ser fiel al original sin entorpecer la consulta del texto. Por tanto, los criterios de edición facsímil atienden a: 1) el tratamiento de las imágenes, dependiendo del formato original de partida (obra original, facsímil, facsímil fotográfico, microfilm...); 2) la estructura de la obra y el orden de los folios a través de un sistema de índices de foliación basado en la estructura interna de la obra, índices de miniaturas y ampliación de cada uno de los folios; 3) la nota previa, en la que se recoge la identificación del original impreso y se describe el proceso digital que se ha seguido con las imágenes; y 4) las anotaciones sobre erratas de foliación.

Se han creado distintas herramientas para el montaje y diseño de las ediciones. El programa principal permite que a partir de un conjunto de imágenes digitalizadas y los datos necesarios sobre foliación y estructura de la obra se construya la edición en formato HTML.

Habitualmente, tras la selección de los textos y de las ediciones, toda obra es identificada en una ficha catalográfica, indicando en nota previa características particulares de la edición correspondiente.

Considerando la naturaleza de los materiales que se ofrecen en la página de la Biblioteca Virtual Miguel de Cervantes, se han desarrollado distintos recursos y herramientas[13] de software tanto para agilizar la producción de archivos digitales como para que éstos presenten un tratamiento acorde con sus características: marcado de textos en XML, enlaces cruzados...

El marcado en XML supone el etiquetado de textos atendiendo a su estructura pues fue diseñado para el intercambio de documentos estructurados a través de internet. Por medio de unas etiquetas definidas en una DTD (Document Type Definition) con unos atributos específicos se

---

[13] Información aportada por las áreas de Investigación Informática, Programación y Catalogación de la Biblioteca Virtual Miguel de Cervantes.

indican: 1) metadatos (información catalográfica); 2) características estructurales (capítulos, actos, escenas…) y formales (párrafos, versos, acotaciones…); y 3) aspectos textuales de distinta naturaleza (idiomas, erratas, nombres propios, citas…).

Para su difusión en internet el archivo marcado se transforma en HTML mediante hojas de estilo o programas de transformación XSLT (Extensible Stylesheet Language Transformation).

Además de las ventajas que supone el XML para la conversión en HTML, el marcado posibilita que con las herramientas oportunas se disponga de una información textual y estructural específica, de modo que se puedan extraer en cualquier obra o grupo de obras datos sobre los elementos etiquetados: número de versos, esticomitias, uso de términos en otras lenguas, referencias a otras obras, acotaciones…[14]

Las concordancias digitales son una herramienta que posibilita la búsqueda de un término concreto a lo largo de toda una obra. Por ejemplo, se puede ver este proceso con la edición de *El caballero de Olmedo* de Francisco Rico: 1) se accede a través de la ficha de catalogación de la obra a la página de concordancias; 2) en la ventana de búsqueda se introduce un término y se buscan las coincidencias; 3) tras el proceso, que requiere la revisión de toda la obra, aparece una página con un listado de las líneas en las que se encuentra esta palabra; y 4) desde cada una de las coincidencias se puede acceder al lugar concreto del texto.

La posibilidad de contar con la relación de concordancias de una obra tiene distintas aplicaciones en la investigación filológica: estudios léxico-semánticos, comprobación documental de tesis interpretativas… Pero lo más interesante es que un trabajo que hace poco tiempo tardaba años en realizarse, ahora se procesa directamente con el simple etiquetado de los textos.[15]

---

[14] El marcado en XML en la edición digital de textos está en proceso de estudio en distintas universidades pues se presume que se convertirá en el procedimiento de trabajo de futuro por ser el más apropiado para el tratamiento e intercambio de textos digitales. Brown University y Oxford University (OTA, Oxford Text Archive) son las pioneras en el estudio del marcado estructural de textos, el TEI (Text Encoding Initiative, <http://www.tei-c.org>).

[15] Se está estudiando la inclusión de concordancias por grupos de obras y la lematización (proceso de búsqueda basado en lemas).

Otra de las ventajas en formato digital es la posibilidad de enlazar las ediciones en texto y las ediciones facsímiles de modo que podamos cotejar sus lecturas. Se trata de lo que llamamos enlaces cruzados, puesto que consiste en un proceso de enlaces de doble dirección. La edición facsímil presenta marcas en cada uno de sus folios o páginas. En la edición textual de esa misma obra se introducen dichas marcas en el lugar correspondiente del texto. Utilizando los enlaces de esas marcas de foliación y partiendo de la edición en texto podemos abrir en una ventana nueva del Explorador la página correspondiente de la edición facsímil, y viceversa. Para la realización de estos enlaces cruzados se tiene que contar con el marcado estructural del archivo de texto y con los programas de montaje de ediciones facsímiles. De esta forma, con los programas de montaje de facsímiles se extrae la información pertinente del archivo de texto XML para construir automáticamente los enlaces en el sentido facsímil-texto. Al disponer de los datos de paginación incluidos en el archivo XML, los enlaces en la dirección texto-facsímil se construyen al efectuarse la transformación de la hoja de estilo XSLT necesaria para la publicación del texto en internet. Se puede ejecutar este proceso con, por ejemplo, la edición de *Fuente Ovejuna* de la *Parte XII* publicada en Madrid, por la Viuda de Alonso Martín, a costa de Alonso Pérez, en 1619, enlazada con la edición de Rinaldo Froldi: 1) se entra en el índice de la obra; 2) se selecciona un folio; 3) se abre una ventana nueva en el punto concreto del texto de la edición de Froldi; y 4) si volvemos a la ventana del facsímil, tenemos la posibilidad de cotejar las distintas versiones. Este proceso también se puede realizar partiendo de la edición en texto.

El cotejo de dos versiones en texto es una de las últimas posibilidades que nos ofrece el formato digital. Esta aplicación experimental se ejecutó por primera vez en la Biblioteca de Autor Miguel de Cervantes con dos ediciones del *Quijote*. Consiste en la confrontación en el monitor de dos versiones de una obra de modo que moviendo el cursor sobre una de ellas se marca en ambas: a) en color verde la parte coincidente del texto sobre la que se encuentra el cursor; b) en negro la parte diferente; y c) en rojo la parte coincidente no seleccionada con el cursor.[16]

---

[16] Esta herramienta parte de un proyecto que están realizando Arkady Zaslavsky (Monash University), Alejandro Bia (Biblioteca Virtual Miguel de Cervantes y Universi-

Aparte de los buscadores en web, que dan la posibilidad de hacer búsquedas combinadas y acceder de manera más directa a los materiales que nos interesan, la Biblioteca Virtual ha creado un buscador avanzado para la localización de términos en los textos etiquetados en XML. Esta aplicación permite realizar consultas combinando distintos parámetros: títulos, autores, palabras, párrafos/versos/citas, nombres y parlamentos de personajes e idiomas. El buscador cuenta con un analizador morfológico para que la búsqueda atienda al término seleccionado y a la forma de la que deriva, y con un analizador semántico para la localización de sinónimos, y se fundamenta en un proceso de concordancias con base de lematización.[17]

El Área de Investigación Informática trabaja de manera regular en el desarrollo de un sistema de consulta lexicográfica desde los mismos textos con la pretensión de tener la información que aportan los diccionarios sobre un término concreto al tiempo que consultamos una obra. El proceso cuenta con un lematizador para el reconocimiento de palabras no incluidas como entrada en el diccionario de la Real Academia Española.[18]

Estas son las herramientas que se han venido desarrollando desde los inicios de la Biblioteca Virtual, pero los proyectos de investigación continúan la labor de aplicación de los avances de las nuevas tecnologías en el estudio y producción de materiales propios de las disciplinas humanísticas.

En general, podemos afirmar que todos estos recursos se agrupan bajo un único nombre: el hipertexto. Se trata de distintas modalidades de hiperenlace a través de iconos o textos: informativo como las fichas de catalogación, estructural como los índices de las obras, creativo como las concordancias, relacionante entre distintos documentos que presen-

---

dad de Alicante) y Krisztián Monostori (Budapest University of Technology and Economics).

[17] Este proyecto se ha llevado a cabo en colaboración con la Residencia de Estudiantes y forma parte de las ayudas del proyecto ProFIT (Programa de Fomento de la Investigación Técnica del Ministerio de Ciencia y Tecnología) para la construcción y diseño de buscadores en documentos XML.

[18] Este proyecto se realiza en colaboración con la Real Academia de la Lengua Española.

tan algún aspecto común (una obra y su estudio, la edición en texto y la edición facsímil de un mismo título), etc.

Las ventajas principales que nos ofrece el trabajo en formato digital son:

1) La aplicación de estas herramientas digitales, los hipertextos, pues no cabe olvidar que el texto digital se configura básicamente como un objeto de trabajo y un complemento al texto impreso, que es el formato idóneo para la lectura de las obras.

2) La conservación de originales en un formato de mayor durabilidad y maleabilidad que el microfilm o la fotografía.

3) La posibilidad de corregir erratas y realizar enmiendas en los textos de manera permanente. Pero esta última ventaja se convierte en el mayor de sus defectos puesto que la fijación textual es inestable. El único modo de paliar este inconveniente es tener un control estricto de las obras y establecer una modalidad de cita concreta, en la que ahora no tenemos tiempo de profundizar.[19]

Decimos ventajas para el trabajo en formato digital, es decir, para su proyección, creación y preparación. Pero de un mayor número de ventajas de la edición digital puede disfrutar el usuario: 1) Concordancias digitales. 2) Una colección, una parte o una comedia. 3) Enmiendas automáticas o casi. 4) Búsquedas internas (herramientas del navegador). 5) Cotejo con el original. 6) Catalogación e identificación (fichas). 7) Acceso a facsímiles (gran número de ediciones en formato digital y en papel). 8) Criterios de edición. 9) Facilidad para combinar acceso a la edición con todo su contexto (biblioteca alternativa). 10) Leer una comedia. Al mismo tiempo, podemos oír un fragmento y podemos ver un fragmento (herramientas didácticas). 11) Sencilla incorporación de materiales auxiliares y complementarios (distintas versiones; atribuciones; textos de 'autor de comedias'; partituras musicales; dibujos de escenografías, figurines...).

Tanto la Biblioteca de Autor Lope de Vega de la Biblioteca Virtual Miguel de Cervantes como muchas de las otras webs acerca de la figura

---

[19] En la Biblioteca Virtual se está estudiando el modo idóneo de citar textos y recursos digitales.

y obra de Lope de Vega pueden resultar una gran ayuda para lograr conocer variadas formas de presentación y de acercamiento a la producción dramática del Fénix y, además, contar con una considerable cantidad de información y recursos relativos a la rica semiología teatral. Si nos atenemos a la primera acepción de *teatralizar* que ofrece el *DRAE* (2001, 22ª ed.), se trata de «dar forma teatral o representable a un tema o asunto». El conjunto de materiales y experiencias accesibles *on line* van a hacer mella en nuestra creatividad, siquiera por desprecio de lo realizado y por total empeño en transgredir cualquier propuesta anterior. Por último, si nos fijamos en la primera acepción que el *Diccionario de uso del español* de María Moliner (ed. abreviada, 2008) da de *teatralizar* (ya que no recoge *teatralidad*), nos damos cuenta de lo eficaz que puede resultar el manejo de los formatos digitales a través de variados soportes tecnológicos para –como señala la gran lexicógrafa–: «dar a un asunto, obra, etc., la forma adecuada para que pueda ser representado como pieza teatral».

No obstante, es necesario echar un vistazo por el ciberespacio para constatar el interés por Lope de Vega.[20] Sin duda, es uno de nuestros clásicos con mayor presencia en la red. Repasemos rápidamente esa presencia que, por otra parte, puede calificarse de muy irregular. Entre los sitios de mayor rigor se encuentra la página de *La casa di Lope*,[21] bajo la coordinación de Fausta Antonucci, que depende de la Università Roma III. Deben destacarse dos webs. Prolope,[22] grupo de investigación de la Universidad Autónoma de Barcelona dirigido por Alberto Blecua y Guillermo Serés, que centra sus actividades especialmente en la edición crítica de las *partes de comedias* de Lope de Vega, tiene un portal, actualizado en agosto de 2009, y también con diversa información como la edición en PDF de varios de los volúmenes del *Anuario Lope de Vega*. La página del Instituto de Teatro Clásico de Almagro,[23] mantenida por la Universidad de Castilla-La Mancha, publica también en PDF su

---

[20] Agradezco los datos aportados y el asesoramiento de Sergio Galindo Mateo, con el que he colaborado desde 2002 en la construcción de la Biblioteca de Autor Lope de Vega (véase Galindo Mateo en prensa).

[21] <http://host.uniroma3.it/progetti/casadilope/>.

[22] <http://prolope.uab.es/>.

[23] <http://www.uclm.es/centro/ialmagro/>.

Colección *Corral de comedias*, actas de las Jornadas de Teatro Clásico de Almagro, con algunos monográficos dedicados a Lope.

El proyecto Artelope,[24] que tiene como investigador principal a Joan Oleza de la Universitat de València, constituye el germen del «Patrimonio teatral clásico español. Textos e instrumentos de investigación», el proyecto que ha sido seleccionado por el Programa Consolider Ingenio 2010 y que cuenta con un equipo de 136 investigadores de 52 universidades de todo el mundo. Se pretende crear grandes almacenes colectivos de información que los investigadores puedan consultar en tiempo real y que permitan intercambiar información entre los mismos. El Grupo de Investigación del Siglo de Oro de la Universidad de Navarra, GRISO,[25] destacado por su trabajo de edición de las obras completas de Calderón de la Barca y Tirso de Molina, reproduce la edición de *El caballero de Olmedo* realizada por Ignacio Arellano (director de un equipo seleccionado para el mencionado programa Consolider) y Juan Manuel Escudero para Espasa-Calpe.

La base de datos de textos completos Teatro Español del Siglo de Oro, TESO,[26] dirigida por María del Carmen Simón Palmer, presenta transcripciones en HTML de las obras dramáticas fundamentales de los siglos XVI y XVII. Entre sus más de 800 títulos de 16 dramaturgos, se encuentran las 25 *partes de comedias* de Lope y *La Vega del Parnaso*. Encontramos también ediciones de diversas comedias del Fénix en otros sitios web: el del Centro Virtual Cervantes, del Instituto Cervantes;[27] la página de la Association for Hispanic Classical Theater;[28] a través de Cisne,[29] Catálogo de la Biblioteca de la Universidad Complutense de Madrid; la Biblioteca Digital de manuscritos teatrales[30] de la Universidad de La Rioja. Además de nueve comedias, el portal de Teatro de los Siglos de Oro,[31] página de Ricardo Serrano, con la colaboración de

---

[24] <http://artelope.uv.es/w3al/index.php>.
[25] <http://griso.cti.unav.es/>.
[26] <http://teso.chadwyck.com/>.
[27] <http://cvc.cervantes.es/obref/perro_hortelano/default.htm>.
[28] <http://www.comedias.org/>.
[29] <http://cisne.sim.ucm.es/>.
[30] <http://biblioteca.unirioja.es/digibur/bdmtea.html>.
[31] <http://www.uqtr.ca/teatro/entrada/t.html>.

Alfredo Hermenegildo, publica la revista *Teatro de palabras*, sobre teatro áureo.

Un portal presentado en junio de 2009 por la Biblioteca Nacional de España y la Biblioteca Virtual Miguel de Cervantes es el de Teatro del Siglo de Oro,[32] a cargo de Germán Vega García-Luengos. Entre las ediciones facsímiles de Lope, se hallan las 25 *partes de comedias, La Vega del Parnaso*, las *Seis comedias de Lope de Vega Carpio*, por Pedro Crasbeeck, a costa de Francisco López, volumen aparecido en Lisboa en 1603, y 21 manuscritos. Las obras, debidamente catalogadas, están publicadas en PDF, con imágenes en JPEG y TIFF, y se estructuran con hipertextos o miniaturas enlazadas a encuadernación, portada, preliminares y títulos de las obras incluidas en las *partes*, o a los folios de los manuscritos. Los folios se pueden ampliar por zonas y se pueden realizar búsquedas de texto.

Un último apunte de carácter estadístico nos puede despertar interés por la paulatina incorporación a la red de los contenidos relacionados con el teatro español del Siglo de Oro. Desde la inauguración de la Biblioteca de Autor Lope de Vega en enero de 2003, los accesos a sus contenidos han ido *in crescendo* y suscitan la pregunta de cuál habría sido el nivel de acceso desde los puestos habituales de lectura de las bibliotecas tradicionales. Por destacar algunos ejemplos[33], citaré: *Fuenteovejuna*, ed. Rinaldo Froldi (108.497 consultas); *El caballero de Olmedo*, ed. Francisco Rico (66.225); *Peribáñez*, ed. Teresa Ferrer (22.422); *Arte nuevo de hacer comedias*, ed. Juan Manuel Rozas (19.884); *Lope de Vega: su vida y su obra*, de Alonso Zamora Vicente (12.553); *Peribáñez*, vídeo CNTC (9.576 consultas); *Fuenteovejuna*, vídeo Antonio Gades (7.272).

La cómoda visita a los numerosos títulos del teatro lopesco puede contribuir a ampliar el cultivo de la teatralidad, de las formas escénicas, de las maneras de representar el asiduo y reducido conjunto de títulos que suelen constituir el canon más repetido de nuestro dramaturgo. La relativa facilidad entre comillas, más que nada el menor coste económico y la mayor rapidez de publicación suponen una seria alternativa a lo que ha sido un *continuum* sin interrupción que ya causaba hace veinte

---

[32] <http://teatrosiglodeoro.bne.es/es/Presentacion/index.html>.
[33] Los datos corresponden a los actualizados con fecha 25 de mayo de 2010.

años la queja de José María Díez Borque respecto al «problema del empobrecimiento de la memoria literaria que supone el editar repetidamente las mismas obras» (1990: 3).

Con la biblioteca digital se supera el limitado alcance de la edición tradicional en letra impresa. La Biblioteca de Autor Lope de Vega quiere ser ejemplo de cómo puede enriquecerse el panorama de acercamiento al teatro y a la teatralidad, ya que –como recuerda Xavier Tubau– el «texto escrito por el dramaturgo [...], sólo es uno de los varios elementos que conformaban el espectáculo teatral en los corrales y las cortes» (2009: 7). Pero aún más, mediante la edición digital de facsímiles y la muestra de entradas bibliográficas se podría dar respuesta a otra de las cuestiones planteadas por Tubau y que avisan de la doble condición de los textos dramáticos y de su doble consideración por la posteridad:

> La andadura de estas obras, además, no terminaba con su representación, sino que continuaba después por medio de impresos y manuscritos de tipologías muy diversas que circulaban, a su vez, por todos los estratos sociales alfabetizados. De este modo, el texto pensado para una representación terminó adquiriendo, con los años y en toda Europa, la condición de composición literaria equiparable a cualquier escrito de ficción (ibíd.: 7-8).

Cabe preguntarse si el propio Lope viviera hoy y asistiera a la revolución informática, si no tomaría las atractivas ventanas que se suceden o simultanean en las pantallas de nuestros ordenadores (u otros soportes) como representaciones pictóricas de honda teatralidad, enriquecidas plásticamente con el movimiento de los vídeos y auditivamente con las grabaciones sonoras. Podemos apostar a que sí, conociendo las relaciones del Fénix con el mundo de la pintura de su tiempo. Marcella Trambaioli alude en la introducción a su magnífica edición de *La hermosura de Angélica* a que:

> Es bien notoria la afición que Lope tenía a la pintura, bien como entusiasta defensor de la idea clásica del *ut pictura poesis*:
>
> Bien es verdad que llaman la poesía
> Pintura que habla y llaman la pintura
> Muda poesía, que exceder porfía (V, vv. 49-51) (2005: 101-102).

Con la infinidad de posibilidades de interactuación de las nuevas tecnologías, un Lope de nuestro tiempo seguramente caería rendido de forma parecida a cómo se maravillaba con las «posibilidades de representar con el pincel y los colores cualquier sujeto [...] y de adornar y embellecer toda clase de edificio» (Trambaioli 2005: 103).

Como podemos observar, la presencia de Lope en internet es numerosa, aunque todavía faltan materiales por publicar y el aprovechamiento de la aplicación de los recursos digitales a los textos de mayor calidad. Particularmente, desde la Biblioteca de Autor Lope de Vega se pretende revitalizar la obra y la figura de Lope de Vega en un espacio digital dedicado a la edición de su obra dentro de las posibilidades ofrecidas por las nuevas tecnologías. La realización de esta labor requiere unos criterios rigurosos de selección de contenidos y de procedimientos tanto en la edición de los textos como en el trabajo con cualquier otro tipo de material (audios, imágenes, vídeos) para, de este modo, dotar a Lope de la calidad y el rigor necesarios dentro de la red.

Tenemos el convencimiento de que las nuevas plataformas tecnológicas van a ejercer una gran influencia en las futuras (inmediatas, más bien) formas de la teatralidad. La Biblioteca de Autor Lope de Vega quiere contribuir de manera rigurosa a que tanto el filólogo, el hombre de teatro, el director de escena, el actor, el lector, como cualquier otro interesado, puedan acercarse a los materiales teatrales y a la rica gama de actividades y propuestas escénicas que a través del soporte digital pueden ofrecerse. Luciano García Lorenzo hablaba de que el de los festivales es «uno de los fenómenos que será absolutamente necesario tener en cuenta a la hora de historiar el acontecer teatral de la época que nos ocupa» (1987: 22). Hoy podemos repasar continuamente gran parte de la programación de esos aún más numerosos y consolidados festivales a través de internet, pero aún más, las propias páginas web dedicadas al teatro clásico español nos mantienen atentos a muchas de las más innovadoras propuestas que del teatro español del Siglo de Oro se llevan a cabo a lo largo y ancho de la geografía planetaria. Las notas distintivas, por ejemplo, que García Lorenzo atribuía al Festival de Almagro, podrían ahora alcanzarse virtualmente por el frenético intercambio que en la actualidad propician las redes sociales. Ese archivo virtual supondría una nueva potencialidad para la teatralidad y sería referencia para aquéllos que emprendieran la puesta en escena real, ya arqueológico-historicista, ya innovadora. La diferencia de «actitudes intelectuales» de las que hablaba el prestigioso investigador podrían contar con un enriquecedor acicate que les hiciera más cómoda la labor de documentación y creación.

BIBLIOGRAFÍA

AULADELL PÉREZ, Miguel Ángel/GALINDO MATEO, Sergio (2004): «Recursos digitales para la edición del teatro de Lope de Vega». En: Mata Induráin, Carlos/Zugasti, Miguel (eds.): *Actas del Congreso «El Siglo de Oro en el Nuevo Milenio»*. Pamplona: EUNSA, pp. 231-247.

BLECUA, José Manuel/CLAVERÍA, Gloria/SÁNCHEZ, Carlos/TORRUELLA, Joan (eds.) (1999): *Filología e informática. Nuevas tecnologías en los estudios filológicos*. Barcelona: Universitat Autònoma de Barcelona.

CALVINO, Italo (2009): *Por qué leer los clásicos*. Nota preliminar de Esther Calvino. Trad. de Aurora Bernárdez. Madrid: Siruela.

DÍEZ BORQUE, José María (1990): «Hispanismo europeo y teatro del Siglo de Oro español». En: *Ínsula*, 527, p. 3.

FLOR, Fernando R. de la (2008): «*Revival* barroco». En: *Revista de Occidente*, 328, pp. 100-118.

GALINDO MATEO, Sergio (en prensa): «"De la vulgar corriente": fortuna de Lope de Vega en la red hispánica». En: Auladell, Miguel Ángel (dir.): *Lope de Vega: del teatro valenciano al 'Arte nuevo de hacer comedias'*. Alicante: IAC Juan Gil-Albert.

GARCÍA LORENZO, Luciano (1987): «El teatro clásico español en escena (1976-1987)». En: *Ínsula*, 492, pp. 21-22.

OLIVA, César (1987): «El amor a nuestros clásicos». En: *Ínsula*, 492, p. 24.

OROZCO DÍAZ, Emilio (1969): *El teatro y la teatralidad del Barroco (Ensayo de introducción al tema)*. Barcelona: Planeta [Trad. al italiano de Renata Londero (1995): *Teatro e teatralità del barocco. Saggio di introduzione al tema*. Prefazione di Giuseppe Mazzocchi. Como-Pavía: Ibis].

SERRANO, Antonio (1992): «El teatro del Siglo de Oro entre los años 1985-1990». En: Castellón, Heraclia/Granja, Agustín de la/Serrano, Antonio (eds.): *En torno al teatro del Siglo de Oro. Actas de las Jornadas VII-VIII celebradas en Almería*. Almería: Instituto de Estudios Almerienses, pp. 183-198.

SITO ALBA, Manuel (1980): «El mimema, unidad primaria de la teatralidad». En: Bellini, Giuseppe (ed.): *Actas del Séptimo Congreso de la Asociación Internacional de Hispanistas*. Roma: Bulzoni, pp. 971-978.

TUBAU, Xavier (ed.) (2009): «*Aún no dejó la pluma*». *Estudios sobre el teatro de Lope de Vega*. Bellaterra: Grupo de Investigación ProLope/Universitat Autònoma de Barcelona.

VEGA, Lope de (2005): *La hermosura de Angélica*. Ed. Marcella Trambaioli. Madrid/Frankfurt: Iberoamericana/Vervuert.